Alicia F. Lieberman

Ein kleiner Mensch

Das Gefühlsleben des Kindes in den ersten drei Jahren

Deutsch von Sabine Schulte

Rowohlt

Die Originalausgabe erschien 1993 unter dem Titel
The Emotional Life of the Toddler im Verlag The Free Press,
A Division of Macmillan, Inc., New York
Die Fotos im Buch stammen, soweit nicht anders vermerkt,
von Eytan Avital
Redaktion Ursula Locke-Groß

1. Auflage März 1995

Umschlaggestaltung Michel Meyer
(Foto: ZEFA-Allstock/Donna Day)
Satz Aldus (Linotronic 500)
Gesamtherstellung Clausen & Bosse, Leck
Printed in Germany
ISBN 3 498 03885 0

Für meine Eltern
Dr. Manuel Fridman
Dr. Rosa Asrilevich de Fridman

und für meinen Sohn
Michael Morris Lieberman

Wurzeln und Frucht

Inhalt

Danksagung 11

1
Die emotionale Bedeutung frühkindlicher Beziehungen 15

2
Das Kleinkind – wer ist das? 22

Die Welt entdecken 24
Den Körper entdecken 46

3
Die Herausforderung, ein Kleinkind zu sein (und eins großzuziehen) 57

Die Erfahrungen der Eltern 58
Hindernisse für die sichere Basis 60
Von der sicheren Basis zur Partnerschaft 72
Partnerschaft fördern 89

4

Das Temperament 92

Temperamentstypen 95
Die Sozialisation des Temperaments 105

5

Das aktive Kleinkind: Losstürmen 125

Erkundung von einer sicheren Basis aus 126
Bewegung und Sprache bei aktiven Kleinkindern 127
Allgemeine Überlegungen:
Temperament und Partnerschaft 149
Mit einem aktiven Kleinkind zusammenleben 151

6

Das schüchterne Kleinkind: Sich Zeit lassen 156

Das Erscheinungsbild früher Schüchternheit 157
Wie man schüchternen Kindern helfen kann 185

7

Frühkindliche Ängste 189

Die frühen Ursprünge der Angst 190
Die Ängste des Kleinkindalters 197
Was ist optimale Angst? 204
Übermäßige Angst 211
Emotionale Sicherheit fördern 222

8

Der Umgang mit speziellen Problemen 225

Trennungsangst 226
Die Erfahrung der Sauberkeitserziehung 233

Nächtliche Schwierigkeiten 240
Geschwisterrivalität 250
Ehestreitigkeiten 258
Disziplinierung: Ist sie wirklich nötig? 260

9
Wenn Eltern sich trennen 267

Scheidung als Zerstörung der sicheren Basis 271
Was verstehen Kleinkinder? 273
Die Situation der geschiedenen Mutter 280
Die Situation des geschiedenen Vaters 281
«Teilet das lebende Kind» 283
Gibt es eine ideale Sorgerechtsregelung? 296

10
Das Kleinkind in der Kinderbetreuung 301

Der Übergang: Auf Wiedersehen sagen 302
Den Tag unter fremder Betreuung verbringen 307
Das Wiedersehen: Freude und Stress 320
Die Beziehung zwischen Eltern und Betreuerin 321
Anzeichen für Probleme 326
Die emotionalen Auswirkungen der Betreuung 328
Die Wahl einer guten Betreuung 329
Spielt die Qualität der Kinderbetreuung eine Rolle? 333
Die soziale Realität derzeitiger Kinderbetreuung 334

Schluß:
Nah bleiben und loslassen 338

Quellen 341

Danksagung

Jedes Buch ist ein Tribut an die Menschen, die es ermöglicht haben. Beim Schreiben dieses Buches haben mich viele begleitet, und ihre Stimmen sind oft mit meiner eigenen verflochten.

Drei außergewöhnliche Frauen haben mir geholfen zu entdecken, wer ich werden wollte.

Mary Ainsworth hat mich als Studentin angenommen, als ich in diesem Land noch fremd war. Sie führte mich in die Forschung ein, lehrte mich, Babys und Eltern zu beobachten, und vermittelte mir die Bindungstheorie. Während meiner Doktorarbeit unterstützte sie mich mit ihren Anregungen und half mir, die Freuden des Schreibens in einer neuen Sprache zu entdecken. Sie rüstete mich für die weitere Reise aus und ist eine getreue und sichere Basis geblieben.

Von Selma Fraiberg lernte ich etwas über Heilung. Sie wußte, wie Schmerz von Generation zu Generation weitergegeben werden kann, und sie verstand es, vernünftig, offen und taktvoll mit Eltern und Kindern zu reden, um den Teufelskreis der Entfremdung zu durchbrechen und Vertrautheit und Liebe wiederzuentdecken. Das Lehren machte ihr Freude, und daher leben ihre Lehren weiter.

Marjorie Harley zeigte mir die Welt jenseits des Säuglingsalters. Sie gab viel und erwartete viel, und beides hat mich bereichert.

Zwei ausgezeichnete Lehrer wiesen mir die Richtung. Joseph Adelson ermutigte mich zu schreiben und, was noch wichtiger ist, er forderte mich zum Denken heraus. Peter Blos Jun. wirkte durch sein Beispiel. Seine klinischen Fähigkeiten sind eine ständige Erinnerung daran, was möglich ist, wenn wir zuhören können.

Ich hatte das Glück, meine erste Arbeitsstelle unter der Leitung von Stanley Greenspan anzutreten, dessen Streben nach Wissen nur seiner Begeisterung gleichkommt, es weiterzugeben. Sein Wissen um konstitutionell bedingte Sensibilität bei Kleinkindern leitete bedeutende Fortschritte in der Präventivintervention ein, und es war mir eine Ehre, mit ihm an vorderster Front auf diesem Gebiet zusammenzuarbeiten.

Der Gegenwart gebührt ebensoviel Anerkennung wie der Vergangenheit. Das Baby-Eltern-Programm, in dem ich jetzt arbeite, ist in jedem Sinne meine zweite Heimat. Ich bin Jeree Pawl, seinem Direktor, für viele Jahre inspirierter und inspirierender Leitung zu tiefem Dank verpflichtet. Dieses Buch ist geprägt von vielen glücklichen Stunden, in denen wir zusammen über die Innenwelt des Kleinkindes nachsannen, sie diskutierten, rekonstruierten, uns erinnerten und sie uns manchmal einfach ausmalten.

Ich hatte das Glück, mit Kollegen zu arbeiten, die gleichzeitig gute Freunde sind. Ich möchte Judith Pekarsky, Graeme Hanson, Barbara Kalmanson und Stephen Seligman dafür danken, daß sie Lehre, wissenschaftliche Arbeit und selbst die Verwaltung mit Kameradschaftsgeist und intellektueller Neugier erfüllen, die die tägliche Routine beleben.

Verehrte Kollegen haben frühe Versionen dieses Buches gelesen und großzügig Ratschläge gegeben. Ich möchte mich bei Mary Ainsworth, Berry Brazelton, Emily Fenichel, Jeanne Miranda und Arietta Slade für ihre Sorgfalt und ihre wohlüberlegten Kommentare bedanken.

Meine Lektorin, Susan Arellano, hat mich rückhaltlos unterstützt und besitzt einen unfehlbar klaren Blick. Da sie selbst

Mutter eines Kleinkindes ist, wußte sie, wann etwas zurechtgerückt werden mußte. Das Buch hat von ihren Beiträgen sehr profitiert.

Die kleinen Szenen und die Fallbeispiele im Buch handeln von echten Kleinkindern und ihren Familien. Ich bin ihnen dankbar, daß sie mir gestattet haben, ihnen nahezukommen und mit ihnen zu arbeiten. Ohne ihre Kooperation hätte dieses Buch nicht geschrieben werden können.

Stephanie Berg hat heldenhaft das Manuskript dieses Buches getippt und war meine erste Lektorin. Ihr Lächeln oder ihr Ernst, wenn sie mir ein frisch getipptes Kapitel zurückgab, waren für mich entweder Ermutigung oder frühe Warnung, und normalerweise hatte sie recht. Anne Cleary, unsere Verwaltungsassistentin, gibt mir das Gefühl, daß kein Ziel außer Reichweite ist und daß sie als Partnerin auf dem Weg dorthin für mich da ist.

Der größte Teil dieses Buches wurde zu Hause geschrieben, nach der Arbeit, in der unterstützenden Gesellschaft meines Mannes, David N. Richman, dessen gründliche Gedanken und tiefe Gefühle meine eigenen bereichern. Er lehrte mich, was es heißt, in der Einsamkeit begleitet zu werden, und dafür und für vieles mehr danke ich ihm.

Erstes Kapitel

Die emotionale Bedeutung frühkindlicher Beziehungen

Mit einem Kind im Alter zwischen ein und drei Jahren zusammenzuleben ist eine erfrischende Erfahrung. Wer sonst könnte uns so überzeugend klarmachen, daß ein nasses, schlammverklebtes Blatt auf der Erde eigentlich ein verborgenes Wunder ist oder daß Planschen in der Badewanne das höchste aller Vergnügen sein kann? Kleinkinder besitzen die Gabe, im Augenblick zu leben und das Wunderbare im Gewöhnlichen zu entdecken. Sie lassen geliebte Erwachsene an dieser Gabe teilhaben, indem sie ihnen helfen, den Zugang zu den einfachen Freuden des Lebens wiederzugewinnen.

Aber Kleinkinder haben auch düstere Momente. Sie sind berüchtigt für ihren Eigensinn und ihre Unberechenbarkeit, und ihr Verhalten kann schwer verständlich und anstrengend sein. Manchmal finden Eltern sich in einen Wettstreit der Willen verstrickt, leicht beschämt, daß sie diesen ungleichen Kampf nicht müheloser gewinnen können. Bei anderen Gelegenheiten wissen sie einfach nicht mehr weiter. Es ist schwer herauszufinden, was ein Kind wirklich will, und das Kind kann es nicht erklären. Es kann nur handeln, kann nur das gleiche Verhalten so lange wiederholen, bis Mutter oder Vater die Botschaft endlich entschlüsseln und ihnen eine passende Reaktion darauf einfällt.

Beispiele für das Verhalten von Kleinkindern, das geradezu nach einer Erklärung schreit, sind vielfältig.

- Blair schlägt mit dem Kopf gegen die Wand, wenn er wütend oder frustriert ist.
- Eddy weint vor Hunger, lehnt aber alles ab, was seine Mutter ihm zum Abendbrot anbietet.
- Sandra schreit und versucht, sich zu verstecken, wenn sie in einem Kinderbuch das Bild eines Elefanten sieht.
- Lenya läßt die Hand ihres Vaters los und rennt auf ein Pferd zu, das auf der Weide neben dem Haus herumgaloppiert.
- Mary sucht ihre Mutter im ganzen Haus, nur um aus dem Zimmer zu laufen, sobald sie sie gefunden hat.
- Marty weint und verlangt abwechselnd, auf den Arm genommen und wieder heruntergelassen zu werden.

Diese und viele andere Verhaltensweisen widersprechen der Erwachsenenlogik. Warum sollte ein Kind sich Schmerzen zufügen, absichtlich hungrig bleiben, vor einem harmlosen Bild Angst bekommen, einer Gefahr entgegenrennen, nach seiner Mutter suchen, nur um vor ihr davonzulaufen, oder getröstet werden wollen und das gleichzeitig ablehnen?

Aus der Perspektive von Erwachsenen sind diese Reaktionen zwar unverständlich, vom Standpunkt eines ein-, zwei- oder dreijährigen Kindes aus gesehen sind sie jedoch vollkommen logisch. Dieses Buch versucht zu erklären, warum das so ist. Die dargelegten Gedanken sind meine persönliche Synthese aus Kindesbeobachtungen, klinischer Arbeit mit Kleinkindern und ihren Familien, Entwicklungstheorien und derzeitigen Forschungsergebnissen. Die strukturierenden Themen stammen aus der Bindungstheorie, die von dem Psychoanalytiker John Bowlby und der Psychologin Mary Ainsworth entwickelt wurde, und die erklärt, warum alle Kinder in den ersten drei Lebensjahren ein so starkes Bedürfnis nach einer engen Beziehung zur Mutter und zu einer kleinen Anzahl von geliebten Erwachsenen haben. Die Grundannahme der Bindungstheorie ist, daß Kleinkinder nur dann zu selbständigen und kompetenten Kindern heranwachsen können, wenn sie sich auf einen

Erwachsenen verlassen können, der ihnen das Gefühl gibt, sicher und beschützt zu sein. Aus diesem Grundgefühl der Sicherheit entsteht der Impuls, neue Fertigkeiten auszuprobieren und zu lernen, wie es in der Welt zugeht.

Die wichtigste emotionale Leistung im Kleinkindalter besteht darin, den Drang, kompetent und selbständig zu werden, mit der Sehnsucht nach elterlicher Liebe und elterlichem Schutz zu vereinbaren. Dieser Prozeß wird im Verhalten von Kleinkindern sichtbar, die gerade allein laufen können. Das Kind bleibt abwechselnd nah bei der Mutter und entfernt sich, um etwas allein zu tun, geht wieder zur Mutter zurück, um ihr seine Entdeckungen mitzuteilen, sich trösten zu lassen oder einfach, um durch eine Umarmung oder ein bißchen Schmusen «die Batterien wieder aufzuladen», bevor es sich zu einer neuen Runde selbständiger Aktivität aufmacht.

Eltern dienen als Ausgangsbasis für die Entdeckungsreisen des Kleinkindes. Wenn sie auf die Erlebnisse des Kindes mit Ermutigungen und Verständnis reagieren, wird diese Ausgangsbasis zu einer *sicheren Basis*. Das Kind gewinnt durch die Unterstützung der Eltern ein Gefühl der Sicherheit, und diese Sicherheit schafft das Selbstvertrauen, immer wieder zu neuen Horizonten aufzubrechen.

Kleinkinder nutzen die von den Eltern gebotene sichere Basis auf unterschiedliche Weise. Manche Kinder sind von Natur aus schüchtern und zurückhaltend und brauchen mehr Zeit in der Nähe der Eltern, bevor sie bereit sind, die Welt auf eigene Faust zu entdecken. Andere Kinder kann man kaum zurückhalten, denn sie sind sehr aktiv und von allem Neuen begeistert. Das jeweilige Temperament des Kleinkindes prägt ganz individuell die Art, wie es seine Eltern als sichere Basis für seine Erkundungen benutzt.

Doch die meisten Eltern befinden sich weder ständig am gleichen Ort, noch stehen sie unbegrenzt zur Verfügung. Die sichere Basis ist menschlich, und die Eltern müssen sich neben der Beschäftigung mit dem Kind auch noch anderen Aspekten des Lebens widmen. Die unterschiedlichen Bedürfnisse und Wünsche von Eltern und Kleinkindern müssen bedacht und es muß ein für beide Seiten zufriedenstellender Mittelweg gefunden werden. Aber auch was «zufriedenstellend» heißt, ändert sich im Laufe der Entwicklung.

Wenn das Kind anfängt zu laufen, schieben die Eltern viele ihrer eigenen Wünsche und Pläne auf oder stimmen sie auf das Kind ab, weil die neuen physischen und emotionalen Anforderungen der Fortbewegung oft unmittelbare und anhaltende Aufmerksamkeit verlangen. Wenn ein Kind dann im Alter zwischen 18 und 24 Monaten sicherer auf den Beinen wird und mehr Selbstbeherrschung erlangt, stehen die Eltern nicht mehr unter so großem Druck, sich ihm zu fügen. Sie erwarten nun von ihrem Kind, daß es sich zunehmend ihren Plänen und Wünschen anpaßt, und nicht mehr umgekehrt.

Das ist die Zeit, in der in vielen Bereichen der Sozialisationsdruck beginnt. Von älteren Kleinkindern wird erwartet, daß sie in einer relativ kurzen Zeitspanne viel Neues lernen. Sie sollen auf das befriedigende Babydasein verzichten, und zwar zugunsten des zweifelhaften Vergnügens, erwachsen zu werden. Viele Kleinkinder finden, daß es sich nicht lohnt, sauber zu werden, die Flasche aufzugeben und sich den Regeln des Haushalts zu fügen. Sie reagieren, indem sie sich so lange gegen diese Dinge sträuben, bis sie selbst dazu bereit sind, und indem sie Wutausbrüche bekommen, wenn alles andere versagt. Doch solche Protestreaktionen haben ihren emotionalen Preis. Kleinkinder fürchten, daß sie die Liebe ihrer Eltern verlieren, wenn sie ihr Mißfallen erregen, und diese Furcht findet ihren Ausdruck in den üblichen Problemen des Kleinkindalters, wie Trennungsangst, Schlafstörungen und unerklärlichen Ängsten.

Aufgrund der veränderten Bedürfnisse des älteren Kleinkindes wandelt sich auch die Aufgabe der Eltern als Beschützer. Sie können nun nicht mehr vor allem als äußere sichere Basis dienen, die dem Kind bei seinem Kommen und Gehen festen

Halt gibt. Jetzt müssen sie dem Kind helfen, ein Partner zu werden, der dazu beiträgt, Unstimmigkeiten zu klären und Lösungen zu finden, die auf beiden Seiten das Wohlwollen erhalten. Diese Partnerschaft führt zu einem komplexeren Wissen um Geborgenheit, das auf dem wachsenden Gefühl des Kindes beruht, beim Lösen von Konflikten kompetent zu sein.

Partnerschaft ist dem Kind bei Kummer, Wut und Frustration ein zuverlässiger Verbündeter, denn sie dient als Schutz vor Verzweiflung und emotionalem Zusammenbruch. Das Kind lernt, daß es schwere Zeiten durchstehen und sich davon erholen kann. Mit Hilfe der emotionalen Partnerschaft zwischen Eltern und Kind wird die unterstützende Funktion der Eltern Teil des Kindes. Was zuerst eine äußere sichere Basis war, wird nun verinnerlicht. Das Kind gelangt dahin, die Fürsorge und den Schutz der Eltern in sich zu tragen, wo immer es auch sein mag.

Partnerschaften sind nicht immer harmonisch, denn Meinungsverschiedenheiten können nicht in jedem Fall zur Zufriedenheit beider Partner geklärt werden. Das gilt für das Kleinkindalter wohl mehr als für alle anderen Lebensabschnitte bis zur Adoleszenz. Wutausbrüche, Geschrei, Trotz, körperliche Aggressivität, Schmollen und Entfremdung sind in Familien mit Kleinkindern häufige Erscheinungen. Und das muß auch so sein. Es ist weder möglich noch wünschenswert, immer auf die kindlichen Stimmungen einzugehen, denn das hemmt das Bestreben des Kindes, die eigene Individualität auszuprobieren und zu bereichern, indem es sich der Autorität der Erwachsenen gegenüber behauptet. Möglich und wünschenswert ist es allerdings, eine partnerschaftliche *Haltung* zu entwickeln: Bereitschaft zum Zuhören, Anerkennen, daß Eltern und Kinder gelegentlich verschiedene Ziele haben, der Versuch, die unterschiedlichen Vorstellungen in Einklang zu bringen und, wenn das nicht möglich ist, sich gegenseitig verschiedene Meinungen zuzugestehen.

Die Partnerschaft zwischen Eltern und Kind muß notwendi-

gerweise lange Zeit ungleich bleiben. Dem Kind können seine Ziele zwar sehr wichtig sein, aber es sind die Eltern, die das Kind aufziehen, und nicht umgekehrt. Ohne ihr Einfühlungsvermögen aufzugeben, müssen Erwachsene es zu so viel Selbstvertrauen bringen, daß sie das letzte Wort haben, vorausgesetzt, sie sind nicht grausam oder unnötig rücksichtslos. Elterliche Bestimmtheit gibt dem Kind die Sicherheit, daß die geliebten Erwachsenen wissen, was sie tun, und daß es darauf vertrauen kann, daß sie das Richtige tun.

Jeder Aspekt der Entwicklung des Kleinkindes wird davon beeinflußt, ob eine sichere Basis und eine Partnerschaft zwischen Eltern und Kind gegeben ist oder nicht. Entwicklungsschritte wie Sauberkeit und häufige Ängste wie Trennungsangst und Nachtangst sind aus dieser Perspektive leichter zu verstehen. Selbst die kindlichen Reaktionen auf äußere Ereignisse, etwa daß das Kind zu einer Tagesmutter kommt oder daß die Eltern sich scheiden lassen, werden im Licht dieser Konzepte verständlicher und sind leichter zu bewältigen. Die folgenden Kapitel beschreiben, wie Kleinkinder denken, wie sie fühlen, wie sie auf die Herausforderungen des Erwachsenwerdens reagieren und wie Eltern ihnen helfen können, diesen Herausforderungen mit größerem Selbstvertrauen und größerer Freude zu begegnen.

Eltern und Kinder helfen sich gegenseitig beim Wachsen. Bei der Erziehung ihrer Kinder erziehen Eltern auch sich selbst. Kindererziehung gibt Eltern die Möglichkeit, ihre eigene Kindheit wiederzuerleben und es besser zu machen. Dieses Buch erfüllt seine Aufgabe, wenn es Eltern hilft, ihre Kinder so großzuziehen, wie sie selbst gern großgezogen worden wären.

Zweites Kapitel

Das Kleinkind – wer ist das?

Kierkegaard sagte einmal, daß die Mutter, die ihr Kind liebt, es lehrt, allein zu laufen. Sie ist weit genug weg und kann es nicht wirklich halten, aber sie streckt die Arme nach ihm aus. Sie ahmt seine Bewegungen nach, und wenn es stolpert, beugt sie sich hinunter, als ob sie es auffangen wolle. Das Kind könnte glauben, daß es nicht allein läuft. Aber sie tut noch mehr. Ihr Gesicht strahlt ihm entgegen wie eine Belohnung, macht ihm Mut. Und so läuft das Kind und heftet seine Augen nicht auf die Hindernisse des Weges, sondern auf das Gesicht seiner Mutter. Es hält sich aufrecht über Arme, die es nicht halten, es läuft eigentlich nur in den Schutz ihrer Umarmung. Und es merkt nicht, daß es im selben Moment, in dem es sie braucht, beweist, daß es ohne sie auskommt, denn es läuft ganz allein.[1]

Wie als Echo auf die oben beschriebene Szene flüstert die zweieinhalbjährige Linda ihrer Mutter zu: «Ich bin ein Baby und auch ein großes Mädchen.» (Ihre Mutter, zu Tränen gerührt, denkt bei sich: «Ich auch.»)

Diese beiden Skizzen vermitteln das Wesentliche des zweiten Lebensjahres. Ein Kleinkind ist durch seine Fähigkeit, ohne Hilfe zu laufen, definiert. Diese Fähigkeit, allein zu laufen, die sich etwa zwischen dem 12. und dem 30. Monat entwickelt und festigt, bedeutet nach der physischen Nähe des ersten Lebensjahres sowohl für die Eltern als auch für das Kind eine dramatische Veränderung. Aber die kleine Linda weiß, daß es gleichzeitig auch eine Kontinuität gibt: Wie im Babyalter hat das

Kind weiterhin das Bedürfnis nach häufigem Kontakt zu den Eltern. Aufgrund seiner neuen Bewegungsfreiheit kann das Kleinkind jetzt jedoch selbst bestimmen, wann es geht und wohin, ohne daß es auf die Eltern als notwendiges (und manchmal widerstrebendes) Transportmittel angewiesen ist.

Diese neue Unabhängigkeit führt zu einer Revolution im Selbstverständnis des Kleinkindes. Seine wichtigste emotionale Aufgabe besteht darin, zweierlei zu integrieren: die Aufregung, fern von den Eltern etwas zu entdecken, und das Gefühl der Sicherheit, das die weiterhin bestehende Anwesenheit der Eltern ihm verschafft. Die Aufgabe der Eltern (die nicht leicht ist) besteht darin, das Kind taktvoll vor den neuen und unerwarteten Gefahren zu beschützen, die durch die Fortbewegung auftreten, und zwar immer und immer wieder, während das Kind allmählich lernt, sich selbst besser zu schützen.

Eltern und Kleinkind müssen in vielen Umgebungen und unter vielen verschiedenen Umständen ein beide Seiten zufriedenstellendes Gleichgewicht zwischen sicherer Nähe und erregendem Erkunden und Entdecken aushandeln.

In diesem Sinne ist die Kindheit ein frühes Versuchsfeld für die Herausforderungen und Probleme des Erwachsenenlebens. Diese Phase konfrontiert uns, heftiger vielleicht als jedes andere Alter, mit zwei starken, aber entgegengesetzten Impulsen: der Sehnsucht, sich in der schützenden Sphäre enger Beziehungen sicher zu fühlen, und dem belebenden Schwung, den sorgloses, uneingeschränktes und ungehemmtes Erkunden mit sich bringt, bei dem man frei umherschweifen kann, ohne sich um die Zurückgebliebenen zu kümmern.

Kleinkinder spüren diese Dualität leidenschaftlich stark, und ihre spezifischen Erfahrungen mit Nähe und Erkunden haben langfristige Auswirkungen. Unser individueller Lebensstil ist zu einem großen Teil durch unsere einzigartige Art bestimmt, diese beiden Impulse auszugleichen und zu integrieren. Wir können an verschiedenen Wegkreuzungen in unserem Leben mit verschiedenen Möglichkeiten experimentieren, wir können zwischen Phasen schwindelerregenden Abenteuers und reflektierender Zurückhaltung abwechseln. Letztendlich jedoch neigt jeder von uns dazu, immer wieder dieses einzigartige Gleichgewicht zwischen Vorsicht und Wagemut, Vertrautem und Neuem, Intimität und Autonomie zu schaffen, das sich auf unbestimmbare Weise am meisten nach «ich» anfühlt.

Die Frage, wer das Kleinkind ist, kann kurz beantwortet werden: Das Kleinkind ist ein junger Mensch, der aus einer einjährigen ersten Phase des fast totalen Angewiesenseins auf die Eltern hervorgeht und jetzt gespannt darauf ist, die Welt und seinen Platz darin zu entdecken. Der Forscherdrang treibt das Kleinkind vorwärts, aber den Kern seines Lernvermögens bildet immer noch die Fähigkeit, sich auf unterstützende Beziehungen zu verlassen.

Diese kurze Antwort soll in diesem Kapitel weiter ausgeführt werden. Es beschäftigt sich mit zwei wichtigen Umgebungen für die Erkundungen des Kleinkindes: mit der Welt draußen, in der das Kind seine neuen Fertigkeiten im Laufen und Sprechen übt, und mit der inneren Welt des Körpers, die Schauplatz neuer Wahrnehmungen und Empfindungen ist, die verstanden und bewältigt werden müssen, damit das Kind ein vollgültiges Mitglied der Gesellschaft werden kann.

Die Welt entdecken

Das Kleinkindalter führt zu einer Neustrukturierung des Verhältnisses zwischen zwei menschlichen Grundmotiven: Bindung und Erkundung. Jedes dieser Motive kommt durch bestimmte Verhaltensweisen zum Ausdruck, die es Eltern ermöglichen zu verstehen, was das Kind zum jeweiligen Zeitpunkt möchte oder braucht. Durch Bindungsverhalten gelangt das Kind in die Nähe der Eltern, indem es ihnen folgt, nach dem

abwesenden Elternteil sucht, die Arme hochstreckt, um auf den Arm genommen zu werden, indem es die Eltern umarmt, mit ihnen schmust und sich anklammert. Diese Verhaltensweisen zeigen an, daß das Kleinkind das Bedürfnis nach Nähe und Bestätigung verspürt. Durch Erkundungsverhalten entfernt sich das Kind von den Eltern, um allein zu gehen, zu klettern, zu rennen, zu springen und die Welt um sich herum zu untersuchen.

Während das Kleinkind mit Bindung und Erkundung experimentiert, müssen die Eltern sich ihrerseits mit zwei entsprechenden Bereichen fürsorglichen Verhaltens vertraut machen: mit beschützendem Verhalten, das das Kind mit Pflege und Sicherheit durch Nähe versorgt, und mit loslassendem Verhalten, das es ermutigt, angstfrei zu erkunden.

Jeannie, 20 Monate alt, geht auf ihre erste Party. Als sie mit ihren Eltern dort ankommt, ist sie mit einer Menge von Fremden in einem unbekannten Haus konfrontiert. Jeannie hält sich am Rock ihrer Mutter fest, versteckt ihr Gesicht und lugt von Zeit zu Zeit ängstlich daraus hervor. Die Gastgeberin versucht, sie mit Spielzeug zu locken, aber während der ersten Viertelstunde klebt Jeannie an ihren Eltern. Es ist klar, daß sie engen Kontakt zu ihnen braucht, um sich in dieser unbekannten Situation sicher zu fühlen. Ihre Eltern erkennen das und drängen sie nicht. Statt dessen weisen sie auf ihr bekannte Menschen und schöne Besonderheiten des Zimmers hin, um ihr zu helfen, sich wohl zu fühlen. Als Jeannie einen neunjährigen Jungen sieht, den sie kennt und mag, entspannt sie sich allmählich und geht auf sein Angebot ein, mit ihr zu spielen, behält ihre Eltern, die ermutigende Bemerkungen machen, aber weiterhin genau im Auge. Bald zieht Jeannie fröhlich hinter den anderen Kindern her, kehrt allerdings regelmäßig zu ihren Eltern zurück, um zu schmusen oder um ihnen ein Spielzeug zu zeigen.

Harry, 18 Monate alt, bettelt schon den ganzen Morgen darum, zum «Pilpatz» (Spielplatz) zu gehen. Es ist schon neun Uhr, aber heute ist Sonntag. Harry ist seit halb sieben wach. Sein Vater schmust im Bett mit ihm und hält ihn mit Versprechungen im Zaum: «Nach dem Frühstück, Harry. Zuerst stehe ich auf, und dann dusche ich, und dann gehen wir zum Spielplatz.» Diese Litanei befriedigt Harry für eine Weile. Er geht immer wieder aus dem elterlichen Schlafzimmer in sein eigenes Zimmer und holt Spielzeug, mit dem er dann neben seinem Vater spielt. In regelmäßigen Abständen fragt er: «Papa jetzt aufstehen? Jetzt Pilpatz gehn?» Als sie schließlich auf dem Spielplatz ankommen, läßt Harry die Hand seines Vaters los und läuft vergnügt voraus zur Rutschbahn. Er möchte sie gern erkunden, und er weiß, daß sein Vater ihm auf den Fersen folgt. Eine Weile klettert Harry allein auf der Rutschbahn herum, eine beliebte und gutgeübte Tätigkeit. Sein Vater sieht ihm mit Vergnügen zu und macht ab und zu eine Bemerkung zu den Meisterleistungen seines Sohnes. Nach einer Weile entschließt Harry sich, zu den Schaukeln weiterzugehen. Er kommt zu seinem Vater, nimmt dessen Hand und macht sich auf den Weg zu den Schaukeln. Dabei sagt er: «Papa Schaukel.» Harry weiß, daß er jetzt die Hilfe seines Vaters braucht, und er wendet sich vertrauensvoll an ihn, in der Erwartung, daß er sie bekommt.

Eine sichere Basis

Diese beiden Beispiele zeigen, daß das Gleichgewicht zwischen Bindungs- und Erkundungsverhalten des Kindes von dem Gleichgewicht zwischen Beschützen und Ermutigen seitens der Eltern gespiegelt wird. Wenn alles gutgeht, dienen die Eltern als sichere Basis, von der aus das Kind sich zu seinen Entdekkungsreisen aufmacht und zu der es vertrauensvoll zurückkehren kann, um sich Trost zu holen, bevor es wieder aufbricht.

Aufgrund dieser elterlichen Rolle wurde das Gleichgewicht zwischen Bindungs- und Erkundungsverhalten des Kindes als «Sicherheitsverhalten»[2] bezeichnet. Das Kleinkind, das von den Herausforderungen des Lernens und Erforschens völlig in Anspruch genommen ist, benutzt die Eltern als Insel des Trostes und der Sicherheit, wenn etwas unheimlich ist oder wenn es müde ist oder etwas braucht.

Erwachsene sind oft irritiert, wenn Kleinkinder sich in Situationen, die aus Sicht der Erwachsenen völlig ungefährlich erscheinen, anklammern oder auf den Arm genommen werden wollen. Zum Beispiel können sie ungeduldig werden, wenn das Kind ihnen auf die Toilette folgen will, weint, wenn ein Fremder ihm den Kopf tätschelt, sich beim Anblick des sanftmütigsten Hündchens verzweifelt an die Mutter klammert oder abends nach Gesellschaft ruft, statt einzuschlafen.

Diese Verhaltensweisen mögen für Eltern zwar sehr anstrengend sein, für ein kleines Kind aber ist es ein Zeichen der Anpassung, wenn es sich vor normalen Situationen wie Dunkelheit, Alleinsein oder bei Fremden gelassen zu werden und vor unbekannten oder starken Reizen wie lauten Geräuschen oder plötzlichen Bewegungen fürchtet. Im Laufe der menschlichen Evolution wurden solche Situationen mit einem erhöhten Gefahrenrisiko in Verbindung gebracht, zum Beispiel in Gestalt von Unfällen oder Angriffen durch Raubtiere. Menschen (Kinder eingeschlossen) sind biologisch so ausgestattet, daß sie Hinweise auf Gefahr erkennen können und mit angeborenen Verhaltensmechanismen darauf reagieren, die ein Höchstmaß an Sicherheit schaffen und die Überlebenschance erhöhen.[3,4] Zu diesen Mechanismen gehört, daß wir uns schutzsuchend in die Nähe von Menschen, denen wir vertrauen, begeben – eben die Verhaltensweisen, auf die Kleinkinder instinktiv zurückgreifen, wenn sie verstört sind.

Die Bewegung ist ein aussagekräftiger vorsprachlicher Indikator für das, was das Kind fühlt. Die Suche nach Nähe und Kontakt (Bindungsverhalten) zeigt an, daß das Kind Hilfe braucht, um sich sicherer zu fühlen. Wenn es sich von den Eltern fortbewegt (Erkundungsverhalten), heißt das, daß es sich ausreichend sicher fühlt und den Reiz des Neuen der Sicherheit vorzieht. Die Entwicklung des Kindes wird gefördert, wenn die Eltern fähig sind, die Bedeutung dieser Verhaltensweisen zu erkennen und angemessen darauf zu reagieren.

Die Schutzbedürftigkeit des Kleinkindes

Durch seine Fähigkeit zum Sicherheitsverhalten wird das Kleinkind zu einem Partner, der selbst aktiv zu seinem Schutz beiträgt. Das wird nicht immer erkannt: In einem Lehrbuch über Entwicklung im Kindesalter wird zum Beispiel behauptet, daß «Babys geradewegs in die Gefahren hineinkrabbeln oder -laufen», und daß «es keine Babys mehr gäbe», wenn die Eltern dem Verhalten der Kleinen nicht Grenzen setzen würden.[5] Tatsächlich aber scheinen Kleinkinder mit einem inneren Überwachungssystem ausgerüstet zu sein, das es ihnen ermöglicht, die Umgebung zu untersuchen und die Umstände, die ihnen ein Gefühl der Gefährdung oder der Sicherheit geben, im Auge zu behalten.

Häufig geben Kleinkinder sogar von sich aus auf sich acht, indem sie relativ nah bei ihren Müttern bleiben. Ein britischer Forscher nahm fünfzehnminütige Beschreibungen des Verhaltens einzelner Kleinkinder auf Tonband auf. Die Kinder streiften in einem Park in London umher, während die Mütter auf einer Bank oder im Gras sitzenblieben. Die Ergebnisse zeigten, daß die Kleinkinder, mit einigen wenigen Ausnahmen, ihre Grenzen anscheinend selbst bestimmten und innerhalb einer Entfernung von etwa sechzig Metern von der Mutter blieben.[6]

Diese Grenzen fielen mit dem zusammen, was nach Einschätzung der Mütter eine sichere Entfernung ausmachte. Die Mütter holten ihre Kinder nicht zurück, wenn sie innerhalb der Grenze blieben, taten das jedoch, wenn sie über die Grenze hinausliefen. Fast siebzig Prozent der Kinder gingen jedoch nie so weit fort, daß Zurückholen gerechtfertigt gewesen wäre. Diese Kleinkinder hatten die Möglichkeit, «auf Wanderschaft» zu gehen, wenn sie das wollten, doch sie richteten ihre Erkundungsreisen so ein, daß sie in sicherer Nähe zur Mutter blieben, allerdings gleichzeitig ihrer unmittelbaren physischen Kontrolle entzogen waren, was sie genossen.

Die Feinheiten des Sicherheitsverhaltens werden sehr schön von den Details der Untersuchung veranschaulicht. Die Kleinkinder drehten «Runden», die entweder ihre Entfernung von der Mutter vergrößerten oder sie näher zu ihr hinführten. Diese Runden machten den größten Teil der Fortbewegung der Kinder aus: Die Mutter diente als Zentrum der kindlichen Aktivitäten, und die Kinder richteten ihr Kommen und Gehen nach ihrem Aufenthaltsort aus. Besonders vielsagend war, daß die Kinder sich am längsten an einem Ort aufhielten, wenn sie nah bei ihren Müttern waren (innerhalb von einem Meter Umkreis); Spiele in größerer Entfernung von der Mutter waren meistens kurz. Mit anderen Worten, die Kinder fühlten sich dort am geborgensten, wo es auch tatsächlich am sichersten war, und zogen es vor, dort mehr Zeit zu verbringen.

Wenn die Kleinkinder fern von der Mutter waren, versicherten sie sich ihrer Anwesenheit durch kurze Blicke und indem sie auf Interessantes zeigten. Die Mutter ignorierte diese Verhaltensweisen normalerweise, allerdings mit einer wichtigen Ausnahme: Wenn ihr Kleinkind auf eine potentielle Gefahrenquelle, wie einen freilaufenden Hund, deutete, rief die Mutter das Kind näher zu sich heran und nahm es auf den Arm, wenn es nicht gehorchte. Das läßt vermuten, daß das Zeigen auf Objekte und die Reaktion der Mutter darauf dem Kind hilft zu lernen, was gefährlich ist und was nicht. Wenn der Gegenstand, auf den das Kind zeigt, ungefährlich ist, beachtet die Mutter ihn nicht weiter oder zeigt vielleicht schwaches Interesse; wenn er bedrohlich ist, greift sie ein.

Das Verhalten der Mütter in dieser Untersuchung zeigt, wie Eltern ihren Kindern helfen können, in Sicherheit zu sein und sich geborgen zu fühlen. Die Mütter mischten sich in die Erkundungen nicht ein und hatten nicht das Bedürfnis, ständig an der Seite ihrer Kinder zu sein. Sie richteten sich nach den Kindern und standen zur Verfügung, waren aber nicht aufdringlich. Andererseits unternahmen sie sofort etwas, wenn Handeln nötig war.

Die Bereitschaft der Eltern zum Handeln ist wesentlich, denn auf die Fähigkeit des Kleinkindes zum Selbstschutz kann man sich keineswegs allein verlassen. Die Mechanismen, mit denen das kleine Kind die Umgebung überwacht, bleiben lange Zeit unreif. Die Fähigkeit, in der Ferne scharf zu sehen, ist bei Kleinkindern zum Beispiel noch nicht voll entwickelt, und sie können nicht genau beurteilen, ob ein Objekt in unbestimmter Ferne vielleicht eine Bedrohung darstellt. Außerdem weisen die natürlichen Warnzeichen für Gefahren (Dunkelheit, plötzliche laute Geräusche, Tiere, Alleinsein) in einer hochtechnisierten Gesellschaft nur auf einen kleinen Teil der unzähligen Bedrohungen für die Sicherheit eines Kindes hin. Gefahren können in zu schnell fahrenden Autos lauern, in scheinbar freundlichen Fremden, auf Treppen oder in Fahrstühlen. Die Liste ist endlos, und weder seine Biologie noch seine Erfahrung rüsten das Kleinkind dafür, diese Gefahren vorherzusehen.

Das bedeutet, daß die Sicherheit der Kinder, trotz ihrer angeborenen Befähigung, Schutz zu suchen, in hohem Maße von der höher entwickelten Fähigkeit des Erwachsenen abhängt, Gefahren zu erkennen. Unfälle sind in der frühen Kindheit die häufigste Todesursache, ein ernüchternder Hinweis auf die Schutzlosigkeit des Kleinkindes. In vielen Situationen muß der Erwachsene von sich aus Schutzmaßnahmen ergreifen, oft gegen den energischen Protest des Kindes.

Die sichere Basis als Metapher für inneres Gleichgewicht

Kinder begegnen Gefahren nicht nur, während sie in Bewegung sind. Sie können schädliche Substanzen zu sich nehmen, mit Streichhölzern und spitzen Gegenständen spielen oder schwere Objekte auf sich herunterziehen. Tatsächlich kann jede Begegnung des Kindes mit der Welt Angst oder Gefahr auslösen und zu dem Bedürfnis nach Beruhigung und Schutz führen. Bei jeder selbständigen Handlung sieht das Kleinkind sich dem Paradox gegenüber, die Freiheit zum Entdecken zu haben, aber gleichzeitig in inneren Grenzen (wie Angst) und äußeren Zwängen (wie den elterlichen Verboten) gefangen zu sein.

Das Konzept der sicheren Basis ist eine nützliche Metapher für das Drängen und Zerren der Gefühle, welches das Kleinkind in diesem neuen Stadium erlebt. Die Eltern helfen dem Kind herauszufinden, wann es Zeit zum Erkunden und wann es Zeit für Nähe ist. In diesem Prozeß entwickeln Kleinkinder allmählich ein inneres Vertrauen in die Möglichkeit, sich sicher und beschützt zu fühlen und dabei gleichzeitig kontaktfreudig, kompetent und unabhängig zu sein. Die sichere Basis, die anfangs von den Eltern repräsentiert wurde, wird nun internalisiert und zu einem dauerhaften Bestandteil der Persönlichkeit des Kindes.

Indem das Kleinkind lernt, Nähe und Erkunden im Gleichgewicht zu halten, begegnet es weiteren emotionalen Dualitäten.

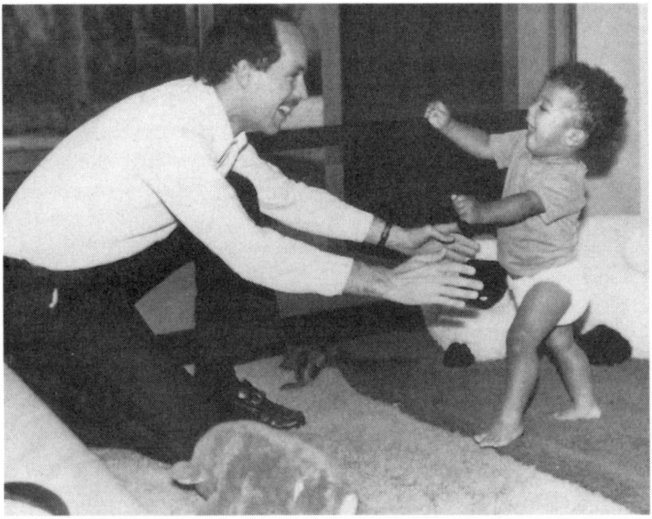

Je nachdem, was in den einzelnen Situationen geschieht, können die Annäherung an die Eltern und die Entfernung von ihnen verschiedene Pole darstellen: Intimität versus Autonomie, soziale Zugehörigkeit versus individuelle Erfüllung, Behinderung und Fesselung durch andere versus freies Umherschweifen, Unterordnung und Erniedrigung versus persönliche Macht oder Liebe versus Haß und Entfremdung.

Das Kleinkind erlebt jeden einzelnen dieser Zustände, weil es sich ständig in Situationen befindet, in denen es sich entweder mächtig und stark oder klein und hilflos fühlt. Es kann losflitzen und wagemutig sein und kurz darauf schon sich anklammern, quengelig werden und verlangen, daß man ihm jeden Handgriff abnimmnt.

Wenn Johnny von einem Ende des Wohnzimmers bis zum anderen laufen kann, ohne auch nur einmal hinzufallen, fühlt er sich unbesiegbar. Wenn sein älterer Bruder ihm den Weg verstellt und ihn umschubst, hat er das Gefühl, schändlich zusammengebrochen zu sein, und möchte seinen Angreifer beißen (wenn er ihn nur einholen könnte!). Wenn der Vater Johnny aufhebt, den Bruder ausschimpft und Johnny wieder auf den Weg bringt, wachsen erneut Hoffnung und Triumph in seinem Herzen: Alles, was er will, scheint in greifbarer Nähe zu sein. Wenn die Erschöpfung ihn dann ein paar Minuten später überwältigt, fürchtet er, daß er nie wieder fähig sein wird, so weit zu laufen, und bricht in Tränen aus.

Aus der Sicht der Eltern ist das eine ziemlich verwirrende Angelegenheit. Wenn Erwachsene die ganze Bandbreite der Gefühle, die einem durchschnittlichen Kleinkind im Laufe eines Tages zur Verfügung stehen, erleben und ausleben müßten, würden sie vor emotionaler Erschöpfung zusammenbrechen, oder man würde ihnen die gewichtige psychiatrische Diagnose «emotional labil» anheften. Das Leben mit einem Kleinkind verlangt eben von den Eltern, daß sie auf alles gefaßt sind. Allmählich jedoch werden Erfahrung und Ausdruck von Emotionen gemäßigter, und der Aufruhr des Kleinkindalters legt sich und wird von der relativen Harmonie der Vorschuljahre abgelöst.

Unsere Sprache kennt viele Ausdrücke, die die Hochachtung vermitteln, die wir Menschen entgegenbringen, die sich allein fortbewegen können: «Der wird weit kommen»; «Sie steht auf eigenen Füßen»; «Er ist ein aufrechter Mensch».[7] Solches Lob ist zwar korrekt, spielt aber die verborgenen Belastungen, die die Autonomie mit sich bringt, herunter. Auf den eigenen Füßen weit zu gehen birgt Gefahren: schutzloses Alleinsein und die Möglichkeit, hinzufallen und sich zu verletzen. Wenn Kleinkinder mit Bauklötzen spielen, wenn sie Türme bauen und sie dann einstürzen lassen, ist das ein gutes Symbol für die plötzlichen Zusammenbrüche, die häufig auf neue Meisterleistungen der Fortbewegung folgen. Mit dem Umwerfen des Turms initiiert das Kind das, was ihm normalerweise selbst zustößt. Es nimmt, mit anderen Worten, die Situation in die Hand und gewinnt so Herrschaft über sie.

Spielen kann das Kind nur, wenn es sich sicher fühlt: Einen Turm zu bauen und ihn einstürzen zu lassen ist eine Methode, sich aus einer Position, in der man stark ist (zum Beispiel im Sitzen), an schwere Zeiten zu erinnern. Wenn das Kind tatsächlich hinfällt, spielt es danach nicht, sondern wendet sich an Mama. Aber diese willkommene Rettung birgt eine Gefahr in sich, denn die Mutter ist vielleicht besorgt, daß das Kleine wieder hinfallen könnte, und verbietet weitere Streifzüge. Kein Wunder, daß viele Kleinkinder im gleichen Augenblick, in dem sie wieder auf die Füße kommen, auch schon aus den Armen der Mutter fortstürzen. Kinder erholen sich von ihren Mißgeschicken viel schneller als ihre Eltern und haben es dann eilig, wieder loszuziehen. Zurückgehalten zu werden ist eine der großen Frustrationen dieser Altersstufe.

Entwicklungsbedingte Veränderungen im Sicherheitsverhalten

Das Gleichgewicht zwischen Bindungs- und Erkundungsverhalten ist beim Kleinkind niemals statisch: Seine Schwankungen sind von vielen Faktoren abhängig, unter anderem der Stimmung der Eltern und der Stimmung des Kindes. Manchmal überwiegt der Entdeckerimpuls des Kindes eine ganze Woche lang, um von einer Phase starker Anhänglichkeit abgelöst zu werden, die bei den Eltern die Sorge weckt, ihr Kind könnte sich ernsthaft zurückentwickelt haben. Dann wieder geschieht das Umgekehrte: Auf Wochen großer Anhänglichkeit folgt ein machtvoller Erkundungsschub, und die Eltern sehnen sich plötzlich nach etwas mehr von eben jener Abhängigkeit, wegen der sie sich gerade noch Sorgen machten. Trotz dieser Schwankungen lassen sich aber einige allgemeine Entwicklungstendenzen erkennen, die im Folgenden umrissen werden.[8]

Das jüngere Kleinkind: Laufen und Sprechen

Die neuerworbene Fähigkeit, sich in der Welt fortzubewegen, versetzt die meisten Kleinkinder im Alter zwischen 12 und 18 Monaten in Hochstimmung. In der aufrechten Haltung kann man die Dinge aus neuen Blickwinkeln und anderen Perspektiven heraus sehen, und das Kind übt sich immer wieder in seinem wachsenden Können. Es kehrt oft nur für kurze Zeit zur Mutter zurück und kann sich dabei auf eine einzige Berührung beschränken. Die Streifzüge in die Welt hinein haben den größten Reiz für das Kleinkind. Es kann so mit seinen neuen Leistungen beschäftigt sein, daß es Stöße und Hinfallen für eine Weile gar nicht wahrnimmt. Wichtig ist ihm, weiter zu üben, zu entdecken und zu meistern.

Eine für diese Phase typische Stimmung ist Begeisterung. Das Kleinkind läuft nur zu gern immer wieder fort und quietscht dann vor Vergnügen, wenn es von der Mutter verfolgt und mit Schwung aufgehoben wird. Dieses Spiel besitzt für das jüngere Kleinkind hohen Symbolgehalt. Es bestätigt ihm, daß Mobilität nicht notwendigerweise Entfremdung oder Verlassenwerden bedeutet und daß die Mutter es in seinem halbflüggen Zustand nicht sich selbst überlassen wird, sondern es immer wiederholen *will*. Einer erschöpften Mutter oder einem erschöpften Vater mag dieses Spiel vielleicht als endlose Plage erscheinen, für das Kleinkind aber ist es eine entscheidende Versicherung, daß Unabhängigkeit und Zusammengehörigkeit Hand in Hand gehen können.

Der beste Beweis für den Wunsch und das Bedürfnis des Kleinkindes, wiedergeholt zu werden, ist seine Reaktion, wenn Mutter oder Vater das nicht tun: Das Kleinkind fällt hin oder verletzt sich, und die Geschichte endet mit Tränen statt mit Gelächter. In solch einer Situation heißt die implizite elterliche Botschaft an das Kind: «Du bist allein, und wenn du leichtsinnig losrennst, kriegst du Probleme.» Die Bandbreite an Erfahrungen und Gefühlen, die das Kleinkind als ungefährlich zu erkennen lernt, wird vorzeitig reduziert.

Die Fortbewegung stellt den Körper des jüngeren Kleinkindes ins Zentrum seiner Erfahrungen. Seine Beine können Wunder vollbringen: Gehen, klettern, springen, rennen. Und die Beine wiederum stehen im Dienst eifriger kleiner Hände. Das kleine Mädchen kann jetzt auf die Frisierkommode klettern, um an die bunte Porzellanpuppe heranzukommen, die ihr immer zugewinkt hat. Es kann alle Stofftiere aus seinem Zimmer schleifen, um der Mutter in der Küche damit Gesellschaft zu leisten. Es kann sich unter einen Schrank quetschen, um eine vor langer Zeit verlorene Murmel wiederzufinden und in den Mund zu stecken. Es kann lange Zeit still und unsichtbar sein, bis man es dann entdeckt, wie es sorgfältig die Seiten aus einem Buch herausreißt, das es gefunden hat, als es auf Mamas Schreibtisch kletterte.

Der Körper ist das faszinierende Hilfsmittel für alle diese Unternehmungen. In diesem Alter lernen die Kinder, sich im Spiegel zu erkennen, und es macht ihnen großes Vergnügen, auf ihre eigenen Körperteile und die aller anderen Anwesenden zu zeigen: Augen, Nase, Mund, Ohren, Haare, Hände, Füße. Sie interessieren sich wieder für ihre Genitalien, erkunden sie aufmerksam und lernen einen Namen dafür. Sie erleben einen unwiderstehlichen Beißdrang, während in rascher Folge neue Milchzähne durchbrechen. Viele Augenblicke tiefer Versunkenheit werden damit verbracht, im Bauchnabel herumzubohren, die Genitalien zu befühlen, in den Spiegel zu sehen, zu beißen und zu kauen und die eigenen Zehen zu untersuchen.

Die Leistung, Bezeichnungen für die wichtigen Dinge in der Welt zu finden, ist von ebenso großer Tragweite wie das Laufen. Es liegt eine wunderbare Symmetrie darin, daß die Fähigkeiten Benennen und Gehen etwa zur gleichen Zeit auftreten. Die großen Schöpfungsmythen schildern, daß die Welt durch das Wort entstanden ist. Auch das Menschenkind schafft Bedeutung, indem es die Welt, die es gerade entdeckt, benennt.

Manche der Namen fallen, genau oder annähernd, mit den Bezeichnungen zusammen, die von der gesamten Kultur verwendet werden: «Mama», «Papa», «Wauwau» (für Hund), «Wawa» (für Flasche). Manche sind völlig eigenwillig und werden vom Kind für seinen eigenen Gebrauch geschaffen. Die Sprache eröffnet, genauso wie das Laufen, neue Perspektiven. Das Vergnügen, durch Worte Bedeutung zu schaffen, kann ebenso in Hochstimmung versetzen wie das Vergnügen, sich durch Bewegung neue Horizonte zu eröffnen.

Laufen und Sprechen ergänzen sich derart, daß das Kleinkind neues Vertrauen in seine Fähigkeit gewinnt, sich selbst ein Gefühl der Sicherheit zu verschaffen.

Ari, 18 Monate, läuft hinter einer jungen Katze her, ganz berauscht von dem Vergnügen an dieser Verfolgung. Als er sich umdreht, sieht er, daß seine Mutter nicht nah bei ihm, sondern zurückgeblieben ist, in einer größeren Entfernung als jemals zuvor. Auf seinem Gesicht malen sich einen Moment lang Schrecken und Ungläubigkeit, aber er erholt sich schnell, und während er zu seiner Mutter zurückläuft, schreit er: «Wer pommt tu mir? Wer pommt tu mir?» Das ist der Ruf, den seine Mutter verwendet, um ihn zurückzulokken, wenn er zu weit fortläuft, und nun hat Ari ihn sich zu eigen gemacht, um sich in einem Augenblick der Not selbst zu helfen.

Die Furcht, die Eltern zu verlieren. Wenn der bevorzugte Elternteil oder eine Aufsichtsperson, der das Kind vertraut, anwesend ist, ist es von seinen neuen Fähigkeiten begeistert. Wenn der vertraute Mensch fortgeht, weint das Kind oft und protestiert, indem es sich anklammert und dessen Fortgehen zu verhindern sucht. Während der Abwesenheit von Vater oder Mutter kann die Stimmung des Kindes ernst und gedämpft sein. Oft lassen seine Aktivitäten nach, und das Interesse am Erkunden nimmt ab. Das Kleinkind scheint sich nach innen zu wenden, als würde es an der beruhigenden Erinnerung an die abwesenden Eltern festhalten. Wenn die äußere sichere Basis abwesend ist, muß das kleine Kind hart arbeiten, um sie mit Hilfe von Gedächtnis und Vorstellungskraft innerlich heraufzubeschwören. Das jüngere Kleinkind hat noch nicht gelernt, daß «aus den Augen» nicht «aus dem Sinn» heißen muß.

Die gedämpfte Stimmung wandelt sich, wenn Mutter oder Vater zurückkehren. Die Reaktion des Kleinkindes auf das Wiedersehen ist ein feiner Anzeiger für seinen persönlichen Stil und für die Art, wie es seine Beziehung zu den Eltern erfährt. Manche Kinder können in Tränen ausbrechen, wenn sie die Eltern wiedersehen. Das ist eine Möglichkeit für sie, sich von der aufgestauten Anspannung zu befreien. Andere können «Streit anfangen», indem sie provozieren oder trotzig werden. Auch Ambivalenz kann zum Ausdruck gebracht werden, indem das Kind nämlich an Mutter oder Vater hinaufklettert und sie oder ihn gleichzeitig von sich fortstößt oder leicht in die

Seite tritt. Manchmal dauert die gedämpfte Stimmung des Kindes nach der Rückkehr der Eltern an und zeigt sich in Gestalt von Vermeidungsverhalten: Das Kind sieht oder bewegt sich sogar von der Mutter fort statt zu ihr hin. Manche Kleinkinder spielen weiter, als sei nichts geschehen, und ignorieren den Gruß der Mutter vollständig.

Diese verschiedenen Reaktionen spiegeln den einzigartigen Stil des Kindes wider, Wut und Kummer über die Abwesenheit der Eltern zu zeigen. Das Kind hat vielleicht Angst, daß die Mutter noch nicht wirklich zurück ist und bald wieder fortgehen wird, sei es nun physisch oder emotional. Seine ambivalente Begrüßung ist ein Versuch, sich vor einer weiteren Enttäuschung, ausgelöst durch eine erneute Trennung, zu schützen. Eltern können helfen, diese Angst zu lindern, indem sie emotional zur Verfügung stehen, wenn sie Zeit mit dem Kind verbringen, indem sie sich verabschieden, bevor sie fortgehen, und versprechen, wiederzukommen, und indem sie das Kind bei ihrer Rückkehr freudig und zärtlich begrüßen, selbst wenn es sie zuerst zurückstößt. Die Kapitel 7 und 8 beschäftigen sich ausführlich mit Trennungsproblemen und den Möglichkeiten, wie Eltern hier Abhilfe schaffen können.

Nach einer überschaubaren Trennungszeit begrüßen Kleinkinder ihre Eltern am häufigsten voller Freude. Auch hier sind die Reaktionen recht unterschiedlich und spiegeln den individuellen Stil des Kindes wider. Das eine Kind lächelt oder begrüßt die Eltern aus einiger Entfernung. Ein anderes zeigt ihnen vielleicht ein Spielzeug. Wieder ein anderes kommt auf sie zu und will auf den Arm genommen werden. Das alles sind Verhaltensweisen, die Bindung fördern und nicht auf Erkundung oder Distanzierung ausgerichtet sind. Diese eindeutigen Reaktionen zeigen, daß das Kind darauf vertraut, daß die Eltern weiterhin verfügbar bleiben, selbst während einer kurzzeitigen Abwesenheit. Das innere Gefühl des Kindes, eine sichere Basis zu besitzen, hilft ihm, die Zeit bis zur Rückkehr der Eltern zu überbrücken.

Gelegentlich können Eltern und Kind auch zuviel zusammensein. Das Kind rebelliert dann, indem es gereizt und unkooperativ wird, wie das folgende Beispiel zeigt.

Natalia, 14 Monate, und ihre Mutter nehmen jede Woche an einer Schwimmstunde für Kleinkinder teil. Eine Dreiviertelstunde lang hält Natalia sich an ihrer Mutter fest, während beide zusammen im Schwimmbecken herumplanschen. Obwohl Natalia diese Stunden liebt, wird sie nach dem Schwimmen, wenn ihre Mutter versucht, sie zu duschen und anzuziehen, ausnahmslos wütend, quengelig und trotzig. Die Mutter erkennt, daß das Kind eine Erholungspause von der intensiven Abhängigkeit von ihr, die im Schwimmbecken unumgänglich ist, braucht. Sie läßt Natalia nach der Schwimmstunde allein herumlaufen, bis das Kind spontan wieder zu ihr kommt. Wenn Natalia dann zeigt, daß sie zu mehr Beisammensein bereit ist, erklärt die Mutter ihr, es sei Zeit zum Duschen und Anziehen. Jetzt willigt Natalia fröhlich ein, weil sie, nachdem sie die Möglichkeit hatte, allein auf Erkundungsreise zu gehen, sich nicht mehr durch die Abhängigkeit von der Mutter aufgefressen fühlt.

Dieses Beispiel zeigt, wie sensible Eltern die nichtsprachlichen Zeichen ihres Kleinkindes deuten können, um zu erkennen, was das Kind braucht. In diesem Beispiel diente die Mutter Natalia als sichere Basis, indem sie erkannte, wann es Zeit war, sich zurückzuhalten und geduldig darauf zu warten, daß das Kind wiederkam.

Eine Übergangsphase: Vermehrte Unsicherheit

Mit etwa 18 Monaten wird die Fortbewegung vollkommen beherrscht und ist nicht mehr die treibende Motivation im Leben des Kindes. Statt selbst Ziel zu sein, wird das Laufen nun Mittel zum Zweck. Das Bemühen, etwas zu meistern, wird von der Fortbewegung selbst auf solche Ziele verlagert, die sich mit ihrer Hilfe erreichen lassen.

Diese Entwicklung weist auf ein psychologisches Paradox. Bei vielen Kindern ist nämlich mit etwa 18 Monaten die Trennungsangst am größten. Langzeitstudien der Reaktionen auf kurzzeitige Trennungen von der Mutter zeigen, daß Kinder in diesem Alter am häufigsten weinen und danach allmählich immer weniger.[8] Ebenso beschreiben Mahler und ihre Mitarbeiterinnen, daß in diesem Alter eine Verhaltensweise beginnt, die sie «beschatten» nennen, womit sie die unaufhörliche Überwachung der Mutter durch das Kind meinen.[9]

In dieser Phase verlangen die Kinder auch mehr Aufmerksamkeit von der Mutter. Dinah begann mit 22 Monaten zu schreien: «Nur mit mir reden!», sobald ihre Mutter versuchte, sich mit anderen zu unterhalten. Michael, 24 Monate, willigte nur dann ein, Ausflüge mit der Familie zu machen, wenn seine Mutter versprach, während der Autofahrt neben ihm zu sitzen und nur mit ihm allein zu sprechen. Manche Kleinkinder wollen aus dem Glas der Mutter trinken und von ihrem Teller essen. Sie können der Mutter auch Bissen von ihrem eigenen Essen anbieten und ihr irgendwelche «interessanten» Gegenstände bringen, die sie auf ihrem Schoß aufhäufen. Häufig kommt es zu einer Kombination aus eskalierenden Forderungen, Geschrei und Tränen, wenn der Wunsch, die Mutter ganz für sich zu haben, nicht erfüllt wird. Das Kind reagiert oft sehr empfindlich auf unbedeutende Schnitte oder Verletzungen und kann ungewöhnlich bekümmert sein, wenn etwas zerbricht oder verschwindet.

Warum sollte das Kleinkind gerade dann anhänglicher und bedürftiger werden, wenn es eben gelernt hat, allein besser zurechtzukommen? Das ist erklärlich, wenn man bedenkt, daß das Kind nach einer Phase der ausschließlichen Beschäftigung mit Fortbewegung und Erkundung, die circa 12 bis 18 Monate dauert, wiederentdecken muß, daß es die Mutter ist, die ihm ständig Schutz und emotionale Unterstützung bietet. Sobald das Kind die Fortbewegung beherrscht, kommen ihm die Probleme, die sie mit sich bringen kann, stärker zu Bewußtsein.

Gerade weil das Kleinkind das Gefühl hat, auf eigenen Füßen stehen zu können, kann es sich jetzt seinen Wünschen nach beschützender Nähe zur Mutter überlassen, die während des Laufenlernens zurückgestellt worden waren.

Wieder hilft die Metapher von der sicheren Basis, diesen Prozeß zu erklären. So, wie das Kleinkind sich von Moment zu Moment und von Tag zu Tag abwechselnd von der Mutter entfernt, um zu erkunden, und dann wieder zu ihr zurückkehrt, so macht das heranwachsende Kind ausgedehnte Phasen durch, in denen es sich entweder mit Erkundigungen oder mit Nähe intensiver beschäftigt. Ein großer Teil des Kleinkindalters kann unter dem Gesichtspunkt verstanden werden, daß das Kleinkind diese beiden Motive von Bindung und Erkundung bewältigt und sie in einen einzigartigen, individuellen Stil integriert, der während des ganzen späteren Lebens relativ konstant bleibt.

Das ältere Kleinkind: Bewußtsein und Sozialisation

In der Zeit um den zweiten Geburtstag herum wird den Eltern das Innenleben des Kindes durch Sprache und symbolisches Spiel zugänglicher. Das Kleinkind lernt, Gefühle ebenso zu bezeichnen wie Gegenstände, und verkündet recht stolz, daß es froh, traurig oder wütend sei. «Ich» und «meins» werden zu Talismanen gegen eine Welt, die nur zu sehr darauf aus ist, dem Kind seine Schätze fortzunehmen. Es ist nicht ungewöhnlich, daß ein zweijähriges Kind ein anderes Kind mit dem Wort «meins» begrüßt, während es ein bevorzugtes Spielzeug fest umklammert hält. So ein Kleinkind weiß bereits, daß Vorsorge die beste Medizin ist.

Gefühle, über die das Kind nicht sprechen kann, finden oft in symbolischem Spiel oder in einer inszenierten Wiederholung des Geschehenen ihren Ausdruck. Schauspielern ist für das Kind eine Methode des Sicherinnerns.

Rhonda, ein kleines Mädchen, das mit zwei Jahren seine Mutter verloren hatte, holte Strümpfe aus dem Korb mit schmutziger Wäsche und verteilte sie im ganzen Haus. Ihre Mutter hatte immer alte Strümpfe verwendet, um die Möbel abzustauben. Das Kindermädchen bat Rhonda, die Strümpfe wieder in den Korb zu legen. Das Kind fügte sich gehorsam, behielt aber einen Strumpf. Als das Kindermädchen darauf bestand, daß Rhonda alle Strümpfe zurücklegen müsse, zog sie sich mit traurigem Gesicht in eine Ecke zurück und drückte den Strumpf an die Brust. Dieses Geschehen sagte aus, was Rhonda nicht formulieren konnte: daß sie ihre Mutter vermißte und sie festhalten wollte.

Die Angst, die Liebe der Eltern zu verlieren. Die neue Fähigkeit, sich etwas vorzustellen und zu phantasieren, bereichert das Innenleben des Kindes. Eine Folge davon ist, daß das ältere Kleinkind einen stärker entwickelten Sinn dafür bekommt, was es zu fürchten hat. Während das jüngere Kind sich in erster Linie darum sorgt, wo die Mutter sich gerade aufhält, und Angst vor Trennung und Verlust hat, kämpft das ältere Kleinkind mit einer subtileren, aber ebenso erschreckenden Angst, nämlich der Angst vor der Mißbilligung der Eltern, die es – verständlicherweise – mit dem Verlust ihrer Liebe gleichsetzt. Zu den bedeutungsvollsten Gesprächen in diesem Alter gehören Dialoge über die Botschaft der Eltern: «Selbst wenn ich auf dich wütend bin, liebe ich dich noch.» Diese unglaublich erfreuliche Nachricht wird vom Kleinkind nur allmählich aufgenommen. Es erfordert eine wahre kognitive Meisterleistung, sie zu verstehen. Das Kind muß dem unmittelbaren, machtvoll konkreten Erlebnis des wütenden Gesichts und der dröhnenden Stimme der Eltern (oder bei Eltern mit größerer Selbstbeherrschung einem untypisch kühlen Benehmen) die gesammelten Erinnerungen an vergangene, liebevolle Begegnungen entgegensetzen, die im Moment so fern erscheinen, daß man sich nicht darauf verlassen kann.

Es ist schwer, sich an eine beruhigende Vergangenheit zu erinnern, während man mit einer beängstigenden Gegenwart konfrontiert ist, und selbst von manchen Erwachsenen weiß man, daß sie den Glauben verloren, als sie dieser Feuerprobe ausgesetzt waren. Tatsächlich müssen Eltern sich oft selbst ins Gedächtnis rufen, daß sie gleichzeitig lieben und zornig sein können. Manche Eltern lernen das sogar erst, wenn sie ihr Kind beruhigen.

Der Wunsch des Kleinkindes zu gefallen. Die Angst vor dem Verlust der elterlichen Liebe hat eine gute Seite: Das Kleinkind ist zu fast allem bereit, um sie sich zu bewahren. Das ist bei der Entwicklung des sozialen Bewußtseins und schließlich des moralischen Gewissens eine große Hilfe. Die Liebe zu Vater und Mutter ist so stark (auch wenn sie nicht sichtbar ist), daß sie das Kind veranlaßt, sein Verhalten zu ändern, nicht mehr zu schlagen und zu beißen, Spielzeug mit einem Spielgefährten zu teilen, sauber zu werden. Dieser Wunsch nach Anerkennung ist bei der Sozialisierung des Kindes der verläßlichste Verbündete der Eltern. Daran zu appellieren ist bei weitem wirksamer und viel besser, als mit Strafen zu drohen.

Emma, 22 Monate, hat die ärgerliche Gewohnheit angenommen zu kreischen, wenn sie nicht bekommt, was sie will. Immer wenn sie kreischt, sagen ihre Eltern bestimmt: «Hör auf, Emma. Es tut mir in den Ohren weh.» Wenn sie nicht aufhört, halten sie sich die Ohren zu und sagen: «Jetzt kann ich dich nicht mehr hören.» Nach etwa einer Woche geht das Kreischen deutlich zurück, und in der dritten Woche ist es ganz verschwunden.

David, 28 Monate, hat seinen kleinen Bruder gebissen. Seine Mutter schimpft mit ihm: «Ich hab dir doch gesagt, daß du das nicht darfst, David. Ich bin sehr böse auf dich.» David geht zu seiner Mutter und vergräbt herzzerreißend weinend den Kopf in ihrem Schoß. Seine Mutter ist ganz damit beschäftigt, das Baby zu beruhigen, das nach dem Biß immer noch schreit. Zuerst hat sie weder die Geduld noch die Kraft, auf Davids Kummer einzugehen, aber dann streichelt sie ihm den Kopf und sagt: «Ich mag es nicht, wenn ich böse auf dich bin, aber du darfst nicht beißen. Das ist ein Nein-nein.» David sieht sie sehr ernsthaft an, wiegt den Kopf von einer Seite zur anderen und sagt: «Nein-nein.» Seine Mutter wiederholt «Nein-nein», jetzt in sanfterem Tonfall, und hilft ihm weiterzuspielen. In den folgenden Tagen beobachtet sie, wie David Beißbewegungen nachahmt, dabei den Kopf wiegt und «Nein-nein» zu sich sagt.

Diese Kinder richten sich nach den Erwartungen ihrer Eltern, weil sie ihnen gefallen möchten. Kleinkinder, die sich gut entwickeln, suchen Bestätigung, tun das aber nicht zwanghaft. Sie können angemessene Grade an Frustration ertragen, und flexibel mal den eigenen Willen durchsetzen und sich dann wieder nach dem Willen anderer richten. Das gesunde Kind fühlt sich auch bei der ganzen Bandbreite von Emotionen wohl. Michael, 3 Jahre, wurde von seiner besorgten Mutter gefragt, ob er glücklich sei. Seine Antwort: «Ich bin glücklich *und* traurig, *und* ich beiße *und* bin ein Klammeraffe.» Er wollte sich nicht dazu verleiten lassen, nur seine glückliche Seite anzuerkennen.

Eltern müssen darauf achten, daß sie dieses Geschenk – den natürlichen Wunsch des Kindes, ihnen zu gefallen – nicht verschleudern. Kleinkinder, deren Eltern zu kritisch sind, können in ihrer emotionalen Entwicklung Schwierigkeiten bekommen. Sie können übergroße Angst vor Liebesverlust haben und allzu fügsam werden. Das andere Extrem ist, daß das Kind möglicherweise als einzige Methode, seine Ziele zu verfolgen, Trotz einsetzt, weil es die elterliche Opposition bereits voraussieht und sich auf einen Kampf rüstet. Beide Reaktionen – übertriebene Unterwerfung und ständiger Trotz – signalisieren, daß die Fähigkeit des Kindes, zu geben und zu nehmen, eingeschränkt ist.

Eltern, deren Kinder eins dieser Verhaltensmuster zeigen, tun gut daran, ihre Einstellungen, Erwartungen und Reaktionen dem Kind gegenüber sorgfältig zu überprüfen. Es ist wahrscheinlich, daß die Schwierigkeiten des Kindes schnell abklingen, wenn sie weniger Ansprüche stellen und das Kind mehr bestätigen. In den Kapiteln 3, 7 und 8 werden häufige Probleme und Ängste in dieser Phase untersucht und spezifische Schritte vorgeschlagen, um ihnen abzuhelfen.

Der Drang, den eigenen Willen durchzusetzen. Paradoxerweise möchte das Kleinkind gefallen, muß aber auch immer wieder den Zorn und die Enttäuschung der Eltern riskieren. Das liegt daran, daß in diesem Alter das zwingende Bedürfnis erwacht, sich selbst treu zu sein. Der Kreislauf von Uneinigkeit – Lösungsfindung – Versöhnung, der den ganzen Tag lang mit mehr oder weniger großer Intensität durchgespielt wird, ist ein Eckpfeiler für das psychische Wachstum des Kleinkindes. Er läßt das Kind die Erfahrung machen, daß es kein Ableger der Eltern ist, sondern einen eigenständigen Willen hat, daß Unstimmigkeiten mit geliebten Menschen unvermeidlich sind und daß Wut erlebt und überlebt werden kann. Das Kleinkindalter ist, nach Berry Brazelton, seinem Wesen nach eine (manchmal ambivalente) Unabhängigkeitserklärung.[10]

Den Körper entdecken

Die Neugier eines gesunden Kleinkindes kennt keine Grenzen. Wenn es nicht in Bewegung ist, ist es tief in die Erkundung der Geheimnisse seines Körpers versunken. Es tastet, bohrt und zupft an seinem Körper herum, lernt, sich im Spiegel zu erkennen, hat Vergnügen daran, die Namen für verschiedene Körperteile zu finden, und ist hingerissen von der Entdeckung der Geschlechtsunterschiede. Das wachsende Gefühl des Kindes dafür, wer es ist, und seine Gefühle der Sicherheit oder der Angst werden stark durch das Körpererleben geformt.

Sich selbst erkennen

Babys interessieren sich schon früh im ersten Lebensjahr für ihr Spiegelbild. Mit etwa 4 Monaten lächeln sie sich zu; zwischen 8 und 12 Monaten zeigen sie aktive Erregung – sie lachen, plappern und schaukeln vor Vergnügen. Diese fröhlichen Reaktionen ändern sich nicht, wenn das Spiegelbild verzerrt wird. Die Babys scheinen sich vor allem dafür zu interessieren, wie ihre Bewegungen das Spiegelbild verändern, ungefähr so, wie sie ein Spielzeug zusammendrücken, damit es ein Geräusch macht, oder wie sie ein Mobile schütteln. Die Frage: Wer ist das Baby im Spiegel? scheint ihnen nicht in den Sinn zu kommen.

Diese Reaktionen verändern sich im zweiten Lebensjahr deutlich. Zwischen 13 und 15 Monaten werden Kleinkinder ernst und still, wenn sie sich selbst im Spiegel beobachten. Wenn der Spiegel ihr Bild verzerrt, starren sie konzentriert hinein, als versuchten sie zu verstehen, was sie da sehen. Wenn jemand dem Kind heimlich einen Fleck auf das Gesicht schmiert, berührt das jüngere Kleinkind möglicherweise zaghaft den Fleck *im Spiegel*. Es erkennt nicht, daß das Kind im Spiegel eine Spiegelung seiner selbst ist.

Mit etwa 18 Monaten beginnen Kleinkinder, sich im Spiegel zu erkennen. Der deutlichste Beweis für diese Schlußfolgerung ist ein Experiment, in dem die Gesichter von Kleinkindern heimlich mit Lippenstift bemalt wurden. Jüngere Kleinkinder deuteten dann eher auf ihr Spiegelbild als auf sich selbst, und ab 18 Monaten berührten Kinder eher den Fleck auf ihrem eigenen Gesicht, als daß sie auf den Spiegel zeigten.[11] Etwa zur gleichen Zeit beginnen Kleinkinder, die Pronomen «ich» und «mich» und «meins» und sogar richtige Namen zu verwenden, wenn sie von sich sprechen.

Diese Beobachtungen legen nahe, daß sie jetzt fähig sind, sich selbst objektiv zu erfahren, als Menschen, die sich sowohl von außen sehen als auch von innen fühlen können. Dieser

wichtige Entwicklungsschritt verleiht ihnen ein erweitertes Bewußtsein von sich selbst und hat ein größeres Interesse an ihrer äußeren Erscheinung zur Folge.

Eltern berichten, daß ihr Kind etwa zu dieser Zeit beginnt, eine deutliche Meinung dazu zu haben, was es anziehen und wie es aussehen will.

Zu Beginn dieser Phase kann die Fähigkeit des Kindes, sich von außen zu sehen, leicht durch ungewöhnliche Abweichungen von seinem üblichen Erscheinungsbild gestört werden.

Mit 22 Monaten wurde Jessica von einem anderen Kind ins Gesicht gebissen und hatte danach ein paar Tage lang eine geschwollene Lippe. Während dieser Zeit trat sie wiederholt vor den Spiegel und betrachtete sich besorgt. Dabei wiederholte sie leise: «Jessica?» Sie schien zu fragen, ob sie trotz ihres veränderten Aussehens sie selbst geblieben war.

Häufig ist zu beobachten, daß Kleinkinder auch recht verstört sind, wenn ihre Eltern Masken tragen, selbst wenn das Kind zugesehen hat, wie sie diese Masken anlegten. Die plötzliche, sichtbare Veränderung ist so überzeugend, daß das Kind mit seiner sich eben entwickelnden Fähigkeit, trotz der Unterschiede in der äußeren Erscheinung innere Kontinuität zu erkennen, überfordert ist. Aus diesem Grunde kann Fastnacht für manche Kleinkinder irritierend und sogar beängstigend sein; die Menschen in ihrer Umgebung verändern sich gemessen an ihrem alltäglichen Aussehen zu radikal. Dieses Wissen kann Eltern befähigen, ihrem Kind zu helfen, indem sie Verkleidungen wählen, die ihr Aussehen nicht völlig verändern, und indem sie sich für einen kleineren Rahmen entscheiden, statt für den Trubel auf der Straße, der für das Kind zu beängstigend sein kann.

Nach ihrem zweiten Geburtstag reagieren Kinder mit größerem Selbstvertrauen und größerem Selbstbewußtsein auf den Spiegel. Wenn man ihnen jetzt Lippenstift ins Gesicht schmiert, wischen sie den Fleck vielleicht ab oder nehmen den Lippenstift und versuchen, ihn selbst aufzutragen. Zerrspiegel jedoch rufen immer noch besorgte Blicke hervor. Das Gefühl der Kinder dafür, wie sie im Spiegel aussehen, ist noch in Entwicklung begriffen, und jede starke Veränderung wird als eigene Veränderung gedeutet. Den Kindern kommt nicht in den Sinn, daß der Spiegel ihnen einen Streich spielen könnte. In diesem Sinne teilen Kleinkinder bereits die Sorge der Erwachsenen um ihr Aussehen und um die Beziehung zwischen «äußerer Erscheinung» und «innerem Gefühl».

Bewußtsein für Geschlecht und sexuelle Neugier

Das Interesse daran, wie das Innere und das Äußere zusammenpassen, führt ganz natürlich zu erneuter Aufmerksamkeit für die Genitalien. Babys aller Altersstufen berühren sich gern selbst, aber Kleinkinder tun das mit einer neuen Zielstrebigkeit. Im zweiten Lebensjahr hat die Fähigkeit, Harnröhre und Anus zu beherrschen, zugenommen. Als Folge davon werden den Kindern ihre Genitalien bewußter, und sie können besser zwischen analen und genitalen Empfindungen unterscheiden. Die eingehende Musterung ihres eigenen Körpers hilft ihnen herauszufinden, wie sie gemacht sind. Außerdem assoziieren sie ihre Handlungen direkt mit den verschiedenen Arten von Vergnügen, die sie ihnen verschaffen.

Die Entdeckung der Genitalien und das Vergnügen, das sie schenken, sind eine Quelle ungeheuren Stolzes und überschwenglicher Freude. Kleinkinder lieben es, nackt herumzulaufen, zu prahlen und sich bewundern zu lassen. Der Körper mit all seinen Wundern steht im Mittelpunkt.

Ira, 30 Monate, hält beim Pinkeln seinen Penis und verkündet: «Das ist das Empire State Building.» (Sein Vater ist Architekt und hat ihm gerade ein Bild von diesem Wolkenkratzer gezeigt und ihm erzählt, was für ein schönes großes Bauwerk das ist.)

Die Zukunft dieser Freude des Kleinkindes an sich selbst hängt in hohem Maße davon ab, wie die Eltern darauf reagieren. Wenn sie auf Freude mit Freude reagieren, wird die Erfahrung des Kindes auf die feste, zuverlässige Basis elterlicher Akzeptanz gestellt.

Das heißt nicht, daß Eltern sich genötigt fühlen sollten, alle Selbstdarstellungen des Kindes zu feiern und zu bewundern. Persönliche Werte und kulturelle Normen sind wichtig, und die jeweiligen Eltern und ihr sozialer Umkreis müssen selbst beurteilen, welche Verhaltensweisen in der Öffentlichkeit angemessen sind und welche in ihrem Haus und ihrem Milieu nicht akzeptiert werden können.

Es sind eher der Tonfall und die Einstellung der Eltern als die jeweiligen Inhalte, die helfen, das Kind zu sozialisieren, ohne seine Freude zu ersticken oder Scham zu erzeugen. Meistens funktioniert es gut, wenn man einem Kleinkind etwas gibt, das es interessiert und es so von seinen Genitalien ablenkt. Wenn ein Kind in einem Rahmen, den die Eltern unpassend finden, allzu sehr mit sich beschäftigt ist, kann es helfen, etwa in dieser Weise mit ihm zu sprechen: «Ich weiß, daß es ein schönes Gefühl ist, wenn man sich anfaßt. Du darfst das in deinem Zimmer tun oder wenn du badest, denn das ist etwas ganz Persönliches.»

Einen Penis oder eine Vagina zu besitzen, bringt nicht nur Vergnügen, sondern gestattet auch Vergleiche mit anderen Jungen und Mädchen. Mit etwa 18 Monaten haben Kinder ein tiefverwurzeltes Gefühl für ihr Geschlecht erworben und identifizieren sich selbst als Junge, der zu anderen Jungen, oder als Mädchen, das zu anderen Mädchen gehört. Die Kinder stellen unzählige Vergleiche an und führen das bis zum Alter von fünf oder sechs Jahren fort. Diese Vergleiche können Freude an sich selbst und am anderen mit sich bringen, aber auch Angst.

Lori sitzt mit ihrem Freund Nick in der Badewanne und sagt zu ihm: «Deiner ist toll, Nick.» Nick lächelt zustimmend, gibt das Kompliment aber nicht zurück. Nach einer Pause sagt Lori: «Sag mir, daß meine auch toll ist.» Kinder brauchen manchmal wirklich Bestätigung, daß sie einfach so, wie sie sind, «toll» sind.

Auch wenn das Kleinkind weiß, daß es ein Mädchen oder ein Junge ist, und sein Geschlecht mag, heißt das nicht, daß es die Vorstellung aufgegeben hat, beiden Geschlechtern gleichzeitig anzugehören. Viele Kleinkinder, die ihre Phantasien in Worte fassen können, erklären mit Nachdruck, sie hätten sowohl einen Penis als auch eine Vagina. Jungen sind sehr lange davon überzeugt, daß sie schwanger werden, ein Kind zur Welt bringen und für das Baby dann gleichzeitig Mama und Papa sein können. Mädchen machen Pläne, sowohl die Mutter als auch den Vater zu heiraten. Jungen möchten, daß ihnen Brüste wachsen und sie ihre Babys stillen können. Alle wollen alles haben. Hier, wie in vielen anderen Zusammenhängen, weigern Kleinkinder sich, die Beschränkungen anzuerkennen, die ihnen durch Regeln von außen auferlegt werden – selbst wenn es biologische Gesetze sind.

Das zunehmende Bewußtsein davon, daß man ein Junge oder ein Mädchen ist, aber nicht beides sein kann, wird von einem Verlustgefühl begleitet, das häufig in Kinderspielen symbolisch zum Ausdruck kommt. Im folgenden drückt Lori im Spiel mit ihrer Mutter ihr Gefühl aus, daß ihr etwas fehlt.

Lori (während sie ihre Puppe auszieht): Mal sehen, was mit diesem Mädchen hier los ist.
Mutter: Was ist denn passiert?
Lori: Sie muß ins Krankenhaus.
Mutter: Warum muß sie ins Krankenhaus?
Lori: Sie hat ihren Schwanz verloren.
Mutter: Was passiert im Krankenhaus?
Lori: Sie kriegt eine Spritze.
Mutter: Und was ist mit dem Schwanz? Kriegt sie den wieder?
Lori: Nein. Ein Frosch hat meinen Schwanz abgebissen. (Pause.)
Lori: Hast du einen Schwanz?
Mutter: Nein.
Lori: Hol dir einen, von einem Hund. (Sie lacht und reitet auf ihrem Spielzeugpferd los, das übrigens einen sehr beachtlichen Schwanz hat.)

Bei einer anderen Gelegenheit bittet Lori ihre Mutter, eine Mohrrübe mit Klebeband zwischen ihren Beinen zu befestigen, und rennt dann mit der baumelnden Mohrrübe durch das ganze Haus, kichernd vor Aufregung. Ein andermal sieht ihr Vater, wie sie neben der Toilette steht und versucht, wie ein Junge zu pinkeln.

Es wird allgemein akzeptiert, daß Mädchen gern einen Penis hätten und daß sie diesen Wunsch auf viele offene und versteckte Arten zum Ausdruck bringen. Weniger weit verbreitet ist die Erkenntnis, daß Jungen wünschen, sie hätten Brüste und wären schwanger. Aris Version dieser Wünsche, die sich bei ihm zwischen dem 28. und dem 34. Monat entwickelte, wird weiter unten dargestellt. Diese Phase fiel mit der zweiten Schwangerschaft seiner Mutter zusammen.

Ari trägt eine Puppe fest an sich gedrückt in den Armen. Er sagt: «Weine nicht, Baby. Ich gebe dir Milch.» Er tut so, als würde er die Puppe stillen.

Ari stopft sich ein kleines Kissen unter den Pullover, stolziert damit im Haus herum und sagt: «Ich kriege ein Baby.»

Ari sitzt mit erheblicher Verstopfung auf dem Töpfchen. Er drückt, um sich zu entleeren, und hat Schmerzen. Er sagt: «Vielleicht kriege ich ein Baby.»

Ari betrachtet sich mit ernstem Gesicht im Spiegel. Er sagt: «Guck mal meinen dicken Bauch an. Bestimmt denken alle, daß ich schwanger bin, und keiner glaubt mir, daß das kommt, weil ich soviel gegessen habe.»

Vielleicht geht man auf den Wunsch des Kleinkindes, beide Geschlechter in sich zu vereinigen, am besten in der Weise ein, daß man Verständnis dafür hat und nur dann berichtigende Informationen liefert, wenn das Kind direkt danach fragt. Wunschdenken und Phantasiespiele, wie Lori und Ari sie praktizieren, sind keineswegs schädlich, sondern verschaffen dem

Kind einen sicheren Rahmen, in dem es die Realität seinem eigenen Tempo gemäß erforschen kann. Im Laufe ihrer Experimente finden Kinder eigene Erklärungen. Eltern tun am besten daran, diese Erklärungen erst dann richtigzustellen, wenn das Kind sie ausdrücklich um Stellungnahme bittet. Die phantastischen Ideen des Kindes sind vorübergehend nützlich und werden von Vorstellungen, die der Realität näher kommen, ersetzt, sobald das Kind dazu bereit ist. Die Rolle der Eltern besteht darin, zur Verfügung zu stehen, um die Fakten, die das Kind verlangt, zu liefern, ohne aber mehr Informationen zu geben, als das Kind erfragt.

Martin, 36 Monate, fragt seine schwangere Mutter: «Mama, hast du das Baby lieb?» Seine Mutter erklärt, sie habe das Baby sehr lieb. Jetzt will Martin wissen: «Warum hast du es dann aufgegessen?»

Es ist durchaus verzeihlich, wenn eine Mutter ihrem Kind lang und breit erklärt, wie Babys gemacht und geboren werden. Statt dessen aber entscheidet Martins Mutter sich klugerweise, nur auf seine Frage zu antworten. Sie sagt: «Ich habe es nicht aufgegessen, Martin. Mein Bauch ist so dick, weil Babys im Bauch ihrer Mütter wachsen.» Martin hört mit großen Augen zu, sagt aber nichts. Zwei Tage später, nachdem er diese Information verdaut hat, stellt er die nächste logische Frage: «Bin ich auch in deinem Bauch gewachsen?» Er lächelt vor Freude, als seine Mutter ihm jetzt erzählt, wie er gewachsen und gewachsen ist, bis er so groß war, daß er geboren wurde. Erst vier Monate später, nachdem seine Schwester geboren ist, kommt es Martin in den Sinn zu fragen: «Wie ist sie rausgekommen?»

Kinder erfragen das, was sie wissen wollen, Stück für Stück, weil sie sich Zeit nehmen, die Informationen, die sie erhalten, zu verstehen. Sie wissen, wieviel sie bewältigen können, und hören auf zu fragen, wenn sie genug haben. Es ist eine gute Idee, dieses Signal zu respektieren und sich keine Sorgen zu machen, daß das Kind nicht so viel gelernt haben könnte, wie es unserer Auffassung nach lernen sollte.

Körperprodukte kennenlernen

Genauso wie das Kleinkind gern mit seinen Körperteilen experimentiert, ist es sehr an dem interessiert, was der Körper produzieren kann.

Max, 19 Monate, sitzt mit völlig abwesendem Gesichtsausdruck in seinem Schaukelstühlchen. Er hat einen Finger im rechten Nasenloch und zieht langsam einen langen Faden Nasenschleim heraus, die Folge eines langwierigen Schnupfens.

Monika, 20 Monate, hat gerade begonnen, aufs Töpfchen zu gehen. Sie sitzt mit weit gespreizten Beinen darauf und läßt sich ihren warmen Urin über die Hand laufen.

Andrés, 28 Monate, weigert sich, sich die Haare schneiden zu lassen. «Das sind meine Haare. Ich hab sie gemacht», heult er. Seine Eltern behelfen sich schließlich mit einer Haarklammer, um ihm die Haare aus dem Gesicht zu halten.

Sandra, 19 Monate, wird entdeckt, wie sie systematisch ihren Kot auf der Badezimmerwand verschmiert.

Tobias, 30 Monate, bewegt beim Urinieren seinen Penis in verschiedene Richtungen. «Ich kann mit meinem Pipi malen», ruft er.

Tina, 18 Monate, erholt sich gerade von einem längeren Wutanfall. Langsam betastet sie die Tränen, die noch ihr Gesicht nässen, und leckt sich versonnen die Finger ab.

Sofia, 15 Monate, weigert sich, sich die Nägel schneiden zu lassen. «Meins, meins», weint sie.

Sammy, 28 Monate, spuckt sorgfältig kleine Speichelhäufchen auf den Küchentisch.

Leticia, 30 Monate, läßt geräuschvoll eine Blähung entweichen, während sie und ihre Mutter im Lebensmittelladen Schlange stehen. «Ich hab gepupt!» verkündet sie voller Freude.

Diese Erfahrungen sind die Bausteine für das Vertrautwerden des Kindes mit dem, was sein Körper hervorbringen kann.

Urin, Kot, Finger- und Zehennägel, Haare, Tränen, Nasenschleim, Spucke, Blähungen – das alles sind faszinierende Forschungsobjekte.

Die Kinder in den oben aufgeführten Beispielen wissen nicht, daß ihr Verhalten aus Erwachsenensicht inakzeptabel ist. Der Prozeß der Sozialisierung des Körpers geht langsam vor sich und ist mühsam. Kleinkinder würden (nicht anders als die meisten Erwachsenen) den Körper viel lieber feiern, als ihn zu disziplinieren.

Ein Kind kann mit Interesse und Freude oder mit Verlegenheit und Scham etwas über seinen Körper und dessen Produkte lernen. Viel hängt dabei von der Reaktion der Eltern ab. Das Vergnügen am eigenen Körper kann mit dem Bewußtsein einhergehen, daß manche Dinge zum Intimbereich gehören, ganz gleich, wieviel Spaß sie bereiten oder wie natürlich sie erscheinen mögen. Wenn Eltern das Interesse des Kindes an seinem Körper unterstützen können, während sie es gleichzeitig lehren, daß es private und öffentliche Bereiche gibt, lassen sie physische Empfindungen zum Bestandteil einer sicheren Basis für die Selbsterkundung werden.

Drittes Kapitel

Die Herausforderung, ein Kleinkind zu sein (und eins großzuziehen)

Es gibt einen weitverbreiteten Glauben, daß das Kleinkind seinem Wesen nach stur, aufsässig und trotzig sei. Das ist in mancher Hinsicht ein nützlicher Glaube. Wenn eine erschöpfte Mutter einen anscheinend endlosen Streit mit ihrem Kind hinter sich hat, macht sie sich möglicherweise Sorgen, daß sie ein unbekehrbares Ungeheuer großzieht, das in seinem weiteren Leben Freund und Feind gleichermaßen vor den Kopf stoßen wird. Bei solchen Gelegenheiten kann man sich mit dem Gedanken trösten, daß der eigentliche Schuldige das Alter des Kindes ist und nicht sein Wesen. Wir wissen, daß das Alter sich verändert, nicht so sicher sind wir jedoch, ob das Wesen sich auch verändert.

Es ist wahr, daß das Aufziehen kleiner Kinder eine anstrengende Tätigkeit ist. Beobachtungen an Müttern und Vorschulkindern in der häuslichen Umgebung zeigen, daß alle drei Minuten einmal ein kleiner bis mittlerer Konflikt entsteht und daß pro Stunde drei größere Konflikte auftreten.[1, 2, 3, 4] Je jünger das Kind ist, desto häufiger sind diese Störungen. Konflikte zwischen Zwei- und Dreijährigen und ihren Müttern treten zweimal so häufig auf wie Konflikte zwischen Vier- und Fünfjährigen und ihren Müttern.[2] Als Folge davon sind Mütter von Kleinkindern häufig so angespannt und ausgelaugt, daß ein Autor sich veranlaßt fühlte, sie als «die nicht anerkannten Opfer» zu bezeichnen.[1]

In diesem Kapitel wird vorausgesetzt, daß es nicht für jedes Problem dieses Alters eine klare und sofortige Lösung gibt. Es gibt Konflikte, auf die man immer wieder zurückkommt. Es gibt Bereiche von Reizbarkeit, Unzufriedenheit oder Bedauern, die bei verschiedenen Gelegenheiten mit mehr oder weniger großer Intensität wieder zum Vorschein kommen werden.

Das Ziel dieses Kapitels liegt nicht darin, schnelle Lösungen zu liefern, sondern das emotionale Erleben von Kleinkindern und Eltern zu beschreiben und so eine Einstellung vorzuschlagen, aus der heraus die Sorgen und Nöte dieses Alters verstanden werden können. Die Herausforderungen des Kleinkindalters – Trotz, Aufsässigkeit, Wutanfälle, Situationen, in denen es nur Verlierer gibt, und Frustration, Wut und Erschöpfung der Eltern – werden als notwendige, unvermeidliche und sogar wertvolle Hürden beschrieben, die überwunden werden müssen, während die Kinder lernen, Individuen zu werden, die sich ihrer eigenen Bedürfnisse und Wünsche bewußt sind, die aber auch die Bedürfnisse und Wünsche anderer berücksichtigen. Um dem Kind bei diesem Prozeß zu helfen, müssen die Eltern ihm gegenüber eine partnerschaftliche Haltung entwickeln. In dieser Partnerschaft wird das Geben und Nehmen von dem Wissen der Eltern um die altersgemäßen Rechte und Pflichten der einzelnen Partner bestimmt. Wie eine sichere Basis zu einer Partnerschaft wird, wie diese Partnerschaft sich entwikkelt und welcher Aufruhr ihre Entstehung begleitet, das sind die Hauptthemen dieses Kapitels.

Die Erfahrungen der Eltern

Warum ist Kindererziehung so gefühlsbeladen? Zum einen ist es oft eine einsame Tätigkeit. Der Unterstützung beraubt, die Großfamilien früher boten, stellen Mütter, die zu Hause bleiben, fest, daß sie ohne die Hilfe und Gesellschaft anderer Erwachsener einen Haushalt führen *und* zudem noch ständig für ihre Kinder dasein müssen. Fehlende Bestätigung und Anerkennung vergrößern die Belastung, denn Hausfrauen werden traditionell als «nicht arbeitende Mütter» angesehen, obwohl sie putzen, flicken, kochen, waschen, bügeln, einkaufen, Dinge erledigen, das Geld verwalten, Rechnungen bezahlen, Auto fahren, die Aktivitäten der Familie koordinieren und Zeit und Energie finden, die Kinder zu pflegen, anzuregen und zu sozialisieren.

Für berufstätige Mütter sind die Belastungen noch größer. Frauen mit Kindern unter drei Jahren arbeiten im Durchschnitt 90 Stunden pro Woche, wenn man die Anforderungen des Berufs, Haushaltspflichten und Kinderbetreuung zusammenzählt. Das sind 24 Stunden mehr als die durchschnittliche Woche eines arbeitenden Vaters.[5] Es scheint, als bestünde in der Normalfamilie mit Vorschulkindern die wichtigste Rolle des Vaters eher darin, die Mutter emotional zu unterstützen und mit den Kindern zu spielen, als sich Haushaltspflichten und Kinderbetreuung gerecht mit ihr zu teilen.[1,6] Diese eher unwesentliche väterliche Rolle bei der alltäglichen Bewältigung von Kindererziehung und Haushalt bleibt, trotz eines sich abzeichnenden gesellschaftlichen Trends in Richtung auf stärkere Beteiligung der Väter, weiterhin die Norm.

Wenn wir zu diesem Bild die Zahlen hinzunehmen, die eine große Häufigkeit von Mutter-Kind-Konflikten anzeigen, die ja alle bewältigt und gelöst werden müssen, wird klar, daß Mütter viel zu tun haben. Es überrascht nicht, daß sie, was Anspannung, Depression und Unzufriedenheit mit ihrem Alltag anbelangt, auf der statistischen Skala ziemlich weit oben rangieren. Diese Erfahrungen der Mütter wirken sich auch auf die Väter aus, da sie die emotionale Atmosphäre in der Familie beeinflussen. Viele Väter haben ein schlechtes Gewissen, weil sie weniger an der Kinderbetreuung beteiligt sind als die Mütter, finden es aber schwierig, diesen Zustand zu ändern.

Wenn Eltern gestresst und überlastet sind, bringen sie selten die Geduld und die Spannkraft auf, die ihnen helfen würden, mit der grenzenlosen Entschlossenheit eines gesunden Kleinkindes umzugehen. Schon allein die kindliche Energie kann manchmal wie ein Angriff auf die überreizten Nerven und die müden Knochen erscheinen. Der entschiedene Widerstand des Kindes kann einem persönlichen Angriff zum Verwechseln ähnlich sehen. Ein Plädoyer für partnerschaftliche Haltung würde in solchen Situationen wie die Kopfgeburt eines Professors im Elfenbeinturm klingen. Bei solchen Gelegenheiten könnte es nützlich sein, sich aus dem Konflikt zurückzuziehen, sich etwas Zeit für sich selbst zu nehmen und über das eigene Erleben und das des Kindes nachzudenken.

Hindernisse für die sichere Basis

Im vorangegangenen Kapitel wurde beschrieben, wie das Kleinkind die Eltern als sichere Basis benutzt, von der aus es Erfahrungen über sich selbst und die Welt sammelt. Das funktioniert gut, wenn Eltern und Kind entspannt sind und sich vertragen. Mitten in einem Konflikt jedoch kann der Prozeß, ein zufriedenstellendes Gleichgewicht zwischen Nähe und Erkundung zu finden, für alle Beteiligten aufreibend sein.

Vier verschiedene Faktoren tragen zu den stürmischen Auseinandersetzungen zwischen Eltern und Kleinkindern bei: Uneinigkeit darüber, was gefährlich ist und was nicht; das Verlangen des Kleinkindes, «alles zu haben»; der Widerstand und der Trotz, die dieses neue Gefühl des persönlichen Willens begleiten; und die Wutanfälle, die auf ein Nein der Eltern folgen können. Mit jedem dieser Faktoren läßt sich leichter umgehen, wenn die Eltern die kognitiven und emotionalen Herausforderungen verstehen können, denen das Kind ausgesetzt ist.

Unterschiede in der Wahrnehmung bei Kleinkindern und Eltern

Kleinkinder und Eltern haben häufig deutlich entgegengesetzte Ansichten darüber, was sicher ist. Diese Meinungsverschiedenheiten entspringen natürlich einem unterschiedlichen Verständnis davon, was gefährlich ist.

Mit 22 Monaten weigert David sich, an Mutters Hand zu gehen, während sie Straßen überqueren. Autos und stark befahrene Straßen sind in seinem Leben als Stadtkind vertraute Erscheinungen, und er sieht, daß Erwachsene sie ganz gelassen benutzen. Er kann nicht verstehen, daß sie eine Gefahr für sein Wohlergehen darstellen sollen. Warum darf er nicht allein über die Straße gehen, so wie alle anderen auch?

Beth, 24 Monate, kann abends nicht einschlafen. «Das Monster kommt», sagt sie. Ihre Eltern wissen, daß im Dunkeln keine Monster kommen, aber sie können Beth nicht davon überzeugen. Als sie ein Nachtlämpchen brennen lassen, ist Beth beruhigt.

Nathaniel, 30 Monate alt, wird beim Spielen mit Streichhölzern ertappt. Sein Vater schimpft ihn kräftig aus. Nathaniel erwidert entrüstet: «Aber du tust das doch auch!»

Seth, 15 Monate, ist von der Glut im Kamin der Familie fasziniert. Er torkelt vorwärts, und seine Mutter schafft es gerade noch, ihn rechtzeitig zurückzuholen. Er schreit: «Leuchtet! Leuchtet!»

Amy, 28 Monate alt, schreit und will unbedingt wieder gehen, als bei ihrem ersten Kinobesuch das Licht ausgeht. Alle Bemühungen, sie zu beruhigen, sind umsonst.

Andy, 30 Monate alt, schreit jedesmal, wenn er im Haus seines Onkels eine afrikanische Maske sieht. «Böser Mann», sagt er. Versicherungen, daß die Maske kein wirklicher Mensch sei, tragen nur wenig dazu bei, ihn zu beruhigen.

Diese Beispiele veranschaulichen die häufig rätselhaften Angstreaktionen kleiner Kinder in Situationen, die Erwachsene alltäglich finden, und das unbekümmerte Selbstvertrauen, mit dem Kleinkinder Unternehmungen angehen, die ihre Eltern vor Angst erzittern lassen.

Der Erwachsene und das Kleinkind sehen die Welt eindeutig nicht auf die gleiche Weise. Selma Fraiberg[7] spricht in ihrer klassischen Beschreibung der frühen Kindheit über die magischen Qualitäten des Denkens bei kleinen Kindern. Sie kommen zu persönlichen Schlußfolgerungen über das Verhältnis von Ursache und Wirkung, sie haben eigene Vorstellungen von der Größe und den Grenzen ihrer Macht und der Macht ihrer Eltern, und sie entwickeln einzigartige Theorien darüber, was wirklich und was vorgetäuscht, was ungefährlich, was angsterregend, was lebendig und was unbelebt ist.

Kleinkinder versuchen ständig, das, was ihnen zustößt und was um sie herum geschieht, zu verstehen. Wenn ihre Theorien schlüssig erscheinen, sind sie auf ihre erwachenden Verstandeskräfte sehr stolz.

Marc, 30 Monate alt, wacht mit einer Bindehautentzündung auf. «Du hast ein rotes Auge», sagt seine Mutter. Marc betrachtet sich im Spiegel und sagt nachdenklich: «Weil ich zu viele rote Sachen angeguckt habe.» Den ganzen Tag über vermeidet er es sorgfältig, rote Gegenstände anzusehen, und scheint dabei von seiner Behandlungsmethode recht überzeugt zu sein. (Anscheinend funktioniert sie tatsächlich. Am nächsten Tag ist das rote Auge verschwunden.)

Manchmal lassen sich die Probleme allerdings nicht so einfach lösen. Kleinkinder können sich von ihren Phantasien darüber, wie die Welt funktioniert, sehr verunsichern lassen. Viele der scheinbar absurden Ängste dieses Alters beruhen auf fehlerhaften Schlußfolgerungen, die nicht aufgedeckt werden, weil das Kind noch nicht die Sprachfertigkeiten besitzt, um zu erklären, was es sich vorstellt.

Cynthia, 18 Monate alt, schreit seit einer Woche immer laut, wenn sie baden soll. Sie ist sehr gern im Schwimmbad, daher wissen ihre Eltern, daß sie keine Angst vor dem Wasser hat. Bei genauer Beobachtung stellt sich heraus, daß Cynthia sich schließlich entspannt, wenn sie sich in der Badewanne an ihrer Mutter festhalten kann, aber sobald das Wasser zum Schluß des Bades durch den Ausfluß weggluckert, schreit sie wieder und klammert sich an der Mutter fest. Cynthias Mutter erinnert sich plötzlich, daß in der vorigen Woche ein kleines Spielzeugtier durch den Abfluß verschwunden ist. Da wird die Angst des kleinen Mädchens verständlich: Wenn ihr Spielzeug mit dem Wasser verschwinden konnte, was schützt sie dann davor, ebenfalls zu verschwinden?

Erwachsene lachen oft über diese irrationalen Ängste oder sind angesichts der Umstände, die sie verursachen, ungeduldig. Aber die einfachste Art, diese Ängste abzubauen, besteht darin, sie ernst zu nehmen. Aufmerksam zuhören, Fragen stellen, um herauszufinden, was das Kind beschäftigt, und beruhigende Erklärungen dazu geben mitsamt dem Versprechen, das Kind zu beschützen («Ich passe auf, daß dir nichts passiert»), das alles sind gute Methoden, das Kind wissen zu lassen, daß seine Wahrnehmungen respektiert werden und daß die Eltern für seine Sicherheit sorgen.

Der Wunsch des Kleinkindes, alles zu haben

Die Beherrschung der Fortbewegung entwickelt sich zusammen mit einem neuen Gefühl des persönlichen Willens. Das Kleinkind verlangt Dinge mit einer Leidenschaft, die übersättigtere Erwachsene leicht beneiden können. «Ich will es, ich brauch es», sagt Jessica, voller Angst, daß die Dringlichkeit ihres Bedürfnisses nicht ganz vermittelt werden könnte, wenn sie etwas nur haben wollte. Eine Weile wird diese Formel auf alles angewandt, was sie haben möchte: die neue Kette ihrer Mutter, eine Puppe im Haus ihrer Tante, Spielzeug in einem Schaufenster, die Kekse, die sorgsam zum Nachtisch beiseite gestellt wurden. Jessicas Gleichsetzung «Ich will es, (ergo) ich brauch es» ist nicht manipulativ. Sie gibt sich damit nur größte Mühe, das Verlangen auszudrücken, das, was ihr gerade gefällt, zu besitzen, um durch ihre Besitztümer ihren eigenen Wert zu erhöhen.

Erfülltes Verlangen löst bei dem Kleinkind ekstatische Freude und eine innere Erfahrung von Fülle und Vollständigkeit aus. Wir alle kennen den Ausdruck vollendeter Freude im Gesicht eines Kleinkindes, das gerade bekommen hat, was es wollte (zum Beispiel einen Luftballon). Oft jedoch ist das Kind mit der Notwendigkeit konfrontiert, zwischen zwei sich gegenseitig ausschließenden Quellen des Vergnügens zu wählen. Es möchte alles haben, aber normalerweise kann es nicht alles auf einmal haben. Es kann nicht bei seiner Mutter sein, während es frei herumläuft. Es kann nicht bei der Großmutter bleiben und außerdem mit Mutter und Vater irgendwo hinfahren. Es kann nicht die Rutschbahn hinunterrutschen und gleichzeitig schaukeln. Aber es möchte das alles, weil alles so voller Wunder und Möglichkeiten steckt.

Zu wählen heißt, etwas zu bekommen, aber auch, etwas aufzugeben. Das verständnislose Gesicht des Kindes, wenn es diese bittere Wahrheit lernt, ist das beste Barometer für seine Verwirrung. Die Welt, die es entdeckt, ist nicht ganz so, wie das Kind sie gerne hätte, und ihre Regeln richten sich überhaupt nicht danach, wie die Dinge eigentlich sein müßten.

Auf diesen unerfreulichen Tatbestand reagiert das Kleinkind mit charakteristischer Direktheit: Es weigert sich, ihn zu akzeptieren, und lernt, nein zu sagen. Manchmal sagt es das Nein nur um des süßen Vergnügens willen, seine Möglichkeiten auszukosten. «Nein», sagt Lucy ganz gelassen, als ihre Mutter ankündigt, daß sie zum Spielplatz gehen. Dann läßt sie sich fröhlich von ihrer Mutter an die Hand nehmen und trabt mit. Bei anderen Gelegenheiten ist die Weigerung heftig und tief empfunden: «Nein, nein, nein, nein», empört sich die gleiche, friedfertige Lucy, als ihre Mutter einen Vorschlag nach dem anderen macht, was sie heute anziehen könnte. Entnervt verkürzt die Mutter die Liste schließlich auf zwei Möglichkeiten: «Das rote oder das grüne Sommerkleid?» «Das grüne», antwortet Lucy, stolz, daß sie die Macht hat zu entscheiden.

Widerstand und Trotz

Das Kind begegnet einer Welt voller Neins, und den Eltern fällt dabei die Rolle der wichtigsten Neinsager zu. «Nein, du darfst nicht auf den Plattenspieler klettern. Nein, du darfst die Finger nicht in die Steckdose stecken. Nein, in den Videorecorder auch nicht. Nein, du darfst keine Blumenerde essen, ganz egal, wie gut sie dir schmeckt. Du darfst deine Schwester nicht beißen, und du darfst den Hund nicht am Schwanz ziehen. Und du darfst mich nicht hauen, wenn ich dir etwas verbiete.»

Niemand kann etwas für die Liste der Verbote. Sie ist Teil des langen und oft ermüdenden Prozesses, aus einem Kleinkind einen Menschen zu machen, der allmählich lernt, den Werten und Regeln seiner Kultur entsprechend zu leben. Ganz gleich, wie wohlüberlegt Eltern das Haus kindersicher machen oder wie taktvoll sie ein Kind mit akzeptablen Beschäftigungen ablenken, es gibt immer noch viele «Neins», die klipp und klar gesagt werden müssen. Es ist kaum verwunderlich, daß das Kleinkind (denn es lernt schnell) sich ebenfalls genötigt fühlt, seine persönliche Liste von «Neins» zu verkünden, wenn auch nur der Gerechtigkeit halber. Das Motiv, das dem Trotz des Kindes zugrunde liegt, lautet: «Nein, ich bin nicht dein Ableger, und ich werde mein Ichgefühl nicht aufgeben, um zu tun, was du willst, und zu sein, was du willst.» Aus dieser Sicht müssen wir zugeben, daß Kleinkinder recht einfach zu verstehen und doch gar nicht so schrecklich sind.

Doch die Leidenschaft, mit der das Kind seine Botschaft gel-

tend macht, kann die Erziehung bestenfalls zu einer Herausforderung machen. Manche Eltern sind angesichts ständiger Opposition wütend und entmutigt. Sie wünschen sich frühere Monate herbei, als ihr Baby noch schmusig, mit sich zufrieden und gefügig war und sie seine Signale entschlüsseln und so darauf reagieren konnten, daß beide Seiten getröstet waren. Während das Kleinkind voller Durchsetzungskraft unabhängig wird, ja sogar herrisch Forderungen stellt, sehnen viele Eltern sich nach der verlorenen Vertrautheit des Babyalters mit den gemeinsamen Wünschen und Zielen und der körperlichen Nähe zurück.

Eltern und Kleinkind starren sich oft über eine Kluft widerstreitender Erwartungen an, und Umarmungen allein können das Vergnügen der früheren Bindung nicht wiederherstellen. Hier hilft nur, daß man lernt, die Unterschiede zu akzeptieren, zu respektieren und sogar zu lieben. Erst dann kann die alte Vertrautheit des ersten Lebensjahres weiterbestehen und in die neue Ordnung der Dinge eingewoben werden.

Das Kleinkindalter ist auch deswegen ein fruchtbarer Boden für Trotz, weil die unausgereifte Sprachfertigkeit des Kindes viel Platz für fehlerhafte Kommunikation mit den Erwachsenen läßt. Der Neugier der Kleinkinder auf die Welt, ihren intensiven Gefühlen sich selbst und ihrem Körper gegenüber und ihrer wachsenden Selbständigkeit und Willenskraft wäre am besten mit der Fähigkeit gedient, gut zu sprechen. Aber die Sprache entwickelt sich langsam und mühsam. Folglich begegnet das Kleinkind vielen frustrierenden Situationen. Es möchte etwas ausdrücken, aber ihm fehlen die Worte. Es weiß etwas nicht, möchte es erfahren, kann aber nicht fragen. Es stellt fest, daß es nicht verstehen kann, was andere sagen, und daß es von anderen auch nicht verstanden wird.

Wenn Kleinkinder über dringende Angelegenheiten nicht sprechen können, müssen sie sich mit Weinen oder Schreien behelfen. Das kommt auch bei Erwachsenen vor. Die Stimme ist die Übermittlerin von Emotionen, und wenn die Sprache versagt, müssen wir sie herausschreien, so gut wir es vermögen, um unsere Botschaft zu vermitteln. Häufig ist das, was für Trotz gehalten wird, in Wirklichkeit der verzweifelte Versuch des Kleinkindes, sich verständlich zu machen.

Wutanfälle

Wenn das «Nein» seinen Zweck nicht erfüllt und das Kind seinen Willen von höheren Mächten durchkreuzt sieht, hat es vielleicht kaum eine andere Möglichkeit als einen Wutanfall. Was könnte ein Kleinkind sonst machen? Seine Sprachfertigkeit ist noch nicht so weit entwickelt, daß es seine Sache überzeugend darstellen könnte. Sein Zugang zu den Gütern der Familie ist minimal, so daß es seinen Willen nicht mit Drohungen irgendwelcher Art durchsetzen kann. Gekränkter emotionaler Rückzug erfordert zuviel Selbstbeherrschung für ein so leidenschaftliches Wesen. Der Wutanfall – bei dem man sich mit einer Mischung aus herzzerreißendem Weinen und zornigem Schreien auf den Boden wirft – ist ein herrlich beredter, wenn auch selten angemessen gewürdigter Ausdruck des kindlichen inneren Erlebens. Er stellt den inneren Zusammenbruch des Kindes ebenso dar wie seinen stolzen Protest, wenn es feststellt, daß sein Wille nicht oberstes Gebot ist.

Bei dem emotionalen Aufruhr im zweiten Lebensjahr geht es zu einem großen Teil um die schwierige Aufgabe, den Willen des Kindes in die Familienkonstellation zu integrieren. Das Kind lernt, daß seine persönlichen Wünsche (so hochgehalten und anscheinend so berechtigt) sich einigermaßen mit dem vereinbaren lassen müssen, was andere wollen. Die Eltern lernen, daß auch sie mit Bestimmtheit und Überzeugung, aber hoffentlich ohne Härte, «nein» sagen müssen.

Aus diesem Grunde sind Wutanfälle für eine gesunde Entwicklung so wichtig. Wutanfälle führen ein Kind auf den Grund seines Wesens und helfen ihm zu lernen, daß Wut und Verzweiflung Teil der menschlichen Erfahrung sind und nicht zu einem dauerhaften Zusammenbruch führen müssen. Wenn die Eltern emotional verfügbar bleiben können, selbst wenn sie in ihrer verweigernden Haltung fest bleiben, lehren Wutanfälle ein Kind außerdem, daß es in seiner «dunklen Nacht der Seele» nicht allein gelassen wird.

Helena, 13 Monate, rast mit Vorliebe den Flur entlang und schiebt dabei ein Spielzeugküken vor sich her, das leicht auf Rädern läuft. An diesem Tag möchte sie ihren Horizont erweitern und schiebt das Spielzeug durch die Tür ins Arbeitszimmer ihres Vaters. Ein Rad bleibt stecken, und das Küken bewegt sich nicht mehr. Helena wirft sich schluchzend auf den Boden und schlägt mit dem Kopf auf den Fußboden. Ihr Vater ist nicht gerade erfreut über die Unterbrechung, aber er hebt sie auf und sagt: «Ich helfe dir.» Helena schluchzt weiter. Der Vater wiederholt: «Ich helfe dir», und legt Helenas Hand auf das steckengebliebene Rad. Dann führt er ihr die Hand, bis das Spielzeug wieder frei ist. Jauchzend vor Freude schiebt Helena ihr Küken ins Arbeitszimmer.

Tommy, 18 Monate, möchte das glänzende neue Dreirad seines älteren Bruders haben. Er weint und schreit. Seine Mutter redet beschwichtigend auf ihn ein und sagt: «Du darfst eins haben, wenn du so groß bist wie Daniel.» Sie nimmt ihn mit nach draußen, um nach Käfern zu suchen, eine Beschäftigung, die er liebt. Als sie zurückkommen, überredet die Mutter Daniel, den kleinen Bruder auch mal fahren zu lassen.

Sandra, 24 Monate, bekommt einen Wutanfall, als ihre Mutter ihr erklärt, sie dürfe erst nach dem Mittagessen Kekse essen. Sie schlägt mit der Faust auf den Fußboden. Ihre Mutter sagt bestimmt: «Tut mir leid, Sandra, aber erst gibt es Essen und dann Kekse.» Sandra liegt auf dem Fußboden und weint eine Weile. Ihre Mutter kocht weiter und sagt: «Es dauert nicht mehr lange, und das Essen ist sehr lecker.»

Jerry, 28 Monate alt, schlägt seine Mutter, als sie ihm sagt, sie könnten abends nicht auf den Spielplatz gehen. Sie hält seine Hand fest und sagt ernst: «Ich weiß, daß dir das nicht paßt, aber du darfst mich nicht hauen.» Jerry tritt sie. Mama nimmt Jerry hoch und trägt ihn in sein Zimmer, während er laut schreit. Sie sagt: «Du mußt hierbleiben, bis du wieder soweit bist, daß du bei mir sein kannst.»

Mit einem Wutanfall umzugehen heißt nicht weniger, als an der Bildung des Charakters zu arbeiten. Auch die Fähigkeit der Eltern, mit Konflikten fertig zu werden, kann bei dieser Erfahrung wachsen. Wenn Eltern wissen, daß sie recht haben, und nicht um des vorläufigen Friedens willen nachgeben, gewinnen alle Beteiligten. Die Eltern lernen, daß das Kind nicht neurotisch wird, wenn man ihm ein Vergnügen verweigert, und das Kind lernt, daß es eine momentane Frustration überleben kann.

Die Hartnäckigkeit des Kindes bei dem Versuch, seinen Wil-

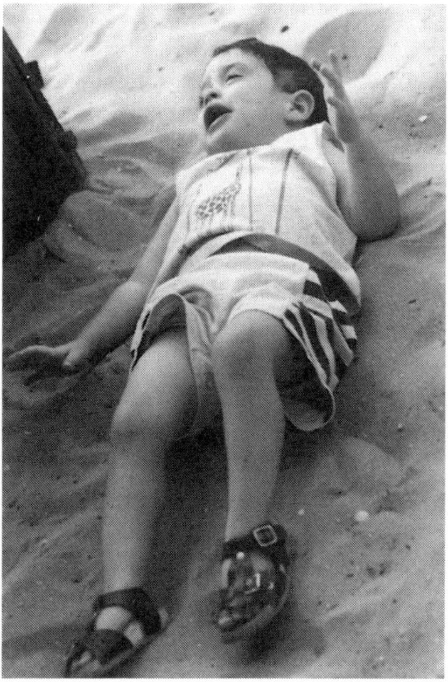

len durchzusetzen, konfrontiert die Familie mit wichtigen Fragen des Gemeinschaftslebens. Alle Beteiligten, die Eltern ebenso wie das Kind, müssen hin und wieder die Erfüllung ihrer Wünsche aufschieben und die daraus resultierende Frustration mit Würde ertragen. Wir alle müssen Wut und selbst Anfälle von vorübergehendem Haß auf akzeptable Weise kanalisieren, und wir müssen außerdem zwischen eigener Machtausübung und dem Nachgeben vor der Macht anderer ein erträgliches Gleichgewicht aufrechterhalten. Die Lektionen, die im Umgang mit Wutanfällen gelernt werden, sind nicht nur innerhalb der Familie wertvoll, sondern lassen sich auch auf andere gesellschaftliche Situationen anwenden.

Wenn Wut und Frustration aber über Nähe und Versöhnung siegen, kann ein Kind in bezug auf das Schicksal menschlicher Beziehungen frühzeitig die Hoffnung verlieren. Gabriel, dreieinhalb Jahre alt, dessen Eltern sich kürzlich getrennt hatten, bemerkte: «Erwachsene leben zusammen, dann zanken sie sich, dann können sie nicht mehr zusammenleben.» Sein Kommentar bezog sich nur auf Erwachsene und spiegelte die unbewußte Annahme – die auf der guten elterlichen Fürsorge beruhte, die er weiterhin erhielt –, daß das Kindern nicht zustoßen würde. Es war jedoch deutlich, daß Gabriels Erfahrungen bei der Trennung seiner Eltern ihn zu dem Schluß hatten kommen lassen, daß die Wut von Erwachsenen eher zu Entfremdung als zu Wiedergutmachung führt.

Gabriel hat natürlich eine tiefe Wahrheit ausgesprochen. Der Umgang mit Wut ist schwierig, und sie in unangemessener Weise zum Ausdruck zu bringen kann zur Katastrophe führen. Beim Aufziehen eines jeden Kleinkindes rekapituliert die Gesellschaft ihre eigene Entwicklung. Wenn ein Kind zwischen dem Impuls anzugreifen (z. B. beißen, schlagen, treten) und der Angst vor den Konsequenzen dieser Handlung hin- und hergerissen ist, bildet sich das Gewissen, und die Zivilisation beginnt. Unter besten Voraussetzungen wird die physische Aggression allmählich durch die Fähigkeit ersetzt, Wut zu verbalisieren und tiefgreifende Meinungsverschiedenheiten durch Verhandeln zu lösen.

Die Eltern repräsentieren für das Kind eine sichere Basis, die nicht nur dazu dient, die äußere Umgebung zu erforschen, sondern auch dazu, die große Bandbreite von Gefühlen zu erkunden, die im Laufe des Erwachsenwerdens auftauchen. Die Fähigkeit der Eltern, das Kleinkind durch Phasen von Zorn und Verzweiflung hindurchzuführen, hilft ihm zu lernen, daß Mutter oder Vater in Zeiten der Not zuverlässige Verbündete sind. Die folgenden Abschnitte beschreiben, wie die Erfahrung einer sicheren Basis, in eine lohnende Partnerschaft zwischen Eltern und Kind umgewandelt werden kann.

Von der sicheren Basis zur Partnerschaft

Aris Mutter ist im achten Monat schwanger, und das spürt sie. Als sie sich kurz vor Aris Schlafenszeit einem mit Spielzeug übersäten Wohnzimmer gegenübersieht, sagt sie: «Ari, du mußt deine Spielsachen wegräumen.» Ari erwidert: «Mach du das, Mami. Ich bin zu müde.» Die Mutter antwortet: «Ich bin auch müde, Ari. Komm, wir machen es zusammen.» Ari erwidert: «Ja gut, zusammen. Du räumst weg, und ich gucke zu.»

Es ist schwer zu sagen, wie Ari auf seine Definition von «zusammen» kam. Glaubte er wirklich, es sei ein legitimer Teil der Aufgabe, seiner Mutter dabei zuzusehen, wie sie das Spielzeug wegräumte? (Das ist möglich. Schließlich hatte er genau das früher schon viele Male getan.) Oder tat er nur so, als glaubte er, zugucken sei eine Form des Helfens, weil er hoffte, er könnte seine Mutter hereinlegen und sie würde ihm zustimmen?

Wie immer er auch zu seinem Vorschlag gekommen sein mochte, Ari verhandelte als aktiver Partner mit seiner Mutter. Er wußte, daß sie ein Ziel hatte (ihn dazu zu bringen, das Spielzeug wegzuräumen), das sich von seinem eigenen (das nicht zu tun) unterschied. Zuerst führte er einen Grund für sein Ziel an – seine Müdigkeit –, der ihm in der Vergangenheit gute Dienste geleistet hatte. Als seine Mutter diese Abwehrmaßnahme nicht nur abwies, sondern sogar selbst einsetzte, mußte Ari sich schnell einen anderen Weg ausdenken, um sein Ziel zu erreichen. Seine Mutter bot ihm einen perfekten Aufhänger, indem sie vorschlug, die gefürchtete Aufgabe gemeinsam zu bewältigen. Auf der Stelle teilte Ari sich den einzigen Teil der Arbeit zu, der nach seinem Geschmack war: zuzusehen, wie sie erledigt wurde. Die Tatsache, daß sein Angebot nicht angenommen wurde, verringert seine brillanten, wenn auch etwas durchsichtigen Verhandlungskünste keineswegs.

Bei diesem Wortwechsel übte Ari die praktischen Grundlagen «ziel-korrigierter» Partnerschaft.[8] Trotz der merkwürdigen Bezeichnung ist dieses Konzept zum Verständnis des Prozesses, wie Kinder zu sozialen Partnern ihrer Eltern werden, sehr nützlich. Wenn Kleinkinder darauf bestehen, ihr persönliches Programm durchzuziehen, stellen sie fest, daß ihre Mütter und Väter eigene Pläne haben und daß diese Pläne recht verschieden von dem sein können, was das Kind sich vorgestellt hatte. Wenn die konkurrierenden Ziele von Eltern und Kind durch Verhandlung einander angenähert oder zur Übereinstimmung gebracht werden können, ist die Beziehung durch ein flexibles Geben und Nehmen gekennzeichnet und wird zu einer Partnerschaft, in der die Parteien zusammenarbeiten, um ihre Ziele aufeinander abzustimmen und so zu einer Vorgehensweise zu gelangen, mit der beide Seiten einverstanden sind.

Kinder lernen Partnerschaft durch das Beispiel ihrer Eltern, und es kann lange dauern (manchmal ein Leben lang), bis man die Kunst, ein wirklicher Partner zu sein, beherrscht. Wie andere Menschen auch versuchen Kleinkinder zunächst einmal, ihre eigenen Ziele durchzusetzen, die über längere Zeit recht konstant bleiben können. Drei Monate nach dem oben beschriebenen Ereignis, unter fast identischen Umständen, fiel Ari ein weiterer zwingender Grund ein, warum er sein Spielzeug nicht aufräumen könne: «Ich kann jetzt nicht, Mami. Ich hab nur zwei Hände, und ich mache gerade was anderes.» Der Einfallsreichtum der Kinder bei der Durchsetzung ihrer Interessen erfordert von den Eltern ständig wachsende Kreativität, wenn sie ihre eigenen Ziele schützen wollen. In diesem Fall war Aris Mutter der Herausforderung gewachsen. Sie sagte: «Deine Hände haben schon zu lange das gleiche gemacht, Ari. Sie müssen jetzt etwas Neues lernen.»

Hindernisse auf dem Weg zur Partnerschaft

Im Sicherheitsverhalten findet das Kind ein angenehmes Gleichgewicht bei der Verfolgung von zwei entgegengesetzten Zielen: der Nähe zur Mutter und der Erkundung fern von ihr. Wenn die Mutter (oder der Vater) physisch und emotional zur Verfügung steht, kann das Kind frei entscheiden, wann es sie verläßt und wann es wieder an ihre Seite zurückkehrt. In solchen Situationen zeigen Kleinkinder sich von ihrer glücklichsten und bezauberndsten Seite. Fortgehen und Neues entdekken, wenn man das möchte, und von dem geliebten Menschen herzlich willkommen geheißen zu werden, wann immer man sich zur Rückkehr entschließt – das ist für ein aktives kleines Kind die Definition von Glück.

Wenn das Kind nach Belieben kommen und gehen kann und Vater oder Mutter ständig anwesend und empfänglich für seine Bedürfnisse sind, fallen die Ziele des jeweiligen Elternteils mit denen des Kleinkindes zusammen, und zwischen den Plänen beider Seiten entsteht kein Konflikt. Es herrscht Harmonie, weil Mutter oder Vater willens und in der Lage sind, ganz und gar verfügbar zu sein, genau so, wie das Kind es gern haben möchte.

Diesem Idealzustand stehen viele Hindernisse im Wege. Das größte ist, daß das Kind Vater oder Mutter oft nah sein möchte, wenn die Eltern sich ihm nicht widmen können, sei es physisch oder emotional. Die Mutter muß vielleicht zur Arbeit oder möchte Zeit für sich oder andere wichtige Menschen in ihrem Leben haben. Das Kleinkind kann sie möglicherweise nicht einfach gehen lassen. Die Mutter ist der Mittelpunkt seiner Welt, und sein Bedürfnis nach ihr ist so heftig, daß es solchen Gleichmut nicht aufbringen kann. Es schreit nach ihr und klammert sich an sie, und sie muß es abschütteln und sich aus seiner Reichweite entfernen. Manchmal tut sie das unter Schmerzen und Schuldgefühlen; bei anderen Gelegenheiten ist sie gereizt oder ärgerlich. Wenn Eltern und Kind sich zu einem Zeitpunkt, zu dem sie ein starkes Bedürfnis nach Nähe haben, emotional nicht begegnen können, resultieren daraus häufig beiderseitige Entfremdung, Wut und Frustration.

Bei anderen Gelegenheiten möchte das Kleinkind sich gern entfernen, und die Eltern können das nicht zulassen. Vielleicht wollen sie es vor einer tatsächlichen Gefahr beschützen, vielleicht mißbilligen sie sein Vorhaben, oder vielleicht möchten sie es einfach bei sich haben, um sich an seiner Gesellschaft zu freuen. Zu solchen Zeiten ist es das Kind, das fortdrängt, denn es fühlt sich durch die Gegenwart von Vater oder Mutter aufgefressen und von den elterlichen Forderungen eingeengt. Die Eltern ihrerseits fühlen sich möglicherweise zurückgestoßen, nicht gebraucht und nicht geliebt.

In solchen Situationen, in denen die Bedürfnisse sehr unterschiedlich sind, ist eine ziel-korrigierte Partnerschaft für die Lösung des Konfliktes sehr wesentlich. Eltern und Kind müssen einen Weg finden, um aus einer Konfrontation herauszugelangen, in der ein starres «Nein» gegen das andere kämpft und Wut und Ohnmachtsgefühle auf beiden Seiten eskalieren.

Konflikte durch Verhandeln bewältigen

Welche Hindernisse können einer Lösung auf dem Verhandlungsweg entgegenstehen? Manchmal fürchten die Eltern, daß sie das Kind durch Nachgeben verwöhnen könnten. Sie glauben, wenn sie einmal nein gesagt haben, müßten sie, um konsequent zu sein, auch dabei bleiben.

Mary, 18 Monate, fängt an, mit einem Golfball zu spielen, der dafür reserviert ist, mit dem Hund der Familie «Schnapp» zu spielen. Sie wirft den Ball weg und läuft dann hinterher, um ihn wiederzuholen, in fast vollkommener Nachahmung des Hundes. Sie lacht vor Aufregung und Vergnügen. Ihr Vater sagt ihr, der Ball sei schmutzig und sie dürfe nicht damit spielen. Mary weint bitterlich, als ihr Vater ihr den Ball fortnimmt. Marys Bruder tritt für seine kleine Schwester ein, indem er sagt: «Aber wir spielen doch alle mit dem Ball, und sie steckt ihn ja nicht in den Mund.» Der Vater kommt sich etwas albern vor, aber er muß seine Ehre retten. Er verkündet: «Ich hab nein gesagt, und dabei bleibt es.»

Stefan, 3 Jahre alt, planscht mit bloßen Füßen in den Pfützen herum, die der Gartenschlauch hinterläßt, während die Mutter die Pflanzen wässert. Es ist ein heißer Sommertag, und die Mutter ist müde und reizbar. «Hör auf, Stefan», sagt sie. Stefan erwidert: «Aber es macht mir Spaß.» «Nein!» sagt seine Mutter. «Warum nicht?» fragt Stefan. «Weil ich das gesagt habe», antwortet seine Mutter, nicht gewillt, ihr Nein zurückzunehmen.

Viele Eltern werden von inneren und äußeren Forderungen geplagt, immer auf die gleiche Art zu reagieren und dem Kind nicht nachzugeben. In Auseinandersetzungen mit dem Kind klammern sie sich an jeden Zoll ihrer wankenden Willenskraft, weil «Konsequenz» für sie den Nimbus einer hohen Tugend bekommen hat.

Wir müssen uns jedoch eingestehen, daß wir alle ganz spontan Entscheidungen treffen, die bei genauerer Überlegung albern oder unnötig erscheinen. Wider besseres Wissen darauf zu bestehen, daß es dabei bleibt, riecht eher nach Rigidität als nach Konsequenz. Wenn ein anderer Erwachsener uns darauf hinweisen würde, würden wir erleichtert zustimmen und es uns anders überlegen. Warum sollten wir es nicht genauso machen, wenn es unser Kind ist, das gegen einen unserer weniger inspirierten Erlasse protestiert?

Kleinkinder können bemerkenswert empfindsam sein, wenn es um elterliche Unzulänglichkeiten geht. Mit 34 Monaten sagte der kleine Josh unter Tränen zu seiner schreienden Mutter: «Das ist nicht fair, Mami. Du müßtest das besser können.» Seine Mutter hörte ihn und konnte es tatsächlich besser. Sie hörte auf zu schreien, nahm sich zusammen und erklärte: «Ich will dir sagen, warum ich so wütend geworden bin, Josh. Ich mag es nicht, wenn du nicht tust, was ich dir sage.» Die Bereitschaft dieser Mutter, ihr Verhalten zu ändern, führte zu einem sehr fruchtbaren Gespräch zwischen Mutter und Kind, in dem es darum ging, was jeder von beiden tun sollte, um mit dem anderen gut auszukommen.

Die Bereitwilligkeit, angesichts überzeugender Beweise seine Meinung zu ändern, lehrt das Kind eine höhere Form der Konsequenz: die Bereitschaft, in einen Dialog über verschiedene Standpunkte einzutreten.

Es gibt natürlich viele Gelegenheiten, bei denen die Ziele der Eltern vor denen des Kindes Vorrang haben und das «Nein» des Erwachsenen Priorität haben muß.

Wir wollen uns einmal einen häufig auftretenden Fall vorstellen: Eltern, die sich fertigmachen, um abends auszugehen, und das Kind in der Obhut eines Babysitters lassen. Das Kind hängt am Hals der Mutter und schreit: «Laß mich nicht allein!» Die Mutter fühlt sich hin- und hergerissen zwischen Mitgefühl für das traurige Kind und Gereiztheit, zwischen den Verlockungen eines Abends außer Haus und dem Impuls, zu Hause zu bleiben. In einer solchen Situation scheint kein Kompromiß möglich. Ist dort Raum für Partnerschaft?

Um der Situation gerecht zu werden, müssen wir zuerst ihre Vorgeschichte betrachten. Welche Motive hat das Kind? Hat es während des Tages befriedigende Zeiten mit den Eltern verbrachte, oder fügt dieses Ausgehen einer Verletzung noch eine Kränkung hinzu, weil das Kind keine Gelegenheit hatte, seine Bindungsbedürfnisse zu erfüllen? Kennt und mag es den Babysitter, oder ist er oder sie neu und kann als vorübergehender Ersatz für die Eltern noch kein Vertrauen erwecken? Der Protest des Kindes kann als nützlicher Anreiz dienen, zu überprüfen, ob wir vielleicht zuviel von ihm erwarten und es nicht ausreichend unterstützen, damit es unsere Abwesenheit bewältigen kann.

Gut, sagen die Eltern vielleicht, es stimmt, daß der Tag hektisch war und daß unser regulärer Babysitter in letzter Minute abgesagt hat und wir einen Ersatz finden mußten, den unser Kind kaum kennt. Was sollen wir jetzt tun?

Auf die Gefühle achten

Daß wir verstehen, wie das Kind sich vielleicht fühlt und wie wir dazu beigetragen haben, muß unsere Entscheidung (in diesem Fall: auszugehen) nicht ändern. Es verändert allerdings den Ton, in dem wir dem Kind die Entscheidung erklären. Kleinkinder empfinden es als sehr beruhigend, eine mitfühlende Beschreibung dessen zu hören, was sie zwar fühlen, aber noch nicht in Worte fassen können. Das Kleinkind ist erleichtert, wenn es uns sagen hört, wir wüßten, daß es traurig ist, weil Mama und Papa heute viel zu tun und keine Zeit zum Spielen hatten und weil sie jetzt schon wieder ausgehen, und daß das nicht fair ist. Wir können ihm sagen, daß es nicht gern bei dieser neuen Frau bleibt, weil es sie nicht kennt, daß *wir* sie aber wohl kennen und sie ausgesucht haben, weil sie nett zu Kindern ist. Wir können ihm versichern, daß wir wiederkommen und es auf die Wange küssen werden, während es schläft, und dafür sorgen werden, daß es ganz gemütlich und warm unter seiner Decke liegt. Wir können ihm versprechen, daß wir uns morgen extra Zeit nehmen werden, um mit ihm zusammenzusein und es dafür zu entschädigen, daß wir heute so wenig Zeit hatten. Wir können das alles sagen, eins nach dem anderen, oder uns nur auf das konzentrieren, was dem Kind am wichtigsten erscheint. Und dann können wir sagen, daß wir jetzt gehen müssen.

Manchmal klammern unsere Kinder sich allerdings schon an uns fest, bevor wir gehen, selbst wenn wir den ganzen Tag mit ihnen verbracht haben und ihr Lieblings-Babysitter zur Verfügung steht. Auch hier ist Raum zum Sprechen. Wir können ihnen sagen, daß es herrlich war, all das zu tun, was wir während des Tages zusammen gemacht haben, und daß es schwer ist aufzuhören. Wir können sagen, daß der Babysitter ihnen helfen wird, eine schöne Zeit zu verbringen, auch wenn wir nicht da sind. Und dann sagen wir ihnen, daß wir jetzt gehen müssen. «Feste Grenzen zu setzen» (diese magische Formel, die von Generation zu Generation weitergegeben wird, als Patentrezept für die komplexen Probleme der Kindererziehung) braucht, wie Stanley Greenspan bemerkt hat, angemessenes Einfühlungsvermögen in die Gefühle des Kindes nicht auszuschließen.[9]

Gefühle in Worte fassen

Kinder verstehen Sprache viel früher, als sie selbst sprechen können. Wenn die Eltern fähig sind, die Erfahrung des Kleinkindes in Worte zu übersetzen, trägt das dazu bei, die negativen Gefühle des Kindes einzudämmen und erträglich zu machen. In diesem Sinne kann Sprechen eine Befreiung von verschwommenen Empfindungen bringen, denn es bringt etwas Ordnung in das Chaos.

Das Kind, das noch nicht sprechen kann, ist Wutanfällen und Ängsten ausgeliefert, die ihr Zentrum im Körper haben und in den inneren Organen erlebt werden: nagender Hunger, Schmerzen beim Zahnen, das Bauchgrimmen bei den Ausscheidungsvorgängen, die plötzlichen Schrecken des Fallens, die brennenden Stiche bei Mittelohrentzündungen. (Es heißt, daß Martin Luther zum ersten Mal den Teufel erkannte, als er gerade unter Verstopfung litt.)

Einsamkeit wird ebenfalls im Körper erlebt, auch wenn sie dort nicht ihren Ursprung hat. Sehnsucht nach der Mutter äußert sich in Gestalt von innerer Leere und undefinierbarem Hunger und Durst. All das kann zuerst nur durch Laute des Zorns und des Kummers zum Ausdruck gebracht werden: Quengeln, Weinen und Schreien.

Mutter oder Vater (meistens die Mutter) versuchen, in diesen Lauten eine Bedeutung zu erkennen, suchen nach ihren Ursachen und beschäftigen sich mit den Gründen. Wenn die Mutter Erfolg hat und etwas ändern kann, ist das Kind getröstet. Wenn sie keinen Erfolg hat, bleibt das Kind in den Klauen des unbenennbaren Schmerzes gefangen. Darum stehen Mutter und Vater des kleinen Kindes im Mittelpunkt seines Wohlbefindens oder seiner Verzweiflung: Sie sind es, die dafür zuständig sind, die Erfahrung des Kindes zu verstehen und sich darum zu kümmern, und sie sind auch diejenigen, die einen Ersatz finden, der für sie handelt, wenn sie nicht da sind.

Mit dem Spracherwerb schaffen Kleinkinder sich ein gutes Instrument für die Kommunikation mit den Eltern und den anderen wichtigen Menschen in ihrer Umgebung. Jetzt können sie Erlebnisse beschreiben, über die sie vorher nicht sprechen konnten. Schon vor diesem Zeitpunkt lernen Kleinkinder, indem sie ihren Eltern zuhören, daß Sprache ein Werkzeug ist, um Gefühle mitzuteilen.

Reggie, 14 Monate, ist von einer liebevollen, aber vorläufigen Pflegestelle, wo er von Geburt an gewesen war, in eine Adoptivfamilie gebracht worden. Er hat noch nicht angefangen zu sprechen. Während der ersten beiden Wochen in seinem neuen Zuhause schreit er fast ununterbrochen, schläft kaum und wirft sich bei der kleinsten Frustration verzweifelt schluchzend auf den Fußboden. Seine Adoptivmutter beginnt ernsthaft daran zu zweifeln, daß sie ihn behalten kann; sie fürchtet, daß er kein normales Kind ist. Bei der Beratung empfiehlt man ihr, auf jeden Schreianfall damit zu reagieren, daß sie Reggie ganz fest hält und immer wieder sagt: «Du bleibst hier bei mir. Du gehst nicht mehr weg. Ich bin jetzt deine Mama.» Diese Beschwörung dient dazu, sowohl ihre eigene Angst und Verzweiflung als auch die des Kindes einzudämmen. Die Botschaft kommt an. Reggies Wutanfälle lassen nach und verschwinden schließlich ganz.

Das Einfühlungsvermögen seiner neuen Mutter und ihre Fähigkeit, seiner Angst einen Namen zu geben, halfen Reggie, seinen einsamen Zorn und seine Verzweiflung in das Vertrauen umzuwandeln, daß jemand ihn gehört und verstanden hatte. Dieses Vertrauen wird ihm zu gegebener Zeit helfen, Wörter zu verwenden, um auszudrücken, was er fühlt. Reggies Erfahrung ist zwar schmerzhaft, vermittelt aber mehr Hoffnung als die eines Kindes, das niemanden hat, der seine Gefühle in Worte der Fürsorge und des Beistandes übersetzen könnte.

Der Gebrauch der Sprache befähigt Kleinkinder, in ihren Beziehungen ebenbürtigere Partner zu werden. Sie haben jetzt ein umfassenderes Verhaltensrepertoire, auf das sie bei ihren Verhandlungen mit anderen zurückgreifen können. Sprache liefert dem Kind einen praktischen Baukasten von Symbolen, mit denen man komplexe Erfahrungen auf knappe Weise darstellen kann. Das Wort «Mama» zum Beispiel kann einen großen Teil der Erlebnisse des Kindes mit der Mutter wachrufen, zum Beispiel die liebenden Blicke, den beruhigenden Geruch, die tröstende Stimme, die warme Berührung, die geliebten Spiele. Ein Wort hält die emotionale Färbung von Tausenden von Situationen mit der Mutter fest. Folglich ist jedes einzelne Wort ein ökonomischer Weg, Bedeutung zu verschlüsseln und dem Kind zu helfen, sich zu erinnern. Worte verbessern die Gedächtnisleistung des Kindes sowie seine Fähigkeit zu verstehen, wie etwas funktioniert, und das Verständnis von Ursache und Wirkung. Worte erlauben dem Kind auch, über verschiedene Alternativen nachzudenken und sich für eine bestimmte Vorgehensweise zu entscheiden.

Aus all diesen Gründen können Kleinkinder Sprache verwenden, um Gefühle in Worte zu fassen, die früher nur durch Handlungen ausgedrückt werden konnten. Sie können jetzt sagen: «Geh weg», statt jemanden wegzuschieben, oder «meins», statt sich das Spielzeug eines anderen Kindes zu schnappen, oder «bin wütend», statt zu schlagen. Daraus folgt, daß die Fähigkeit, Worte zu verwenden, das Kind davor schützen kann, von Sorge, Zorn und Furcht überwältigt zu werden.

Wenn Worte nicht ausreichen

Sprache eröffnet neue Kommunikationsmöglichkeiten, aber sie hat auch ihre Grenzen. Gerade wegen der Knappheit der Sprache werden subjektive Erfahrungen selten vollständig in all ihren zahlreichen, feinen Nuancen erfaßt. Worte können einen Aspekt eines Erlebnisses ansprechen, nicht aber die ganze Erfahrung in ihrer umfassenden, multisensorischen Beschaffenheit. Das Wort «Mama» ruft vielleicht nur die positiven Gefühle wach, die das Kind für die Mutter hegt. Die Kämpfe, die Ambivalenz, der Zorn und die Angst, die auch Teil der Beziehung sind, bleiben vielleicht im außersprachlichen Bereich.

Von daher gesehen hat es natürlicherweise einen entfremdenden Effekt, wenn man etwas in Worte faßt, denn der Teil der Erfahrung, der unbenannt bleibt, wird von dem Teil, dessen Existenz durch Sprache offiziell bestätigt wird, abgetrennt.[10]

Das trifft auch für das Gefühlsleben des Kindes zu. Da das kleine Kind mit solcher Intensität fühlt, erlebt es Kummer, den anscheinend niemand lindern kann, und Verluste, die ihm unerträglich vorkommen. Ein kostbares Spielzeug geht kaputt, oder ein Abschied ist nicht zu ertragen. Wenn das geschieht, wirken Wörter wie «traurig» oder «enttäuscht» wie blanker Hohn, da sie das ungeheure Ausmaß des kindlichen Verlustes einfach nicht fassen können. Das Kind braucht einen liebevollen Erwachsenen, der ihm in seinem Schmerz beisteht, aber es will nicht, daß man ihm den Schmerz ausredet. Wie Kevin Frank es formuliert:

> Man hat den Impuls, das Kind zu beruhigen und alles wiedergutzumachen. Aber es schreit zurück: «Versuch bloß nicht, mich zu beruhigen!», ob nun mit Worten oder außersprachlich. Warum ist das so entnervend? Ruft es nicht alle Angst, allen Groll, alle Frustrationen wach, die sich seit unserer eigenen Kindheit eigentlich nicht verändert haben? Und könnte der Impuls, das Kind zu beruhi-

> gen, unter Umständen vielleicht ein Impuls sein, diese Büchse der Pandora wieder zu schließen? Es ist eine ungeheure Herausforderung, wirklich bei dem Kind zu sein, wenn es in dieser untröstlichen Verfassung ist.[11]

Bei solchen Gelegenheiten achtet man die Gefühle des Kindes nur, wenn man wortlos bei ihm bleibt. Umarmen und Halten können, wenn das Kind so etwas zuläßt, Gefühle viel besser übermitteln als Worte. Unter solchen Umständen Sprache zu gebrauchen hieße notwendigerweise, sie zu mißbrauchen. Später, wenn Vater oder Mutter dem Kind helfen, über das nachzudenken, was es gerade durchgemacht hat, wird Zeit für Worte sein. Wenn man Kinder dazu bringt, ihre Gefühle an Worte zu binden, bevor sie selbst dazu bereit sind, erschwert man ihnen den Zugang zu den außersprachlichen Bereichen der Erfahrung und lehrt sie, fälschlicherweise, daß Sprechen das gleiche ist wie Fühlen.

Einbrüche in der Partnerschaft

Es gibt Zeiten, in denen die Eltern emotional nicht verfügbar sein und nicht helfen können, weil Wut und Schmerz des Kindes zu tief an ihre eigenen vergrabenen Gefühle rühren. Sie stellen vielleicht fest, daß sie, statt dem Kind nahzubleiben, ihre Hilfe anzubieten oder Gefühle in Wort zu fassen, plötzlich selbst losschreien oder sich in eisiges Schweigen zurückziehen. Die Partnerschaft, die von Eltern und Kind aufgebaut wurde, stürzt zusammen und scheint unwiederbringlich verloren. Haß tritt an die Stelle der Liebe. Weder die Beziehung noch das eigene Innere bieten eine sichere Basis, zu der man Zuflucht nehmen könnte.

Ohne einen derartigen Verlust der Selbstbeherrschung befürworten zu wollen, können wir uns doch ein wenig damit trösten, daß er nur zu menschlich ist. Er kann sogar einige Vorteile haben. Wenn der Einbruch nicht zu gravierend ist, kann er dem Kind helfen zu verstehen, daß außer ihm selbst auch seine Eltern (manchmal ungewollt) Zugriff auf die ganze Palette der Gefühle haben.

Eltern stehen heutzutage unter großem Druck, sich ständig in das Kind einfühlen und es unterstützen zu müssen. Man verlangt von ihnen, daß sie die geistige Gesundheit, die kognitive Entwicklung und die Kreativität ihrer Kinder gewissenhaft und optimal fördern. Das sind hohe Ansprüche, und sie können tatsächlich einen hohen Preis haben. In einer Atmosphäre, in der Eltern versuchen, immer auf das Kind eingestellt zu sein, werden ihm wichtige Gelegenheiten vorenthalten, etwas über tiefe, spontane Gefühle zu lernen. Wenn Eltern allzu bemüht sind, empfängt das Kind die unausgesprochene Botschaft, daß es Gleiches mit Gleichem vergelten müsse. Um Eltern zu verdienen, die sich so gut benehmen, muß es sich selbst auch sehr gut benehmen. Dieser Druck kann ein kleines Kind stark einengen.

Manchmal benehmen Kleinkinder sich wirklich unmöglich, und trotz größter Bemühungen der Eltern, diesem Verhalten höflich, aber bestimmt ein Ende zu setzen, hören sie einfach nicht damit auf. Die schließlich daraus resultierende Wut (ob vollkommen beherrscht oder ganz unverhältnismäßig heftig) vermittelt dem Kind eine wichtige Botschaft: *Dein unangemessenes Verhalten hat Konsequenzen, die dir nicht passen werden.*

Das Kleinkindalter ist die Zeit, in der man beginnen muß, das zu erkennen. Kleinkinder lernen am besten durch Gefühle – durch ihre eigenen Gefühle und durch die Gefühle anderer. Der Gefühlsausbruch von Mutter oder Vater kann tatsächlich hilfreich für Kleinkinder sein, weil er sie lehrt, daß sie sich nicht ständig beherrschen müssen.

Versöhnung nach einem Streit

Die große Frage ist, was Eltern tun können, wenn sie die Beherrschung verloren haben. Hier kann Sprache sehr helfen, weil sie es Eltern und Kind ermöglicht, miteinander darüber zu reden, was eigentlich passiert ist, «als Mama und Papa so wütend geworden sind».

Wie gerechtfertigt die Wut von Vater oder Mutter auch sein mag, auf das Kind wirkt sie immer furchterregend. Es kann mit dieser Furcht leichter umgehen, wenn man ihm erklärt, wie Mama oder Papa sich dabei gefühlt haben, wenn man es fragt, wie es selbst empfunden hat, und wenn man ihm versichert, daß es geliebt wird, selbst wenn die Eltern wütend auf es sind.

Wenn Kinder in schwierigen Erfahrungen einen Sinn finden können, ist ihr Sicherheitsgefühl zwar vorübergehend erschüttert, aber nicht auf Dauer beeinträchtigt. Wenn man Entgleisungen in der Partnerschaft immer wiedergutmacht, impft man das Kind allmählich sogar gegen Hoffnungslosigkeit und Verzweiflung, für den Fall, daß die normalerweise liebenden Eltern sich plötzlich in furchterregend zornige Furien verwandeln. Das Kleinkind lernt, daß die Nähe wiederhergestellt wird, wenn die Wut sich gelegt hat.

Wie aber sieht es aus, wenn Eltern aus persönlichen Gründen «in die Luft gehen» und das Verhalten des Kleinkindes nur als Vorwand für einen Wutausbruch dient? Auch hier hilft wiederum Sprechen. Wenn man dem Kind sagt «Es tut mir leid», kann man ihm unverdiente Beschämung ersparen, ihm versichern, daß es keine Schuld habe, und sein Selbstwertgefühl stützen. Natürlich ist das nur möglich, wenn die Eltern auch meinen, was sie sagen. Sprechen verliert seine Wirkung, wenn es zu einem Rezept wird, mit dem Erwachsene ihr schlechtes Gewissen erleichtern. Kinder spüren sehr genau, wann ihre Eltern wirklich versuchen, es besser zu machen, und wann sie einfach «tut mir leid» sagen, um die Sache hinter sich zu bringen – bis zum nächsten Knall.

Sich nach einem Konflikt wieder mit den Eltern zu vertragen hilft einem Kind, innere Beherrschung zu erlangen. Das langfristige Ziel, sich zu versöhnen, unterstützt das Kind dabei, innerlich ein Modell der sicheren Basis aufzubauen, die die Eltern in der Außenwelt darstellen. Wenn das gelingt, erwirbt das Kind ein tiefes Gefühl von Zentriertheit und Selbstachtung, das ihm durch schwierige Zeiten hindurchhelfen kann.

Mit vier Jahren kann Josh zu seinem Vater, nachdem dieser ihn angebrüllt hat, sagen: «Papa, ich bin ein kleiner Junge, und Erwachsene dürfen kleine Kinder nicht anbrüllen. Du solltest dich bremsen können.»

Diese Worte fassen die Wahrheiten zusammen, die Josh vom Kleinkindalter an aus vielen Situationen gelernt hat, in denen er sich von seinem Vater gehört und emotional angenommen fühlte, selbst mitten in dem Gefühlsaufruhr, in dem beide sich befanden.

Der emotionale Wert der Enttäuschung

Partnerschaft bedeutet oft, daß wir unsere Pläne denen unseres Partners anpassen. Ebensooft heißt Partnerschaft aber auch, daß wir akzeptieren, daß wir unseren Partner enttäuschen werden, weil wir seinem Willen nicht entsprechen können. Das gilt für Kleinkinder genauso wie für Erwachsene. Enttäuschung ist eine sehr frühe Erfahrung, und Kleinkinder müssen lernen, daß sie sie spüren können, ohne für immer auseinanderzufallen.

Trotzdem haben Eltern oft Schuldgefühle, wenn sie ihre Kinder enttäuschen. Schuldgefühle können ein mächtiges Hindernis für den Aufbau einer Partnerschaft sein, wenn die Eltern deswegen auf Kosten ihrer eigenen Wünsche ständig den Wünschen des Kindes nachgeben. Dieses automatische Nachgeben vermittelt dem Kind die Botschaft, daß seine Wünsche Naturgesetze sind, und es lernt, Frustration und Enttäuschung als gefährliche Gefühle zu erleben, die um jeden Preis vermieden werden sollten.

Schuldgefühle können die Eltern auch dazu verleiten, zuviel zu verhandeln. Sie flehen ihr Kind an, ihren Forderungen zuzustimmen und gute Miene zum bösen Spiel zu machen. Ich erinnere mich an eine sehr liebevolle und sensible Mutter, die am Ende einer herrlichen Geburtstagsparty mit ihrem Kleinkind nach Hause gehen wollte. Sophie wollte natürlich nicht gehen. Die Mutter redete mit den überzeugendsten Worten auf das Mädchen ein: «Laß uns gehen, Sophie. Ich weiß, daß du hierbleiben möchtest, aber du bist müde. Alle Kinder sind weg.

Tommy muß ins Bett. Du mußt auch ins Bett. Bitte, laß uns gehen.» Sophies Antwort: Sie lief weg und spielte weiter. Als die Mutter sie schließlich auf den Arm nehmen wollte, um mit ihr zu gehen, warf Sophie sich auf den Fußboden und schrie. Die Mutter bat und bettelte wieder: «Du bist zu müde, Sophie. Deswegen weinst du jetzt. Bitte, laß uns gehen.» Das dauerte noch vierzig Minuten, mit wachsender Frustration von Mutter und Kind, von der Gastgeberin ganz zu schweigen.

Paradoxerweise raubte dieser Versuch der Mutter, die Erlaubnis des Kindes zum Gehen zu erhalten, dem Kind sein Recht, etwas nicht gut zu finden und dagegen zu protestieren. Sophie wurde die Freiheit genommen, negative Gefühle auszudrücken, und statt dessen wurde sie mit dem Druckmittel, daß sie ihrer Mutter gefallen wollte, schließlich dazu gebracht einzuwilligen. Niemand, nicht einmal ein Kleinkind, sollte auf sein Recht, negative Gefühle zu äußern, verzichten müssen. Das Recht auf Wut, Traurigkeit und Enttäuschung aufzugeben heißt, das Recht auf einen Teil seiner selbst aufzugeben.

Kleinkinder, die nicht nach und nach den Umgang mit Enttäuschung lernen, verlieren ihre Widerstandskraft, weil sie in bezug auf die Bedürfnisse anderer Menschen nicht genug Übung im Nehmen und Geben haben. Sie können egoistisch und anspruchsvoll werden, und es kann schwer sein, sie zu mögen oder mit ihnen zusammenzusein. Sophies Mutter hätte ihrer Tochter und allen anderen einen Gefallen getan, wenn sie ihre Proteste übergangen, sie auf den Arm genommen und nach Hause gebracht hätte.

Partnerschaft fördern

Wie bringt man Kleinkinder dazu, sich zu fügen, ohne daß es ihnen schadet? Wir wollen die Möglichkeiten aufzählen:

- Bieten Sie eine Alternative an, die dem Kind zusagt. Das ist für alle Betroffenen am schmerzlosesten («Wir gehen jetzt nach Hause, dann können wir ‹Sesamstraße› gucken»). Natürlich ist das nicht immer möglich oder wirksam.
- Verwenden Sie einen Tonfall, der Ihre unbedingte Überzeugung vermittelt, daß Ihre Forderung wichtig und sinnvoll ist. Dann wird das Kind auch Sinn darin finden, denn Kleinkinder sind sehr bereit, etwas zu glauben, und wollen den Eltern gefallen. («Du mußt reinkommen, weil es regnet. Kinder werden krank, wenn sie zu lange im Regen draußen sind.»)
- Der natürliche Gerechtigkeitssinn des Kleinkindes ist in vielen Situationen der Verbündete der Eltern. Wenn man dem Kind erklärt, daß eine bestimmte Verhaltensweise andere Menschen stört, hilft ihm das zu lernen, daß Menschen verschiedene Bedürfnisse haben. («Bitte hör auf, mit deinem Löffel auf den Tisch zu hauen. Das tut mir in den Ohren weh»; oder: «Ich möchte nicht, daß du ‹doofe Mama› zu mir sagst. Das kränkt mich.»)
- In vielen Situationen müssen die Eltern erklären, daß sie diejenigen sind, die entscheiden, was gemacht wird. Viele Kleinkinder wurden von unbeherrschbaren Wutanfällen geheilt, als die Eltern entdeckten, daß sie voller Selbstvertrauen sagen konnten: «Hier entscheide *ich.*» Nichts beruhigt Kleinkinder in Konflikten mehr als die wohlwollende Autorität von Mutter oder Vater, selbst wenn ihre kräftigen Proteste es einem schwermachen, das zu glauben.
- Wenn alles andere versagt, klappt es manchmal mit Humor. Wenn Vater oder Mutter aus der unverschämten Forderung des Kindes ein Spiel machen, zum Beispiel, indem sie in ge-

spieltem Unglauben sagen: «Was, du willst deinen Nachtisch wirklich schon vor dem Essen? Das ist ja nicht zu fassen!» und weiter mit diesem Motiv spielen, nimmt das Kind vielleicht das Spiel auf und lernt so, was erlaubt ist und was nicht.

- Manchmal ist Handeln das einzig Vernünftige. Das trifft vor allem bei Kleinkindern zwischen 12 und 18 Monaten zu, die noch nicht gut sprechen können. Bei älteren Kindern greift man am besten erst ein, wenn nichts anderes mehr hilft oder wenn es um der Sicherheit des Kindes willen darauf ankommt, schnell zu reagieren. Das Kind auf den Arm zu nehmen, um es irgendwo hinzubringen, hilft manchmal besser als gutes Zureden, Bitten oder Erklärungen, weil das Kind dadurch lernt, daß Mutter oder Vater ihre Fürsorgepflichten und ihre Erziehungsaufgabe erfüllen.

Welche Methoden führen nicht zum gewünschten Ziel? Angst oder Schuldgefühle zu erzeugen sind hier die offensichtlicheren Mißgriffe. Aber auch Ermahnungen wie «Du mußt kooperativ sein» oder «Du mußt teilen» führen auf subtile Weise dazu, daß das Kind sich angesichts der Ungeheuerlichkeit der Aufgabe verwirrt und hoffnungslos fühlt. Wie soll man sich nach so allumfassenden, abstrakten Geboten richten? (Hier stellt sich auch die Frage, ob man dem Befehl «sei lieb» wirklich gehorchen kann. Selbst die Zehn Gebote sind einfacher und konkreter.)

Wenn wir das bedrückend schwierige Wort «kooperativ» durch die simple Aussage «Ich brauche deine Hilfe» ersetzen, appellieren wir direkt an den natürlichen Wunsch des Kindes zu gefallen. Wenn wir sagen: «Jetzt ist Johnny auch mal dran», sprechen wir das Gerechtigkeitsgefühl des Kleinkindes an. Das hilft ihm, direkt etwas über die Werte von Gegenseitigkeit, Fairness und Einfühlungsvermögen zu lernen, die die Grundlagen guter menschlicher Beziehungen sind.

Eltern befürchten manchmal, daß ein Kleinkind ein schlechtes Gewissen bekommen könnte oder sein natürlicher Überschwang gedämpft würde, wenn sie ihm von ihren eigenen Bedürfnissen und Wünschen erzählen. Wenn das geschehen sollte, dann hält es wahrscheinlich nicht lange an. Ira hörte mit an, wie seine Mutter sagte, sie fühle sich nach ihrem Schnupfen wieder viel besser. Er spitzte sofort die Ohren und fragte: «Dann kann ich dich also wieder nerven?»

Die Bedürfnisse und Wünsche der Kinder machen sich spontan geltend, wenn die Eltern sie nicht unterdrücken. Tatsächlich besteht zwischen Eltern und Kleinkindern hinsichtlich der Fähigkeit, ihre Wünsche durchzusetzen, ein recht gutes Gleichgewicht: Nur etwa fünfzig Prozent der elterlichen Forderungen werden von Kleinkindern im zweiten Lebensjahr sofort befolgt.

Widerstand, Trotz und Wutanfälle sind sowohl für die Eltern als auch für das Kind Herausforderungen. Ihre guten Seiten sollten jedoch nicht übersehen werden: Sie zwingen uns, die komplexe, aber lohnende Kunst zu lernen, konkurrierende Ziele miteinander in Einklang zu bringen und eine lebenslange Partnerschaft aufzubauen.

Viertes Kapitel

Das Temperament

Babys sind vom Moment der Geburt an einzigartige Persönlichkeiten. Manche schmusen gern, andere entspannen sich in den Armen der Eltern nicht; manche schreien kräftig, andere wimmern kaum; manche scheinen ständig in Bewegung zu sein, andere rühren sich fast gar nicht; manche scheinen sich von Veränderungen in der Alltagsroutine nicht aus der Ruhe bringen zu lassen, andere brechen verzweifelt in Tränen aus, wenn ihre Essens- oder Schlafenszeiten geändert werden.

Solche Beobachtungen zeigen, daß Säuglinge, wenn sie auf die Welt kommen, bereits eine ganz persönliche Art haben, auf die Vorgänge im eigenen Körper und auf das Geschehen um sie herum zu reagieren.[1,2] Manchmal werden diese Reaktionen zu einem dauerhaften Element der Persönlichkeit des Kindes, in anderen Fällen jedoch können Verhaltensweisen sich im Laufe der Entwicklung ändern oder ganz verschwinden. Das stellt sich erst mit der Zeit heraus.

Woher kommen diese individuellen Unterschiede? Wie entstehen sie? Was bestimmt, ob sie Bestand haben oder verschwinden? Gibt es Möglichkeiten, die verschiedenen Verhaltensmuster zu kategorisieren, oder sind sie völlig beliebig und unberechenbar? Über diese und viele andere Fragen zerbrechen sich die Forscher, die menschliche Entwicklung zu verstehen suchen, seit langem die Köpfe.

Bei dem Versuch, einige dieser Fragen zu beantworten, ist

der Begriff des Temperaments ein nützliches Hilfsmittel. Temperament ist als das «Wie» des Verhaltens definiert: Wenn wir das Temperament eines Kindes betrachten, versuchen wir zu beschreiben, wie heftig, launisch, anpassungsfähig und vorhersehbar das Kind sich normalerweise verhält. Es geht dabei um den Verhaltensstil, nicht um Fähigkeiten (den Inhalt oder das «Was» des Verhaltens) oder Motivation (den Grund oder das «Warum»).[3]

Wenn wir Temperament beschreiben, stellen wir oft fest, daß wir Adjektive verwenden, die nonverbale, kinetische Erfahrungen zum Ausdruck bringen: überspannt, zurückhaltend, berstend vor Energie, langsam auftauend. Diese Begriffe decken sich zum Teil mit dem, was Daniel Stern[4] als «Vitalitätsaffekte» bezeichnet – Gefühlsqualitäten, die die grundlegenden oder unabdingbaren Lebensprozesse begleiten, wie Hunger und Sättigung, Einschlafen und Aufwachen, Ein- und Ausatmen, Fortbewegung und die Erfahrung, daß unterschiedliche Gefühle auftauchen und wieder verschwinden. So gesehen sind der Grad an Emotionalität und Aktivität die Kennzeichen des Temperaments.[5]

Lange Zeit wurde Temperament als unveränderliche Veranlagung betrachtet, als Gabe oder als Last, mit der man geboren wird und die man mehr oder weniger klug einsetzen und ertragen, aber nie völlig abschütteln kann. Mark Twain läßt Satan 1909 erklären:

«Die Veranlagung ist das Gottesgesetz, mit Gottes eigener Hand in das Herz der Kreatur geschrieben, und ihr muß gehorcht werden, sie muß trotz aller Verbote und Beschränkungen, von wo diese auch stammen mögen, erfüllt werden.»[6]

Die Vorstellung von Temperament als einer Form der schicksalhaften Veranlagung ist heutzutage aus der Mode gekommen. In derzeitigen Ansichten über Temperament spielt der Gedanke an das Schicksal nur eine geringe Rolle, und es wird betont, daß die Entwicklung des Kindes von Erbanlagen, Konstitution und Umgebung bestimmt wird, die alle wechselseitig aufeinander einwirken. Das Temperament allein ist noch nicht schicksalsbestimmend.

Diese Sichtweise der kindlichen Entwicklung ist eine Folge der Erkenntnis, daß Temperament kein einzelner, unveränderlicher Wesenszug eines Menschen ist, sondern eine Gruppe relativ konstanter Tendenzen, auf bestimmte Arten zu reagieren. Diese Neigungen können im Laufe der Entwicklung verstärkt, verringert oder in ihrer Qualität verändert werden, je nachdem, welchen Charakter die Begegnungen des Kindes mit seiner Umwelt haben.

Worin bestehen diese Neigungen nun im einzelnen? Wie unterscheiden kleine Kinder sich genau voneinander? Es überrascht nicht, daß die verschiedenene Experten auch verschiedene Vorstellungen davon haben, welche Neigungen auf Veranlagung beruhen und welche von der Umwelt gelernt werden. Die Pioniere der Forschungen zum Temperament – Alexander Thomas und Stella Chess – identifizierten neun Temperamentskategorien, als sie 136 Kinder vom Kleinkindalter bis zum Erwachsenenalter begleiteten. Diese Kategorien sind: *Grad der Aktivität, Regelmäßigkeit der biologischen Rhythmen, Tendenz zur Annäherung oder zum Rückzug* als erste Reaktion auf neue Situationen, *Anpassungsfähigkeit* bei Veränderungen, *Reaktionsintensität, Reizempfindlichkeit, vorherrschende Stimmungslage* (positiv oder negativ), *Ablenkbarkeit* und *Durchhaltevermögen.*[3, 7, 8, 9] Innerhalb der einzelnen Kategorien konnten die Kinder hoch, durchschnittlich oder niedrig eingestuft werden, so daß in der Temperamentsstruktur eines jeden Kindes viele Feinheiten erkennbar wurden.

Ein Kind, das in einer der Kategorien konstant hoch oder niedrig eingestuft wird, muß nicht unbedingt immer in dieser Weise reagieren. Es kann alle überraschen, indem es sich in einer bestimmten Situation allen Erwartungen entgegengesetzt verhält, oder es kann sich in einem bestimmten Alter in der einen oder anderen Kategorie stark verändern. Viele Eltern berichten, daß ihre Kinder als Kleinkinder sehr aktiv und heftig waren, aber während der Schulzeit ruhig und sanft wurden. Noch häufiger hört man die Klage, daß freundliche, kontaktfreudige, ständig fröhliche Schulkinder in der Adoleszenz nicht wiederzuerkennen sind, so verschlossen und reizbar sind sie geworden. In verschiedenen Altersstufen können die Erfahrungen, die Kinder machen, und die Art, wie sie sich selbst und ihre Welt wahrnehmen, neue Bewältigungsmechanismen aktivieren oder unvermutete Empfindlichkeiten hervorrufen. Die oben umrissenen Temperamentskategorien sind keine starren Verhaltensschemata, sondern recht nützliche Richtlinien, um wiederholt auftretende Reaktionsmuster eines Kindes zu erkennen.

Temperamentstypen

Neun Kategorien während der Entwicklung im Auge zu behalten ist schwer, auch wenn jede einzelne noch so sinnvoll sein mag. Um die Sache weniger mühsam zu machen, suchten Thomas und Chess bei den Kindern, die sie untersuchten, nach wiederholt auftretenden Kombinationen dieser Wesenszüge. Sie fanden drei Konstellationen, die in ihrer Stichprobe besonders häufig vorkamen. Die Kinder, bei denen diese Konstellationen von Wesenszügen auftraten, wurden als *einfach*, *langsam auftauend* und *schwierig* bezeichnet. Eine vierte Kategorie, das *aktive Kleinkind*, wurde nicht von Thomas und Chess herausgearbeitet, sondern ergibt sich aus vielen Beobachtungen an kleinen Kindern.[1, 9, 10] Diese Bezeichnungen finden nicht überall Zustimmung, aber die Temperamentstypen, auf die sie sich beziehen, sind sicherlich bedenkenswert, weil sie ausführlich erforscht wurden und anscheinend von der frühen Kindheit bis ins frühe Erwachsenenalter hinein konstant bleiben. Die folgenden Abschnitte beschreiben die einzelnen Typen und geben

Beispiele dafür, wie das Temperament des Kindes die Beziehung zu den Eltern beeinflußt und welche Arten des Sicherheitsverhaltens und der Partnerschaft sich daraus entwickeln können.

Einfache Kinder

Die Kinder in dieser Kategorie sind vor allem anpassungsfähig. Ihre biologischen Rhythmen sind regelmäßig und vorhersehbar. Sie sind ständig gut gelaunt, neuartigen Situationen gegenüber aufgeschlossen, stellen sich schnell auf Veränderungen ein, und ihre emotionalen Reaktionen sind schwach oder nur mäßig intensiv.

Aufgrund dieser Eigenschaften sind anpassungsfähige Kinder leicht in den Tagesablauf des Haushalts zu integrieren. Die Eltern können ihre Aktivitäten um die Mahlzeiten oder Schlafenszeiten des Kindes herum planen, weil es jeden Tag etwa zur gleichen Zeit ißt und schläft. Sie können das Kleinkind zum Einkaufen, zu Freunden oder sogar zur Arbeit (wenn möglich oder notwendig) mitnehmen, weil sie sich darauf verlassen können, daß es guter Laune ist, Interesse an der neuen Situation zeigt und sich schnell anpaßt, wenn ihm die Sache zu Anfang nicht so gefällt. Auch Spontaneität seitens der Eltern ist möglich: Pläne können von einem Moment zum anderen aufgestellt oder geändert werden, ohne daß man fürchten muß, eine mittlere Katastrophe im kindlichen Rhythmus auszulösen. Ob erfreut oder empört, das Kind wird seine Gefühle in rücksichtsvoll sanftem Ton äußern.

Aufgrund dieser Eigenschaften ist es eine Freude, für anpassungsfähige Kinder zu sorgen. Infolgedessen fühlen sich die Eltern in der Kinderbetreuung tüchtig und kompetent. Das ist nicht weiter erstaunlich, denn bei fast allem, was sie tun, werden sie mit einer positiven Reaktion belohnt.

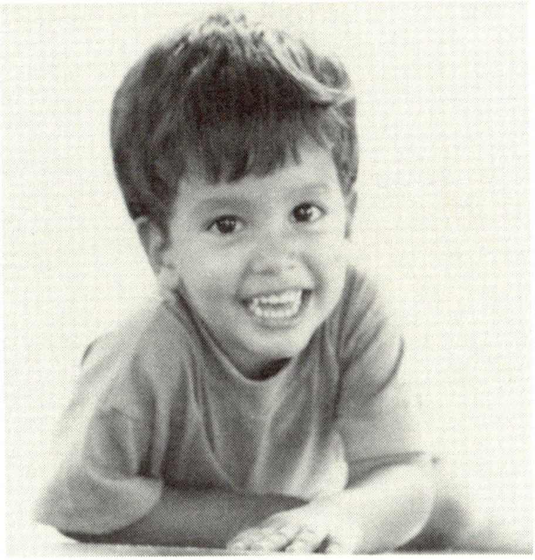

Joey ist normalerweise gut gelaunt. Meistens erwacht er mit einem Lächeln und ist bereit zum Spielen. Diese Haltung ist auch während des Tages vorherrschend. Veränderungen im Tagesablauf nimmt er gelassen hin. Seine Umgebung wird ihm leicht zur Quelle von Vergnügen und Interesse. Seine Reaktionen sind normalerweise mäßig stark, ob er nun Freude zeigt oder Schmerz. Er begrüßt seine Eltern und andere Menschen, die er mag, mit einem freudigen Gesichtsausdruck, aber ohne Überschwang. Neues Spielzeug ruft bei ihm Lachen hervor, aber keine Freudenschreie. Ebenso klagt er während ärztlicher Untersuchungen nur leise. Selbst seine Reaktion auf Impfungen besteht nur aus mäßigem Weinen statt aus heftigem Wehklagen.

Ein mögliches Problem im Umgang mit anpassungsfähigen Kindern besteht darin, daß man ihr Verhalten leicht als gegeben voraussetzt. Sie sind meistens so sehr mit allem einverstanden, daß man sie vielleicht zu mehr drängt, als man gerechterweise von ihnen erwarten kann. Selbst anpassungsfähige Kinder werden manchmal traurig oder haben Angst. Daran müssen sich die Eltern möglicherweise ab und zu erinnern, damit sie ein Gespür für die emotionalen Bedürfnisse ihres anpassungsfähigen Kleinkindes behalten.

Kinder, die langsam auftauen

Wenn Kinder, die langsam auftauen, sich einer neuen Erfahrung gegenübersehen, neigen sie dazu, sich zuerst einmal zurückzuziehen, und sie brauchen lange, um sich anzupassen. Sie sind nicht besonders aktiv und tendieren dazu, ihre Emotionen recht sanft zu äußern und sich nur in heftige Reaktionen hineinzusteigern, wenn sie über ihre Belastbarkeit hinaus in neue Situationen gedrängt werden. Diese Kinder brauchen etwas Zeit, um das Geschehen aus dem Hintergrund zu beobachten, bevor sie bereit sind, selbst teilzunehmen. Wenn sie dann aber soweit sind, können sie genausoviel Begeisterung an den Tag legen wie ihre weniger zaghaften Spielkameraden. Kinder, die langsam auftauen, werden wegen ihrer Abneigung dagegen, sich sofort in neue Situationen hineinzubegeben, oft für schüchtern oder furchtsam gehalten.

Erin ist in fremden Umgebungen zurückhaltend. Sie beobachtet neue Gegenstände und unbekannte Menschen lange Zeit, bevor sie sich intensiver mit ihnen befaßt. Sie weint, wenn man sie drängt, bevor sie dazu bereit ist. Bei körperlichen Aktivitäten zeigt Erin langsame und gemessene Bewegungen. Am liebsten sind ihr Beschäftigungen im Sitzen, wie Vorlesen und Puzzles legen. Wildere Spiele ermüden sie schnell, obwohl sie für kurze Zeit Vergnügen daran findet. Sie möchte getragen werden, sobald sie eine kurze Strecke selbst gelaufen ist, obwohl sie für ihr Alter ausgesprochen gut laufen, rennen und springen kann.

Ein mögliches Risiko für Kinder, die langsam auftauen, besteht darin, daß Erwachsene, die nach psychischen Motiven für ihr Verhalten suchen, sie möglicherweise als «ängstlich» oder «unsicher» abstempeln.

Es gibt keine Hinweise darauf, daß langsames Auftauen und Unsicherheit zusammengehören. Ein Kind kann von der körperlichen und emotionalen Verfügbarkeit seiner Eltern überzeugt sein, es kann seiner eigenen Fähigkeit, mit verschiedenen Situationen gut zurechtzukommen, vertrauen, und trotzdem kann es ihm lieber sein, das Geschehen erst mal aus dem Hintergrund zu beobachten und dann erst mitzumachen. Unsicherheit kann natürlich dann entstehen, wenn andere diese Tendenz kritisieren, lächerlich machen oder zu ändern versuchen, statt sie als die persönliche und normale Art des Kindes, sich auf neue Situationen einzustellen, zu akzeptieren.

Damit erhebt sich die Frage, wie Eltern zu der Schüchternheit ihres Kleinkindes stehen. Es gibt Hinwiese darauf, daß Schüchternheit möglicherweise biologische Ursachen hat: In Untersuchungen, die mit adoptierten und leiblichen Babys durchgeführt wurden, findet sich eine höhere Korrelation von Schüchternheit zwischen Babys und ihren leiblichen Müttern als zwischen Babys und ihren Adoptivmüttern.

Eltern mit einem schüchternen Kleinkind können auf das langsame Auftauen ihres Kindes auf verschiedene Weisen reagieren. Manche Eltern fühlen sich in das Kind ein und erlauben ihm, sich in seinem eigenen Tempo in neue Situationen hineinzubegeben. Andere Eltern möchten das Kind schützen, indem sie es neuen und herausfordernden Situationen möglichst wenig aussetzen. Wieder andere versuchen, dem Kind zu helfen, aus seiner Schüchternheit «herauszuwachsen», indem sie es zum Mitmachen ermuntern, bevor es dazu bereit ist. Es gibt Eltern, die sich vom Verhalten des Kindes persönlich angegriffen fühlen und mit Ungeduld oder Fassungslosigkeit darauf reagieren, so als würde das Kind ihnen Schande bereiten.

Diese Reaktionen können zum Teil die Erfahrungen der Eltern mit ihrem eigenen Temperament widerspiegeln. Manchen schüchternen Eltern ist es peinlich, daß ihr Kind diesen Wesenszug mit ihnen gemeinsam hat. Andere verstehen instinktiv, was ihr Kind fühlt. Manche kontaktfreudigen Eltern fühlen sich durch die Reserviertheit ihres Kindes behindert und eingeschränkt; andere empfinden die Schüchternheit des Kindes als erholsam, weil sie dadurch den Erwartungen enthoben sind, ein ausgeprägteres Sozialleben zu führen, als sie eigentlich wollen.

Schwierige Kinder

Diese Bezeichnung ist schwer zu akzeptieren, aber sie scheint sich intuitiv anzubieten, wenn man mit einem Kind konfrontiert ist, das ständig höchste Anforderungen an Geduld und guten Willen stellt. Zum Glück machen solche Kinder nach Berechnungen von Chess und Thomas nur vier Prozent der Kleinkinder aus, allerdings kann jedes Kleinkind (wie jeder Erwachsene auch) tage- oder sogar monatelang ausgesprochen schwierig sein, je nachdem, was es gerade durchmacht.

Versuche, eine weniger abwertende Bezeichnung zu finden, haben zu Beschreibungen wie «überempfindlich», «reizbar» und «unflexibel» geführt. Diese Kinder haben oft unregelmäßige biologische Rhythmen, weichen vor neuen Situationen zurück, haben Schwierigkeiten, sich auf Veränderungen einzulassen, sind schwer zufriedenzustellen, geraten leicht in schlechte Laune und zeigen intensive emotionale Reaktionen. Kurz, ihr Verhalten ist schwer vorherzusagen und zu regulieren, und man kann seine Pläne nicht verfolgen, ohne auf ihre Reaktionen Rücksicht zu nehmen.

Jenines Stimmung grenzt oft an schlechte Laune. Ihre Eltern haben das Gefühl, ständig einen Eiertanz zu vollführen, weil sie sich so leicht aufregt. Sie wacht morgens weinend auf, und sie braucht lange, bis sie zum Spielen bereit ist. Neues mag sie nicht, und ihre Eltern müssen sie lange auf dem Arm halten, bevor sie bereit ist, auf Erkundung auszugehen. Jenine fällt es schwer, sich auf Veränderungen einzustellen. Wenn ihr Babysitter ankommt, weint sie zuerst, auch wenn sie dann nach einer Weile ganz vergnügt ist. Ähnlich schreit sie oft erst, wenn sie auf dem nahe gelegenen Spielplatz auf die Rutschbahn klettert, obwohl es ihr großen Spaß macht und sie nicht wieder herunterkommen will. Auf die meisten Situationen reagiert Jenine intensiv. Wenn sie gut gelaunt ist, begrüßt sie ihre Lieblingstante bei der Ankunft mit jauchzendem Lachen und läuft ihr blitzschnell entgegen. Wenn sie schlecht gelaunt ist, weigert sie sich lange, die Tante auch nur anzusehen. Mit ihrem Arzt, den sie kennt und mag, beginnt sie einen Faustkampf, wenn er versucht, ihr Ohr zu untersuchen. Wenn er ihr dann, nachdem alles vorbei ist, ein Spielzeug anbietet, drückt sie ihn ganz fest.

Nicht jedes schwierige Kleinkind verhält sich genauso wie Jenine. Schwierige Kleinkinder bringen ihre Stimmungen auf sehr individuelle Weise zum Ausdruck. Manche haben häufige, langandauernde Wutanfälle. Andere weinen leicht. Wieder andere haben Probleme mit Essen, Schlafen und Ausscheidungsvorgängen.

Eltern empfinden es oft als beruhigend, wenn sie erfahren, daß derartige Probleme möglicherweise im schwierigen Temperament des Kindes und nicht notwendigerweise in ihren Erziehungsmethoden begründet liegen.

Jedes Kleinkind ist darauf angewiesen, daß seine Eltern eine sichere Basis bieten, die zum Grundstein für eine lohnende Partnerschaft werden kann. Schwierige Kleinkinder brauchen diesen Vorgang sogar noch nötiger, da ihre Stimmungsschwankungen und ihre Bereitschaft, sich zurückzuziehen, in vielen Situationen gegen sie arbeiten. Viele Erwachsene reagieren auf die Schwierigkeiten von Kleinkindern ihrerseits mit Stimmungsschwankungen und Rückzug. Das ist schade. Manchmal sind die schwierigsten Kleinkinder im Zusammensein auch die interessantesten, weil ihre heftigen Gefühle und ihre Sensibilität dazu führen, daß sie Dinge bemerken, die andere Kinder gar nicht wahrnehmen.

Das Rezept, das viele Eltern schwieriger Kinder zur Bewältigung des Alltags nützlich finden, hat fünf Hauptbestandteile:

das Verhalten des Kindes nicht persönlich nehmen; Sinn für Humor besitzen; im Zusammensein mit dem Kind geduldig zur Verfügung stehen; klare Verhaltensregeln aufstellen und ein unterstützendes System aufbauen, das den Eltern Freizeit und Erholungspausen vom Kind gewährt.

Diese Tips helfen nicht nur bei der Erziehung schwieriger Kinder, sie sind auch ganz wesentlich, wenn man in aufregenden Situationen einen kühlen Kopf behalten will. Besondere Aufmerksamkeit sollten Eltern mit solchen Kleinkindern beim Lesen dieses Buches den Vorschlägen schenken, wie man Kindern durch heikle Situationen hindurchhelfen kann, zum Beispiel bei Trennungen und Wiedersehen, bei Schlafproblemen, Disziplinproblemen, Geschwisterrivalitäten und während der Sauberkeitserziehung. Alle Kleinkinder verdienen es, daß man in diesen herausfordernden Situationen feinfühlig mit ihnen umgeht, schwierige Kinder aber brauchen das ganz besonders.

Aktive Kinder

Die Auswirkung eines hohen Aktivitätsniveaus auf das Verhalten des Kindes ist vor allem im Kleinkindalter deutlich, wenn die Urteilsfähigkeit des Kindes darüber, was zulässig ist und was nicht, noch sehr rudimentär ist. Aktive Kinder neigen dazu, die Grenzen, innerhalb deren sich ihr Sicherheitsverhalten abspielt, anders zu definieren und weiter hinauszuschieben. Statt innerhalb eines Umkreises zu bleiben, den die Eltern für sicher halten, ziehen aktive Kleinkinder möglicherweise los, ohne sich auch nur umzusehen.

Adam ist ein sehr aktives Kleinkind. Als Baby krabbelte er schon sehr früh und war ständig in Bewegung. In seinem zweiten Lebensjahr rennt er lieber, als daß er geht, klettert auf Tische und Schränke und liebt wilde Spiele wie Fangen und Ballspielen. Adam läuft ohne Zögern in neue Situationen hinein und nimmt sich kaum die Zeit, einen fremden Gegenstand anzusehen, bevor er danach greift. Er wird unruhig und gereizt, wenn er zum Stillhalten gezwungen ist, zum Beispiel während langer Autofahrten oder beim Anziehen.

Adam illustriert das grundlegende Temperamentsmerkmal aktiver Kinder: ein hohes Aktivitätsniveau. Wenn solche Kleinkinder außerdem noch eine starke Tendenz haben, sich neuen Reizen zu nähern, kann es so aussehen, als seien sie nicht zu bremsen, weil sie nicht nur nach Bewegung um ihrer selbst willen verlangen, sondern auch von den vielen Gegenständen um sie herum unwiderstehlich angezogen werden.

Aktive Kleinkinder sind nicht unbedingt gesellig. Manche sind so mit ihren physischen Unternehmungen beschäftigt, daß Menschen nicht besonders interessant für sie sind. Selbst andere Kinder können in erster Linie als Partner für körperliche Aktivitäten dienen. Soziale Interaktionen im Sitzen entsprechen dem Tempo des aktiven Kleinkindes einfach nicht.

Solche Kleinkinder und ihre Eltern stoßen im Alltag oft auf Hindernisse. Andere Menschen fühlen sich häufig durch die große Lebhaftigkeit dieser Kinder gestört und nehmen ihnen übel, daß sie sich ständig in Bewegung befinden. Eltern von aktiven Kleinkindern berichten, daß sie sich oft unterschwellig oder offen kritisiert fühlen, weil sie dem Kind keine «Grenzen setzen», so als hätten sie das kindliche Bedürfnis nach körperlicher Aktivität völlig in der Hand. Die «Kindersicherungen», notwendige Maßnahmen, um beim Zusammenleben mit einem kleinen Kind den Frieden zu wahren, sind bei einem aktiven Kleinkind für seine Sicherheit unerläßlich. Ein Problem ist, daß viele Leute keine Lust haben, ihre Wohnung kindersicher zu machen, wenn ein aktives Kleinkind für ein paar Stunden zu Besuch kommt, und dann fühlen die Eltern sich erst recht unter Druck, ihr Kind in vertretbaren Grenzen zu halten. Diese Situation kann viele Konflikte zwischen dem

Kind und den Erwachsenen hervorrufen, weil Einschränkungen dem aktiven Kleinkind solch ein Greuel sind, daß es als Reaktion darauf griesgrämig und reizbar werden kann. Daher endet manch ein Besuch mit dem Gefühl, versagt zu haben.

Die Sozialisation des Temperaments

Für Temperament kann niemand etwas – nicht einmal sein Besitzer oder seine Besitzerin. Aber was man mit seinem Temperament anfängt, wie man darauf aufbaut und es, wenn nötig, bezähmt, eben darum geht es bei Erziehung und Charakterbildung.

An diesem Punkt spielt elterliche Betreuung als erlernte Kunst eine Rolle. Die Art, in der Eltern und Betreuer auf das Temperament eines Kleinkindes reagieren, wird mit entscheiden, ob die Schwächen eines Kindes hervorgehoben und fest in seinem Selbstbild verankert werden oder ob, wie zu hoffen ist, diese Schwierigkeiten im Rahmen der leistungsfähigeren Seiten des Kindes betrachtet und nicht zu einem dominanten Teil seiner Persönlichkeit werden.

Kleine Kinder können ihr Temperament normalerweise nicht beherrschen. Ein Kleinkind wacht kaum aus lauter Trotz gegen seine Eltern weinend auf. Es wird sich auch kaum auf einer Geburtstagsfeier absichtlich hinter seiner Mutter verstecken, um zu versuchen, die Situation zu manipulieren und mehr Aufmerksamkeit zu bekommen. Doch häufig gibt man Kleinkindern ungerechterweise die Schuld an einem Verhalten, das sie gar nicht unter Kontrolle haben.

Wenn das Verhalten eines Kindes uns irritiert oder in Verlegenheit bringt, reagieren wir oft damit, daß wir dunkle Motive dahinter vermuten. In gewisser Weise versuchen wir, unsere eigene negative Reaktion zu rechtfertigen, indem wir bei dem Kind nach gleichermaßen negativen Motiven suchen. Das ist durchaus menschlich, aber es ist weder fair noch hilfreich für die Beziehung zwischen Eltern und Kind oder für die emotionale Entwicklung des Kindes. Temperament beschreibt, wie schon gesagt, *wie* das Kind reagiert, nicht warum es auf diese Weise reagiert.

Daran zu denken, daß diese Tendenzen Teil der Veranlagung des Kindes sind, wird uns helfen, uns in seine Erfahrungen einzufühlen und Möglichkeiten zu finden, auf unliebsames Verhalten so zu reagieren, daß die Selbstachtung des Kindes gewahrt bleibt. Zum Beispiel wird es eher helfen, ein Kind zu trösten und nicht mit ihm zu schimpfen, wenn es weinend aufwacht, und einem Kind, das auf einem Fest unsere Nähe braucht, Zeit zu lassen, bis es soweit ist, daß es allein losziehen möchte.

Temperament und Sicherheitsverhalten

Das Temperament des Kleinkindes beeinflußt die Ausprägung seines Sicherheitsverhaltens. Wie im zweiten Kapitel beschrieben wurde, verstehen wir unter Sicherheitsverhalten das Gleichgewicht zwischen dem Fortstreben von der Mutter, um die Welt zu erkunden, und dem Zurückkehren, um die emotionale Verbindung wiederherzustellen oder um Trost und Beruhigung zu suchen.

Normalerweise färbt das Temperament eines Kindes auf sein Sicherheitsverhalten ab. Im allgemeinen verlassen Kleinkinder, die aktiv sind und Neues lieben, die Mutter bereitwillig. Kinder, die langsam auftauen und vor Neuigkeiten zurückweichen, neigen dazu, länger an ihrem Rockzipfel zu hängen.

Kleinkinder mit langen Aufmerksamkeitsspannen und großem Durchhaltevermögen bleiben oft über lange Zeiträume von der Mutter fort, weil sie sich gern länger mit Dingen beschäftigen und Probleme lösen. Umgekehrt können ebendiese Kinder auch mehr Zeit bei ihrer Mutter verbringen, wenn sie sich einmal entschlossen haben, zu ihr zu kommen, weil sie sich ganz in das vertiefen können, was sie mit ihr zusammen machen.

Sehr anpassungsfähige Kinder neigen dazu, sich von der Mutter fortzubewegen, um viel von einer neuen Umgebung zu erkunden; weniger anpassungsfähige Kinder brauchen lange

Zeit, bis sie sich an Veränderungen gewöhnen, und gehen vielleicht nur in vertrauter Umgebung auf Entdeckungsreise.

Selbst die Stimmungslage des Kindes und die Intensität seiner Reaktionen können das Sicherheitsverhalten beeinflussen. Kinder, die auf neue Reize stark negativ reagieren, bleiben eher nah bei der Mutter und brauchen möglicherweise Ermunterung und Bestätigung, bevor sie losziehen und auf eigene Faust etwas erkunden können. Die folgenden Beispiele zeigen, wie der einfache Joey, die langsam auftauende Erin, die schwierige Jenine und der aktive Adam ihr Sicherheitsverhalten gestalten.

Joey ist ein sehr neugieriger, frühreifer, lebhafter Zweieinhalbjähriger. Er scheint unentwegt guter Laune zu sein. Phasen der Niedergeschlagenheit sind bei ihm normalerweise nur von kurzer Dauer. Seine Mutter bezeichnet ihn als «Stehaufmännchen». Joey kann sich lange Zeit selbst beschäftigen mit Aktivitäten, die von Nachahmungsspielen, wie dem Schlafenlegen seiner Schildkröte und dem Bau eines «Hauses» aus Bauklötzen bis hin zu Selbstgesprächen, dem Anschauen von Bilderbüchern oder dem Herumklettern auf dem Klettergerüst im Garten direkt vor seinem Zimmer reichen. In solchen Phasen muß Joeys Mutter ab und zu ein Auge auf ihn werfen, um sicherzugehen, daß es ihm gutgeht. Zu anderen Zeiten zeigt Joey kein Interesse daran, allein zu spielen, und möchte für lange Zeitspannen bei seiner Mutter sein. Dann singt er ihr etwas vor, möchte mit ihr zusammen kochen oder bittet sie, mit ihm zu spielen. Wenn seine Mutter ihm auf seinen Wunsch hin nicht zur Verfügung stehen kann, wird er bedrückt und läßt sich nicht leicht ablenken. Dann merkt man nichts von seiner außerordentlichen Fähigkeit, sich selbst zu beschäftigen, die er zeigt, wenn er selbst die Initiative dazu ergreift. Als Ersatz für engen physischen Kontakt akzeptiert er es jedoch, mit seiner Mutter zu sprechen und mit ihr zusammen zu singen. Das Sicherheitsverhalten dieses Kindes zeigt eine deutliche Trennung zwischen «Phasen allein» und «Phasen mit Mutter.»

Erin ist eine stille, sanfte Zweidreivierteljährige. Sie ist etwas schüchtern und neigt dazu, erst einmal auf der Hut zu sein, aber sie gewinnt schnell Interesse an neuartigen Umgebungen. Sie drückt sowohl ihre Freude als auch ihren Kummer normalerweise in gedämpfter Form aus. Sie wagt sich weder zu weit von ihrer Mutter fort, noch klettert sie an ihr hoch oder klammert sich an sie. Ihre Bewegungen von der Mutter fort und wieder zu ihr zurück sind wenig ausgeprägt. Sie geht zum Beispiel immer ein kleines Stückchen weiter fort und nähert sich ebenso allmählich wieder an, als wäre die Annäherung nur ein Nebeneffekt bei der Jagd nach einem rollenden Ball oder bei dem Interesse an einem Spielzeug, das zufällig neben der Mutter liegt. Erins Sicherheitsverhalten scheint, wie ihre Persönlichkeit überhaupt, keine dramatischen Ausschläge zu kennen: Ein gut abgestimmtes Gleichgewicht zwischen Bindungs- und Erkundungsverhalten ist vorherrschend.

Jenine ist eine aufgeweckte Zweieinhalbjährige, die große Schwierigkeiten hat, mit ihren Stimmungen umzugehen. Wenn sie zu Hause und bei ihrer Mutter ist, kann es ihr Vergnügen machen, mit ihrem Spielzeug zu spielen und ihr Tun fröhlich plappernd zu beschreiben. Sie wird jedoch leicht wütend und mutlos, wenn etwas nicht ganz so geht, wie sie das will. Wenn zum Beispiel ihre Mutter das Zimmer verläßt, erschrickt Jenine, weint, fragt, wohin sie gehe und folgt ihr oft jammernd. Wenn Jenine und ihre Eltern bei Freunden zu Besuch sind, bleibt sie dicht bei Vater und Mutter. Ein anderes Kind kann sie möglicherweise für kurze Zeit zum Spielen überreden, aber Jenine wird bald bedrückt und sucht wieder nach ihrer Mutter.

In unbekannten Situationen weigert Jenine sich, sich von ihrer Mutter wegzubewegen, und schreit häufig vor Verzweiflung, wenn ihre Mutter versucht, sie von ihrem Schoß herunterzubekommen und sie an neben ihr liegendem Spielzeug zu interessieren.

Jenines Sicherheitsverhalten ist durch kurze Erkundungsphasen von der Mutter fort und ausgedehnte Phasen von Nähe und Kontakt zu ihr gekennzeichnet. Da ihre Sensibilitätsschwelle Reizen gegenüber niedrig ist, erschrickt sie schnell, selbst bei alltäglichen Ereignissen, wie dem Kommen und Gehen der Mutter innerhalb des Hauses und regelmäßigen Besuchen bei Freunden. Jenines hohe Reaktionsintensität bedeutet, daß sie mit merklicher Niedergeschlagenheit auf solche Situationen reagiert und längeren Kontakt zu ihrer Mutter braucht, um sich wieder geborgen zu fühlen.

Adam ist ein kaum zu bändigender Zweijähriger, der ständig in Bewegung zu sein scheint. Selbst im Schlaf stößt er in alle Richtungen um sich. Er konnte mit 10 Monaten laufen, und Fortbewegung ist seine bevorzugte Betätigung. Er geht begeistert auf Neues zu, greift nach Hunden auf der Straße, bleibt stehen, um kleine Stückchen Papier, Plastik oder andere Gegenstände aufzuheben, die er auf seinen Streifzügen findet. Er nimmt sich selten in acht und fürchtet sich in unbekannten Situationen kaum. Wenn man ihn nicht fest an der Hand hält, läuft er ohne Bedenken voraus und gibt kleine Laute der Aufregung oder des Entzückens von sich, während er davonmarschiert. Adam kann zwar recht zärtlich sein, wenn er will, aber zu längeren Schmusepausen fehlt ihm die Geduld, und nach ein paar Minuten klettert er wieder vom Schoß seiner Mutter herunter. Während seiner Erkundungen geht er gelegentlich zu ihr hin, um ihr Knie zu berühren oder ihr ein Spielzeug zu geben, häufiger aber wirft er ihr aus einiger Entfernung einen Blick, ein Lächeln oder ein paar Worte zu, wobei er ihr oft das Spielzeug zeigt, mit dem er sich gerade beschäftigt. Er geht auf die Angebote seiner Mutter, gemeinsam zu spielen, mit Vergnügen ein, spielt aber genauso zufrieden allein. Sein Sicherheitsverhalten läßt sich beschreiben als geprägt von langen Erkundungsphasen, die mit kurzen, aber zufriedenstellenden Phasen von Nähe und Kontakt zur Mutter durchsetzt sind.

Diese Kinder sind alle normal und zeigen typische Muster von Bindungs- und Erkundungsverhalten. Jedes einzelne hat einen ganz persönlichen Stil. Die Art, wie sie jeweils von der Mutter als sicherer Basis Gebrauch machen, hilft uns zu erkennen, ob sie introvertiert oder extrovertiert sind, hilfsbedürftig oder voller Selbstvertrauen, ob sie sich behütet fühlen oder gefährdet und allein, ob die Welt für sie eine Quelle der Freude ist oder ein Grund zur Angst. Das Sicherheitsverhalten ist von der Individualität des Kindes geprägt. Es macht Aussagen über sein Selbstgefühl, über die Art seiner Interaktion mit den Menschen, die ihm am nächsten sind, und über seinen Umgang mit vertrauten und mit unerwarteten Situationen.

Elterlicher Stil und Sicherheitsverhalten

Eltern haben ihren unverwechselbaren Stil, Erkundungs- und Bindungsverhalten bei ihren Kleinkindern zu fördern oder zu dämpfen. Dazu gehören auch charakteristische Muster des Festhaltens und Loslassens. Wenn sich für Eltern und Kind alles gut entwickelt, ergänzen sich diese beiden Muster gegenseitig, als Reaktion auf das entwicklungsbedingte Bedürfnis des Kindes fortzugehen und dann wieder zu Mutter oder Vater zurückzukehren. Wenn jedoch die Eltern aufgrund eigener emotionaler Bedürfnisse das Kind verzerrt wahrnehmen, tritt oft die Tendenz auf, eins der beiden Muster überzubetonen, also entweder zu stark festzuhalten oder zu bereitwillig loszulassen.

Die Verhaltensmuster von Eltern und Kleinkindern beeinflussen sich gegenseitig. Eine zu stark beschützende Mutter kann die Tendenz eines schüchternen Kleinkindes, sich zurückzuhalten, verstärken, indem sie ihm die Botschaft vermittelt, die Welt sei ein gefährlicher Ort und das Kind sei nur in ihrer Nähe sicher. Im Gegensatz dazu kann ein ähnlich übertrieben beschützendes Elternverhalten bei einem aktiven, lebhaften Kind eine ganz andere Reaktion auslösen, nämlich Aufsässigkeit und sogar rücksichtsloses Austesten der Grenzen.

Der Stil des Kindes kann sich auch auf die Verhaltensmuster der Eltern auswirken. Ein waghalsiges, abenteuerlustiges Kind kann schüchterne Eltern begeistern, indem es sie mit ganz neuen Verhaltensweisen bekannt macht, oder erschrecken, wenn sie für solche Heldentaten nicht soviel übrig haben. Ein vorsichtiges Kleinkind kann bei einer Mutter oder einem Vater ungeduldiges Drängen auslösen, während andere Eltern vielleicht finden, daß dieses Verhalten sich sehr gut mit ihrem eigenen Verhaltensstil verträgt.

Temperament, Partnerschaft und Zusammenspiel

Nicht nur Kinder besitzen ein Temperament, sondern Eltern ebenfalls. Wenn die Temperamente von Eltern und Kind harmonieren, fällt es Eltern leichter, auch mit den schärferen Ekken und Kanten des kindlichen Verhaltens umzugehen. Dieses gute Zusammenspiel erhöht den Stolz der Eltern auf die individuelle Eigenart des Kindes und ihre Befriedigung darüber.

Doch Eltern sind keine allmächtigen Herrscher über die Entwicklung ihrer Kinder. Erik Erikson formulierte diese einfache, aber häufig mißachtete Wahrheit sehr treffend, als er schrieb:

> Wir verfälschen die Situation, wenn [...] wir annehmen, die Eltern «hätten» bei der Geburt des Kindes diese oder jene eigene Persönlichkeit und verstießen nun [...] gegen das arme kleine Ding. Dieses schwache und sich beständig ändernde kleine Wesen nämlich setzt die ganze Familie in Bewegung. Kleine Kinder beherrschen und erziehen ihre Familien genau so weitgehend, wie sie von jenen beherrscht werden: wir können ruhig sagen, daß eine Familie ein Kind erzieht, indem sie von ihm erzogen wird.[12]

Das führt uns zum Thema der Partnerschaft zurück, das im vorigen Kapitel untersucht wurde. Wenn Eltern und Kind vom Temperament her gut zusammenpassen, ist es leichter, eine Partnerschaft aufzubauen, weil die Beteiligten sich mit dem Tempo und dem emotionalen Ausdruck des anderen wohl fühlen. Umgekehrt können schlecht zusammenpassende Temperamente hinderlich sein, wenn Elternteil und Kind verschiedene Rhythmen und widerstreitende Erwartungen haben und eine für beide akzeptable Lösung gefunden werden soll.

Zusammenpassen heißt nicht Gleichheit, sondern bedeutet, daß Eltern und Kind gut harmonieren. «Gutes Zusammenspiel» ist dann der Fall, wenn das Kind die Erwartungen und Anforderungen der Eltern an seine Motivationen, seine Fähigkeiten und seinen Verhaltensstil erfüllen kann. [3, 7, 8, 9] Schlechtes Zusammenspiel ist gegeben, wenn die elterlichen Erwartungen und die Fähigkeit des Kindes, sie zu erfüllen, nicht miteinander in Einklang stehen.

Die Qualität des Zusammenspiels läßt sich an den vielen kleinen Transaktionen, die in jedem Moment zwischen Eltern und Kleinkind ablaufen, beobachten. Am Ende des Tages könnte ein systematisch vorgehender Beobachter ein Ergebnis vorlegen. Zum Beispiel: «Gutes Zusammenspiel: 50 Prozent aller Interaktionen; mittelmäßiges Zusammenspiel: 30 Prozent; schlechtes Zusammenspiel: 20 Prozent.» Eine derartige Beurteilung würde vermutlich einen Tagesablauf widerspiegeln, in dem es Eltern und Kind gelingt, sich für einen großen Teil der Zeit recht gut auf die gegenseitigen Bedürfnisse und Wünsche einzustellen. Wir können uns einige der Vorgänge vorstellen, die zu diesem Endergebnis geführt haben:

Um 5 Uhr morgens, wenn die Eltern noch dringend ihren Schlaf brauchen, verlangt Andy Frühstück. Die Mutter stöhnt und vergräbt sich unter der Decke. Der Vater nimmt seine ganze Überzeugungskraft zusammen und sagt, es sei noch Schlafenszeit. Andy (sowohl vom Temperament her als auch aus sich eben bildenden

Gewohnheiten heraus hartnäckig) besteht darauf, daß er Hunger habe. Der Vater erinnert sich, daß das Kind am vorhergehenden Abend vor dem Abendessen eingeschlafen ist; seiner Schätzung nach hat es seit etwa 12 Stunden nichts gegessen. Überzeugt, daß Andy vielleicht tatsächlich Hunger hat, steht der Vater auf, macht ein Fläschchen fertig und sagt dem Kind bestimmt, daß es die Flasche im Bett trinken und Mama und Papa weiterschlafen lassen muß. Andy fügt sich unwillig. Er ruft noch ein paarmal aus seinem Bettchen, gibt aber auf, als der Vater antwortet, er müsse jetzt schlafen. Bald schlafen Vater und Sohn fest. (Ergebnis: Gutes Zusammenspiel zwischen den wechselseitigen Erwartungen und Fähigkeiten von Vater und Kind.)

Es ist 7.30 Uhr, und Eltern und Kind sind aufgestanden. Mutter muß mit Andy um 9.00 Uhr zu einer Routineuntersuchung beim Kinderarzt. Sie entdeckt, daß der Kleine sich bis unter die Arme vollgemacht hat und daß da nur ein Bad hilft. Da sie in Eile ist, denkt sie nicht daran, daß ihr Kind gewöhnt ist, vormittags lange und in aller Ruhe mit ihr zu spielen. Sie badet Andy, was er (da er im Grunde ein anpassungsfähiges Kind mit meistens guter Laune ist) mit Vergnügen akzeptiert. Aber er protestiert heftig, als seine Mutter versucht, das Bad kurz und sachlich abzuhandeln. Er ist ein aktives Kind, das gut ausgeruht ist und natürlicherweise spritzen, mit seinem Entchen spielen und in der Wanne herumrollen möchte. Die Mutter sagt ungeduldig, heute sei keine Zeit zum Spielen, und hebt ihn schnell aus der Wanne heraus. Er schreit. Die Mutter merkt, daß sie ihn überfordert, drückt ihn und nimmt einen Zipfel des Badetuches, in das er eingehüllt ist, um mit ihm «Wo ist das Kind?» zu spielen. Mehr braucht Andy nicht, um wieder kooperativ gestimmt zu sein. Dankbar für seine Flexibilität, beginnt die Mutter, ihm Schritt für Schritt zu erzählen, was sie den Tag über alles tun werden, und lenkt ihn damit ab, während sie ihn schnell anzieht. Andy gefällt der Gedanke an eine Autofahrt, die seine Mutter besonders hervorhebt, weil sie weiß, daß er dafür empfänglich sein wird. Ohne weitere Unstimmigkeiten wird das Anziehen und Fertigmachen beendet. (Ergebnis: Gutes Zusammenspiel. Beide, Mutter und Kind, sind in der Lage, einen Konflikt aufgrund von verschiedenen Erwartungen und Plänen zu erleben und einen Weg aus diesem Konflikt heraus zu finden, der sie beide befriedigt.)

Es ist 8.40. Auf dem Weg zum Kinderarzt freut die Mutter sich, daß sie heute morgen alles pünktlich geschafft hat, aber sie macht sich auch Sorgen wegen der bevorstehenden Untersuchung. Sie weiß, daß ihr Sohn ein ausgezeichnetes Gedächtnis hat und daß er sich an die Untersuchung und an die Spritzen, die er beim letzten Besuch bekam, erinnern wird, sobald sie das Ärztehaus betreten. Beim letzten Besuch hat Andy geweint und den Arzt lange abgewehrt. Die Mutter enschließt sich, nichts davon zu sagen, daß sie zum Arzt fahren, um die gute Laune des Kindes nicht vorzeitig zu verderben. Sie parken auf der Rückseite des Gebäudes, und schon wird ihre Vorahnung bestätigt. Andy schreit: «Nicht Doktor! Nicht Spritze!» und weigert sich, aus seinem Kindersitz herauszukommen. Die Mutter schämt sich. Sie ist ziemlich schüchtern und haßt öffentliche Szenen, die sie zum Mittelpunkt der Aufmerksamkeit machen. Sie ist sich jetzt nur allzu bewußt, daß sie angestarrt werden, während sie erfolglos versucht, ihrem Kind gut zuzureden. Sie entscheidet, daß das Kind zu erregt ist, um den Arzttermin wahrzunehmen, und beschließt, ihn abzusagen. Das sagt sie Andy, und er beruhigt sich sofort. Die Mutter fährt zu einer Telefonzelle und ruft von dort aus in der Praxis an, um sich einen neuen Termin geben zu lassen. (Ergebnis: Schlechtes Zusammenspiel. In ihrer Verlegenheit über das Geschrei des Kindes hielt die Mutter ihre eigenen Schwierigkeiten, in aller Öffentlichkeit eine Szene durchzustehen, fälschlicherweise für Andys Unfähigkeit, mit dem Besuch beim Kinderarzt fertig zu werden. Gelegentlicher Stress muß an sich nicht schädlich für Kinder sein. Sie sind in der Lage, starke Emotionen zu erfahren und zu ertragen, vorausgesetzt, daß sie Zugang zu einem Erwachsenen haben, dem sie vertrauen und der ihnen beisteht, und vorausgesetzt auch, daß die Situation nach den Maßstäben ihrer Kultur ihrem Entwicklungsstand angemessen ist. Kinder fürsorglich von Situationen fernzuhalten, die sie durchmachen müssen, untergräbt ihr Vertrauen in ihre eigene Fähigkeit, Angst zu überwinden.)

Es ist 18.30, Zeit zum Abendessen. Der Vater, dem sehr viel an guter Ernährung liegt, häuft dem Kind Hühnchen, Kartoffelbrei und Gemüse auf den Teller. Nachdem Andy sich satt gegessen hat, fängt er an, mit dem Kartoffelbrei herumzuexperimentieren, während die Eltern zu Ende essen. Er knetet den Brei mit den Fingern, und schließlich beginnt er, von dem Mangel an Aufmerksamkeit gelangweilt, ihn abwechselnd in sein Haar zu schmieren und auf den Fußboden zu werfen. Der Vater sagt, er solle das lassen, und säubert Andy mit einer Serviette, aber er möchte, daß das Kind im Hochstuhl sitzenbleibt, bis die Eltern mit dem Essen fertig sind. Andy wird immer unruhiger. Mutter und Vater erlauben ihm, vom Hochstuhl herunterzukommen und neben dem Tisch auf dem Fußboden zu spielen. (Ergebnis: mittelmäßiges Zusammenspiel. Es ist schwer für ein Kleinkind, ordentlich am Tisch Gesellschaft zu leisten, wenn es keinen Hunger mehr hat. Nach einem Anfall von etwas unrealistischen Erwartungen merken die Eltern das und verändern ihre Forderungen in Richtung auf ein dem Alter besser angemessenes Verhalten.)

Es ist 20.10, und die Schlafenszeit naht. Vater und Kind spielen Verstecken. Der Vater kündigt an, daß es nach noch zweimal Suchen Zeit ist, ins Bett zu gehen. Andy protestiert, aber der Vater beruhigt ihn, daß er ihn noch zweimal suchen wird. Als die Zeit um ist, sagt der Vater dem kleinen Jungen, daß es jetzt Zeit sei, den Schlafanzug anzuziehen und sich die Zähne zu putzen. Während das Kind sich dieser Routine fügt, fragt es, ob sie gleich weiterspielen würden. Der Vater sagt: «Morgen spielen wir weiter.» Das Kind ist durch dieses Versprechen beruhigt, und die Rituale beim Schlafengehen – Vorlesen und bei ausgeknipstem Licht ein Lied singen – werden ohne Zwischenfälle vollzogen. (Ergebnis: Gutes Zusammenspiel. Der Vater gibt dem Kind Zeit, sich auf den Übergang vom Spiel zum Schlafengehen einzustellen, und ist angemessen bestimmt, aber mitfühlend, als das Kind seine verständliche Abneigung dagegen, das Spiel aufzugeben, zum Ausdruck bringt.)

Diese Beispiele wurden ausgewählt, um zu unterstreichen, daß gutes Zusammenspiel nicht heißen muß, daß keine Konflikte auftauchen, sondern daß es die Fähigkeit beinhaltet, so mit ihnen umzugehen, daß sie emotional bewältigt werden können. Das ist möglich, wenn die Eltern die Fähigkeiten des Kindes in einer bestimmten Situation genau wahrnehmen können und wenn das Kind für angemessene elterliche Wünsche und Forderungen empfänglich ist.

Chronische Konflikte zwischen Eltern und Kind

Es gibt Zeiten, in denen die Konflikte zwischen einem Elternteil und dem Kind den wichtigsten Teil ihrer Beziehung ausmachen und nicht bloß Ausdruck des normalen Auf und Ab im täglichen Leben sind. In diesen Fällen fühlen Mutter oder Vater sich im Umgang mit dem Kind chronisch frustriert und gereizt. Augenblicke von spontaner, gemeinsamer Freude sind selten und kurz. Zwischen dem, was das Kind ist, und dem, wie der Vater oder die Mutter es gern hätten, scheint ein fundamentaler Gegensatz zu bestehen.

Das Temperament des Kindes kann in dieser Situation eine wichtige Rolle spielen. Vielleicht ist es tatsächlich ein schwieriges Kind, das unvorhersehbaren Stimmungsschwankungen ausgeliefert ist, auf schwache Frustrationen heftig reagiert und dessen Signale schwer zu verstehen sind. In den meisten Fällen ist es jedoch nicht nur das Temperament des Kindes, sondern auch die Art, wie die Eltern es wahrnehmen und darauf reagieren, was zu einem schlechten Zusammenspiel zwischen Eltern und Kind führt. Zum Beispiel empfindet eine Mutter oder ein Vater ein weinendes Kind vielleicht als manipulierend und gibt ihm eine Ohrfeige, «damit es weiß, warum es weint.» Andere Eltern interpretieren das Weinen vielleicht als Zeichen für Kummer und versuchen, die Gründe dafür zu finden.

Eine Untersuchung von Susan Crockenberg veranschaulicht diesen Punkt.[13] Crockenberg stellte fest, daß sehr launische, reizbare Neugeborene mit 12 Monaten dazu neigten, eine angstbesetzte Beziehung zu ihrer Mutter zu haben, aber nur, wenn die Mutter ihr Weinen ständig ignorierte und selbst wenig sozialen Beistand hatte. Mit anderen Worten: Wenn die Mütter sich im täglichen Leben unterstützt fühlen und auf die Rufe des Kindes reagieren, können selbst reizbare Babys in ihrer Beziehung zur Bindungsfigur ein Gefühl der Sicherheit entwickeln.

Warum reagieren manche Eltern angemessen, während andere sich in Konflikte mit ihren Kleinkindern verstricken? Die Antwort ist vielschichtig, da viele individuelle Abweichungen berücksichtigt werden müssen. Wie Tolstoi beobachtete, gleichen alle glücklichen Familien einander; jede unglückliche Familie aber ist unglücklich auf ihre eigene Art. Eine umfassende Antwort muß die biologischen, psychischen und sozialen Ebenen des Familienlebens berücksichtigen. Im folgenden werden diese Ebenen skizziert.

1. *Das Temperament der Eltern harmoniert nicht mit dem Temperament des Kindes.* Mutter oder Vater können zum Beispiel aktiv, extrovertiert, gesellig und heftig sein; das Kind kann langsam, introvertiert und schüchtern sein. Wenn die Eltern sich an diesen Unterschieden nicht freuen können, passen Eltern und Kind möglicherweise nicht zusammen: Was der Mutter Spaß macht, kann ihr Kleinkind schmerzhaft überreizen. Umgekehrt sind Tätigkeiten, die das Kind begeistern, für die Mutter vielleicht gräßlich langweilig.

Mrs. Barker ist eine kontaktfreudige, energiegeladene, athletische Frau, die stolz darauf ist, daß sie bei der Arbeit und in der Freizeit gleichermaßen aktiv ist. Sie spricht laut, lacht schallend und bewegt sich schnell. Ihre Tochter Ashley ist das Gegenteil der Mutter: zurückhaltend, besonnen und leicht zu ängstigen. Mrs. Barker wird bei dem Versuch, ihr Verhalten dem langsameren Rhythmus ihrer Tochter anzupassen, ungeduldig. Ashley andererseits scheint in Gegenwart ihrer Mutter zu zittern, als würde sie durch die Mutter überreizt.

Umgekehrt kann auch das Kleinkind aktiv, gesellig und wild sein, während Vater oder Mutter ruhig und schüchtern sind. In solch einem Fall sucht das Kind ständig nach mehr Stimulation, und der Elternteil fühlt sich als Folge der kindlichen Ansprüche immer am Rand der Erschöpfung.

Mr. Preston ist ein Bücherwurm, der am liebsten den ganzen Tag zu Hause bleiben und lesen würde. Sein Sohn Kevin läßt sich im Gegensatz dazu am besten als «kleiner Teufel» beschreiben: Er ist abenteuerlustig und nicht zu bremsen. Kevin versucht, seinen Vater dazu zu verführen, mit ihm Ball zu spielen, auf dem Klettergerüst des Spielplatzes herumzuklettern oder ihm nachzulaufen. Mr. Preston seinerseits versucht, Kevin dazu zu bringen, ruhig mit ihm zu lesen. Die beiden scheinen sich nie einig zu sein, weil sie sich nicht auf die jeweiligen Aktivitäten einlassen können.

Diese Beispiele zeigen, welches Unbehagen entstehen kann, wenn Eltern und Kinder schlecht zusammenpassen. Andererseits brauchen Eltern aber nicht das gleiche Temperament zu haben wie ihre Kinder, damit die Beziehung gut funktioniert.

Der Aufbau einer Partnerschaft schließt oft Kompromisse ein. Mrs. Barker fand den heißersehnten Bereich, in dem sie mit Ashley harmonierte, als sie entdeckte, daß sie beide Wasser liebten und zusammen schwimmen gehen konnten. Diese Gemeinsamkeit sorgte dafür, daß Mrs. Barker bereitwilliger ihr Tempo drosselte, wenn ihre Tochter das brauchte. Mr. Preston und Kevin fanden eine andere Lösung. Sie «tauschten» Zeiten des Beisammenseins, indem sie ausmachten, zum Spielplatz zu gehen, nachdem sie zusammen ein Buch gelesen hatten, oder umgekehrt. Mit anderen Worten, beide waren bereit, etwas dafür zu tun, daß sie Zeit gemeinsam verbringen konnten.

In einer neuen Untersuchung zeigte sich, daß sehr aktive Kleinkinder geschickter spielten, wenn ihre Mütter nicht viel eingriffen. Umgekehrt konnten weniger aktive Kleinkinder besser spielen, wenn ihre Mütter ihnen viele Anregungen gaben.[14] Diese Ergebnisse legen nahe, daß aktive Kinder ihre Autonomie brauchen und sich durch einen ebenso aktiven Elternteil eingeengt fühlen, wenn sie allein spielen möchten. Weniger aktive Kinder können sich durch die elterliche Hilfe unterstützt fühlen. Das Zusammenspiel zwischen Eltern und Kind zum jeweiligen Zeitpunkt wirkt sich auf die Leistungen aus, die das Kind allein vollbringen kann.

2. *Die Selbstakzeptanz der Eltern.* Manche Eltern fühlen sich wohl damit, wer sie sind und was sie geworden sind. Andere fühlen sich innerlich gespalten, haben Schuldgefühle wegen ihrer Schwächen und sind unzufrieden mit dem, was sie erreicht haben.

Es ist schwer, als Vater oder Mutter das Kind anzunehmen und zufrieden zu sein, wenn man sich über sich selbst ärgert. Wir projizieren oft unsere tiefsten Sehnsüchte und heimlichsten Ängste auf unsere Kinder, und wenn das geschieht, neigen wir dazu, in ihnen das zu sehen, was wir in uns selbst unterdrücken. Das kleine Kind kann für die Eltern ein Spiegel der Eigenschaften werden, für die sie sich am meisten schämen, eine Widerspiegelung ihrer Hoffnungslosigkeit und ihrer Frustrationen. Ermutigend ist andererseits, daß das Kind den Eltern auch neue Hoffnung geben und sie dazu anregen kann, nach einem erfüllteren Leben zu streben.

Die symbolische Rolle, die das Kind im Leben von Vater oder Mutter hat, kann sich auf die gesamte Beziehung auswirken, da die objektiven Eigenschaften des Kindes zu Tugenden oder Fehlern werden können, je nachdem, wie die Eltern sie wahrnehmen. Das Durchsetzungsvermögen eines Kindes kann zum Beispiel von einem Elternteil, dem dieser Charakterzug unangenehm ist, als Aggression aufgefaßt werden, während ein anderer Elternteil an der Fähigkeit des Kindes, seine Belange selbst zu vertreten, großes Vergnügen hat.

Mr. and Mrs. DeCarlo haben einen Sohn, Anthony, der seine Vorlieben und Abneigungen sehr deutlich zum Ausdruck bringt. Anthony gibt nicht nach, wenn er etwas möchte, und protestiert laut, wenn er seinen Willen nicht bekommt. Mr. DeCarlo, der sich selbst für stur hält und Probleme hat, anderen nachzugeben, meint, daß Anthonys «Eigensinn» gebremst werden sollte. Seine Frau, sie sich von ihrem Mann überfahren fühlt, ist von der Durchsetzungskraft ihres Sohnes begeistert und meint, es sei schädlich, ihm festere Grenzen zu setzen. Beide Elternteile nehmen Anthony aus der Perspektive ihrer eigenen psychischen Bedürfnisse wahr.

Der Vater möchte dem Kind Probleme ersparen, aber er will auch, daß es sich den väterlichen Wünschen gemäß verhält. Die Mutter genießt Anthonys Unverblümtheit, weil diese sie für ihr Gefühl, daß ihr Mann immer das letzte Wort hat, entschädigt.

3. *Die Art, wie die Eltern das Kind subjektiv erleben.* Jedes Kind prägt die Psyche der Eltern auf seine eigene, einzigartige Weise. Sie können sich durch die Existenz des Kindes unwillkürlich begeistert, gereizt, bedroht, erzürnt oder in Konflikte gestürzt fühlen. Das kann viele Ursachen haben (zum Beispiel die Umstände bei der Empfängnis des Kindes, wem das Kind ähnlich ist, die Stellung des Kindes in der Geschwisterreihe, das Temperament und die sich bildende Persönlichkeit des Kindes oder das Selbstgefühl der Eltern). Letztendlich jedoch haben die unwillkürlichen Reaktionen der Eltern viel damit zu tun, wie sie sich selbst in ihrem Kind wiedererkennen.

Eltern glauben manchmal, sie seien in der Lage, das eigentliche Wesen ihres Kindes zu erkennen. Wie sie dieses Wesen wahrnehmen, kann für die Ausprägung der zukünftigen Persönlichkeit des Kindes schicksalhaft werden.

Eine Mutter, die vom Familiengericht zur Behandlung geschickt wurde, war überzeugt, daß ihr 14 Monate alter Sohn als Jugendlicher kriminell werden würde. Diese Mutter empfand ihren Mann als dominant und unsensibel. Als Kind war sie von ihrem Vater körperlich mißhandelt worden, und sie fürchtete, daß auch ihr Mann sie irgendwann mißhandeln würde. Ihr kleiner Sohn war in die schweren Erfahrungen der Mutter verstrickt. Er war eigentlich ein aktives Kind mit sonnigem Gemüt, doch er war zum Träger der Wut der Mutter auf ihren Mann und auf ihr Leben allgemein geworden, und die Mutter deutete seine leisesten Proteste oder Ausdrücke des Mißvergnügens als Vorzeichen für seine Zukunft als «Taugenichts».

Zu den anderen Kindern, drei Töchtern, hatte die Mutter relativ konfliktfreie Beziehungen. Sie konnte sich nicht vorstellen, daß ihre Wahrnehmung des Sohnes eine Projektion der eigenen Wut auf ihren Vater war, der sie mißhandelt hatte, und auf ihren dominanten Ehemann. Statt dessen glaubte sie, ihre Gefühle dem Kind gegenüber zeigten, daß sie es besser kannte als jeder andere. Ihr Verhalten war durch diese Überzeugung geprägt. Sie sprach offen mit ihm über seinen ungehorsamen Charakter und behandelte ihn mit einer Mischung aus strafendem Verhalten und Ablehnung. Erst als sie Kontakt zu ihrem eigenen Schmerz und ihrer Wut über die Mißhandlungen durch ihren Vater bekam, konnte sie besser erkennen, daß ihr Sohn sie brauchte. Allmählich nahm sie seine Proteste und Zeichen des Mißvergnügens als normale Reaktionen eines Kleinkindes wahr, das feste, aber liebevolle Richtlinien braucht, und nicht mehr als Anzeichen dafür, daß hier ein Krimineller heranwuchs.

Dieses Beispiel stellt eine Verzerrung der normalen elterlichen Erfahrung dar, daß man dem kleinen Kind eine Vielzahl von Tugenden und Schwächen zuschreibt. Diese Zuschreibungen sagen oft mehr über die elterlichen Wünsche, Befürchtungen und Erwartungen aus als über das wahre Wesen des Kindes. Solche Zuschreibungen können flexibel oder starr und mehr oder weniger von den tatsächlichen Eigenschaften des Kindes beeinflußt sein. Meistens sind die Zuschreibungen positiv und wohlwollend und im großen und ganzen auf die sich bildende Individualität des Kindes abgestimmt («Die wird einmal ein richtiger Wildfang, siehst du, wie ihre Augen blitzen?»; «Der wird bestimmt mal viel Erfolg bei Frauen haben.») In diesen Fällen entwickelt sich die Eltern-Kind-Beziehung auf einer Basis von gegenseitigem Vertrauen und hoffnungsvollen Erwartungen. Wenn die Zuschreibungen negativ oder boshaft sind und trotz offenkundig widersprechender Realität nicht aufgegeben werden können, steuern Eltern und Kind auf eine Beziehung voller Konflikte und Mißtrauen zu.

4. *Die Qualität der Unterstützung, die die Eltern erfahren.* Es ist schwer, eine gute Beziehung zu einem Kind aufzubauen und aufrechtzuerhalten, wenn man überanstrengt und isoliert ist. In solchen Fällen bekommen Eltern wenig Unterstützung, die

ihnen helfen würde, sich sicher zu fühlen. Manchmal sind sie so damit beschäftigt, mit schwierigen Umständen fertig zu werden, daß für das Kind wenig Zeit und Energie übrigbleiben.

Unter Unterstützung stellen wir uns normalerweise menschliche Hilfe vor – Ehegatten, Eltern, Geschwister, Freunde. Das ist verständlich, weil menschliche Beziehungen für das Wohlbefinden wesentlich sind. Unterstützung besteht jedoch auch in Netzwerken der Gesellschaft, die Versorgung und Dienstleistungen sicherstellen: angemessenen Wohnraum, ausreichende Nahrung, leistungsfähige öffentliche Verkehrsmittel, sichere Straßen, gute Schulen, gut erreichbare medizinische Versorgung.

Wenn diese Dienste leicht verfügbar sind, sind sie «psychologisch ruhig»: Wir bemerken gar nicht, welchen enormen Beitrag sie zu unserem persönlichen Wohlbefinden leisten, zu unserer Fähigkeit, harmonische Beziehungen zu unseren Mitmenschen zu haben, und zu unserem Vermögen, unsere Aufgabe als Eltern angemessen zu erfüllen. Erst wenn eines oder mehrere dieser unterstützenden Systeme fehlen, lernen wir ihre Bedeutung schätzen, da ihr Fehlen in der Familie Stress verursacht.

Was hat das nun mit Temperament zu tun? Wie die Beispiele unten zeigen, kann die Reaktionsfähigkeit der Eltern auf die individuellen Bedürfnisse des Kindes hart auf die Probe gestellt werden, wenn sie darum kämpfen müssen, für sich und ihr Kind die Erfüllung von Grundbedürfnissen und elementaren Dienstleistungen sicherzustellen.

Mrs. Fisher muß ganztags arbeiten und kann sich für ihr Kind nur eine mittelmäßige Kindertagesstätte mit zuwenig Personal für zu viele Kinder und hoher Fluktuation der Betreuerinnen leisten. Dieser Umstand macht es unmöglich, den ungewöhnlich starken, im Temperament begründeten Bedürfnissen ihres Kindes nach Berechenbarkeit und Regelmäßigkeit im Tagesablauf Rechnung zu tragen. Als Folge davon neigt der zweijährige Dave, seit er in die Kindertagesstätte geht, zu schweren und langen Wutanfällen. Er ist ständig ängstlich, lutscht am Daumen und läuft seiner Mutter im Haus überall nach.

Mr. Morgan wurde arbeitslos, als die High-Tech-Firma, für die er arbeitete, Bankrott machte. Seine Arbeitslosenunterstützung ist ausgelaufen, und die Familie hat keine Krankenversicherung. Er und seine Frau machen sich Sorgen und blicken voller Angst in die Zukunft. Mrs. Morgan, die ihre Lehrerstelle aufgab, um ihre Tochter großzuziehen, versucht ohne Erfolg, eine andere Arbeit zu finden. Die Eltern sind so von dem täglichen Bemühen zurechtzukommen in Anspruch genommen, daß sie wenig Zeit und Geduld für ihre 30 Monate alte Tochter Annie haben. Annie war schon immer ein sensibles, ängstliches Kind und hat jetzt angefangen, das Essen zu verweigern, um Lebensmittel zu sparen. Sie hat auch begonnen, an den Nägeln zu kauen, und hat Rückschritte beim Sauberwerden gemacht. Ständig fragt sie ihre Mutter: «Geht's dir gut?»

Mrs. Compton und ihre Familie leben in einem verfallenden Viertel in der Innenstadt. Die sanitären Anlagen in ihrer kleinen Wohnung sind mangelhaft, und häufig werden sie von Kakerlaken und Mäusen heimgesucht. Der Verwalter des Gebäudes verspricht seit sechs Monaten Reparaturen, aber bis jetzt ist nichts geschehen. «Das ist in allen Wohnungen das gleiche», sagt er. Da die Familie sich Sorgen wegen Verbrechen macht, hat sie Angst, abends auszugehen. Die Eltern würden gern in eine bessere Wohngegend umziehen, können sich das aber nicht leisten. Als Folge ihrer zerrütteten Nerven und ihrer Hoffnungslosigkeit streiten sie sich häufig. Diese Situation wirkt sich auf den kleinen Ricky aus, ein heftiges Kind, das selbst auf kleinere Reize intensiv reagiert und für den eine ruhige, berechenbare Umgebung optimal wäre. Mit seinen 30 Monaten hat Ricky häufig Alpträume und weint leicht bei kleineren Frustrationen. Seine Aufmerksamkeitsdauer ist sehr kurz, und trotz hoher Intelligenz hat er bei Versuchen, dem Alter angemessene Aufgaben zu lösen, kein Durchhaltevermögen. Oft wirkt er besorgt und abgelenkt.

In obigen Situationen hat die Belastung der Eltern, des Kindes und der Eltern-Kind-Beziehung ihren Ursprung in dem gesellschaftlichen Versagen, ein angemessenes Sicherheitsnetz für Familien in Not zu schaffen. Zwar leiden alle Kinder, wenn sie unzulänglichen Bedingungen ausgesetzt sind, manche Kinder sind jedoch von ihrem Temperament her widerstandsfähiger und zahlen für deren Bewältigung einen geringeren emotionalen Preis, während andere Kinder empfindlicher sind.

Die obigen Beispiele veranschaulichen die konzentrischen Kreise, die das Wohlbefinden eines Kindes beeinflussen. Temperament und Persönlichkeit des Kindes entfalten sich innerhalb eines Familienzusammenhangs, der wiederum in einem größeren sozialen und politischen Zusammenhang steht. Jeder dieser Zusammenhänge ist auf seine Weise komplex, aber kein Individuum – ganz gleich, wie stark, begabt oder bemittelt es ist – existiert für sich. Wir alle werden auf unzählige, oft unsichtbare Weisen unterstützt oder behindert, je nachdem, wie die Neigungen unseres Temperaments von den Zuständen, in denen wir leben, gefördert oder untergraben werden.

In den nächsten beiden Kapiteln geht es vor allem um zwei Temperamentsstile, die bei Kleinkindern recht häufig sind: forsche Aktivität und Schüchternheit. Die Kapitel werden die spezifischen Verhaltensmuster beschreiben, durch die diese Stile charakterisiert sind, und die Freuden und speziellen Schwierigkeiten, die sie mit sich bringen können.

Temperamentsunterschiede sind zwar etwas sehr Reales, aber daneben wieder sind die meisten Kleinkinder manchmal schüchtern und bei anderen Gelegenheiten wieder kühn und abenteuerlustig. Deswegen werden Eltern wahrscheinlich in beiden Kapiteln vertraute Züge ihres Kindes wiederfinden, selbst wenn sie ihre Kleinkinder sonst nicht für besonders aktiv oder besonders schüchtern halten.

Fünftes Kapitel

Das aktive Kleinkind: Losstürmen

Kleinkinder sind von Natur aus unermüdliche Forscher. Worauf sich der Forscherdrang im besonderen richtet, ist von Kind zu Kind verschieden und ändert sich mit der Entwicklungsstufe. Manche Kinder gleichen kleinen Wissenschaftlern, die in mühsamer Kleinarbeit unbedingt jeden Gegenstand, den sie in die Finger bekommen können, auseinandernehmen müssen, um zu sehen, wie er gemacht ist. Andere experimentieren mit Sprache: Sie vermischen und verbinden, erfinden Wörter und schaffen Meisterwerke linguistischer Konstruktion. Wiederum andere konstruieren kunstvolle Bauwerke, die sowohl der Vorstellungs- als auch der Schwerkraft zu trotzen scheinen. Manche tun all das und noch mehr, während andere sich in verschiedenen Entwicklungsstadien auch auf verschiedene Aktivitäten konzentrieren.

Unter diesen Forschern gibt es auch Kleinkinder, die von der eigenen Bewegung und der Verfolgung eines weit entfernten Ziels fasziniert sind. Sie rasen durch die Welt, die Augen auf das geheftet, was sich gerade außerhalb ihrer Reichweite befindet, ohne groß darauf zu achten, was ihnen im Weg steht. Hindernisse, Stöße oder Stürze scheinen sie dabei nicht zu erschüttern.

Erkundung von einer sicheren Basis aus

In dem Zusammenspiel zwischen Erkundungs- und Bindungsverhalten, durch welches das Sicherheitsverhalten definiert ist, zeigen sehr aktive, furchtlose Kleinkinder eine deutliche Vorliebe für das Erkunden. Eltern lernen die kurzen Momente zu schätzen, wenn ihr Kind so müde ist, daß es sich eine Weile ankuscheln muß. Das heißt nicht, daß diese kleinen Abenteurer keine Liebe empfinden oder nicht den Wunsch nach Nähe haben. Es ist einfach so, daß, zumindest vorläufig, Aktivitäten und Neues eine unwiderstehliche Anziehungskraft ausüben. Für diese Kleinkinder bestehen sichere Beziehungen aus der Bereitschaft, in einiger Entfernung von Vater oder Mutter Risiken einzugehen. Es ist, als würde die Liebe der Eltern zum Kind der Liebe des Kindes zur Welt Nahrung geben.

Das ist keine Spinnerei: Kleinkinder, die in sterilen Institutionen aufwachsen, zeigen wenig Interesse und haben auch keine Energie loszustürmen, weil sie keine liebevolle Basis haben, von der sie ausgehen könnten.[1] Sichere, aktiv erforschende Kleinkinder können es riskieren, Mutters oder Vaters Seite zu verlassen, da sie darauf vertrauen, daß die Eltern weiter zur Verfügung stehen. Sie haben nicht das Bedürfnis, in der Nähe zu bleiben, um beschützt zu werden, sondern laufen in der festen Erwartung los, daß Mutter oder Vater da sind, wenn die Sehnsucht nach ihnen auftauchen sollte.

Bewegung und Sprache bei aktiven Kleinkindern

Aktive Kinder sind als Babys nicht immer besonders aktiv, aber sie laufen oft früh, nach einer nur relativ kurzen Krabbelphase. Sie machen ihre ersten Schritte vielleicht schon mit 8 bis 10 Monaten (statt mit den üblicheren 11 bis 13 Monaten), und allein laufen können sie etwa einen Monat später.

Manche Kinder fangen schon Monate, bevor sie ihre ersten Worte sagen, an zu laufen. Die meisten Kleinkinder gebrauchen ihre ersten Worte mit etwa 12 Monaten, aber der Zeitpunkt dieser Leistung ist individuell sehr verschieden. Kleinkinder unterscheiden sich auch in der Geschwindigkeit, mit der sie neue Wörter lernen und mit der sie von Einwortsätzen zu Zwei- und Dreiwortsätzen übergehen.

Außerdem bestehen große Abweichungen in der Bedeutung, die Sprache für die einzelnen Kinder hat, und in dem Vergnügen, das ihr Gebrauch ihnen bereitet. Manche Zweijährigen sind sehr auf Sprache eingestellt; andere nicht. Kleinkinder, die bei Aktivitäten und Experimenten mit Bewegungen aufblühen, interessieren sich häufig erst für Sprechen oder Zuhören, wenn sie älter werden und ihre motorischen Fähigkeiten besser in ihr Gesamtgefühl von sich selbst integriert haben. Bis das geschieht, schenken sie dem «Nein» und «Halt» der Erwachsenen wenig Beachtung. Daher ist Sprache bei dem Versuch, sie in Schranken zu halten, kein brauchbares Hilfsmittel.

Kleinkinder, die stark motiviert sind loszustürmen und sich zu bewegen, zeigen eine Kombination von mindestens drei Wesenszügen: ein hohes Aktivitätsniveau, intensive Reaktionen und kurze Aufmerksamkeitsdauer bei Aktivitäten im Sitzen. So ein Kind verbringt wahrscheinlich nicht viel Zeit damit, Bilderbücher anzusehen oder Puzzles zusammenzulegen. Andererseits kann es, wenn ihm ein Klettergerüst zur Verfügung steht, so lange üben, herauf und herunter und in alle möglichen anderen Richtungen zu klettern, bis es völlig erschöpft ist.

Besonders in der Phase vom 12. bis zum 24. Monat ist Bewegung für das Wohlgefühl des aktiven Kleinkindes so entscheidend, daß erzwungene Immobilität, enge Räume oder einfach ein zu langer Aufenthalt im Haus Reizbarkeit, Unruhe und schließlich Wutanfälle auslösen können. Das ist die Art, wie das Kind darauf hinweist, daß sein Bewegungs- und Erkundungsdrang einen Weg finden muß, sich zu entladen.

Im folgenden Abschnitt wird ein kleiner Junge namens Adam beschrieben. An ihm sollen einige typische Eigenschaften eines sich gut entwickelnden, ungewöhnlich aktiven und scheinbar furchtlosen Kleinkindes veranschaulicht werden. Außerdem wird an Beispielen gezeigt, wie seine Eltern sich umstellen mußten, um mit seinem hohen Energieniveau und seinem unermüdlichen Erkundungsdrang zurechtzukommen.

Ein unermüdlicher Entdecker: Adam

Alle Kleinkinder tragen ein gewisses Maß an kühner Initiative in sich, und so gesehen veranschaulicht Adam uns lebhaft den normalen Stand der Dinge in dieser Phase. Er verhielt sich nur häufiger, heftiger und über längere Zeitspannen hinweg auf diese Weise.

Adams erstes Lebensjahr

Adam fing mit 9 Monaten an zu laufen. Von da an schien es, als könne er nicht mehr aufhören. Seine Mutter berichtet, sie sei sich wie ein Blindenhund vorgekommen, weil sie immer ein wachsames Auge auf Adam hatte und jederzeit bereit war, ihn aus Gefahren zu retten. (Sie war Tierärztin, daher lag dieser Vergleich für sie nahe.) Im folgenden werden einige Höhepunkte aus Adams Leben zwischen dem 9. und dem 30. Monat geschildert.

10 Monate. Adam läuft allein und weigert sich, sich irgendwohin tragen zu lassen. Seine Eltern beobachten, daß anziehende, entfernte Gegenstände ihn so faszinieren, daß er Hindernisse auf seinem Weg dorthin, wie Stufen oder Möbelstücke, gar nicht bemerkt. Er stolpert über Gegenstände, fällt hin, stößt sich. Er ist oft voller blauer Flecken, trotz der vereinten Bemühungen der Familie, ihm zuvorzukommen. Das Haus wird gründlich kindersicher gemacht, mit Törchen überall. Das erweist sich als hilfreich.

Adam zu wickeln ist, den Worten seiner Mutter zufolge, «ein Alptraum». Für ihn ist eine schmutzige Windel im Vergleich zu der Entwürdigung, sich hinzulegen und beim Wickeln stillzuhalten, nur ein kleines Übel. Er tritt kräftig um sich, protestiert, weint. Seine Mutter beschließt, statt der Stoffwindeln Papierwindeln zu verwenden, um den Ärger für beide Seiten so gering wie möglich zu halten. Sie ist fortwährend erschöpft, aber es gibt ein paar Ruhepausen. Adam schläft nachts fest und hält auch tagsüber zwei Nickerchen, so daß er insgesamt etwa gesegnete 14 Stunden pro Tag schläft.

Adams Mutter hat das Gefühl, ihr kleiner Junge sei über Nacht groß geworden. Sie sehnt sich nach den zärtlichen Momenten früherer Monate zurück, als sie still zusammen geschmust haben, und ihre Arme fühlen sich manchmal schmerzhaft leer an. Andererseits kommen ihre Beine nie zur Ruhe, weil sie immer hinter Adam herläuft. Lachend sagt sie, ihre Art des Zusammenseins sei vom Rumpf zu den Füßen hinuntergewandert.

12 Monate. Adam sagt sein erstes Wort, «Katze». Diese Wortwahl ist wohl kein Zufall, sondern hängt mit Adams Faszination für Bewegung zusammen. Die Katze ist ein wichtiges Mitglied der Familie, häufig Mittelpunkt des Gesprächs, und ein behendes Geschöpf, das mühelos vom Fußboden auf den Küchentisch springt, rasch flüchtet, wenn es von Adams eifrigen Händchen verfolgt wird, und sich anmutig und nach Belieben im ganzen Haus bewegt. Vielleicht stellt die Katze Adams sich eben herausbildende Version eines «idealen Selbst» dar, denn scheinbar ist sie frei, sich überall hinzubewegen, und hat das Glück, von lästigen Realitäten wie der Schwerkraft, dem Verlust des Gleichgewichts und den elterlichen Versuchen, ihn zurückzuhalten, nicht behindert zu werden.

Kurz darauf taucht das Wort «daußen» auf. Wenn Adam im Haus bleiben soll, steht er an der Tür, schlägt dagegen und wiederholt sein Zauberwort immer wieder. Wenn er nicht mit nach «daußen» genommen wird, wird er immer aufgeregter und unglücklicher. Adams Mutter stellt fest, daß sie viel Zeit im Hof verbringt, damit beschäftigt, ihm zu folgen, während er darauf besteht, immer weiter und die Straße auf und ab zu gehen. Sie berichtet: «In der Zeit habe ich alle meine Nachbarn richtig gut kennengelernt.»

Adam vom 14. bis zum 30. Monat

14 Monate. Adam beginnt, mit dem Kopf aufzuschlagen, wenn ihm das, was er gerade tut, nicht gelingt. Wie läßt sich dieses Verhalten verstehen? Adam ist ein frühreifes Kind, und er stellt hohe Erwartungen an sich. Er möchte ganz allein auf seinen Hochstuhl klettern und allein die Haustür öffnen, um nach «daußen» zu gehen. Wenn er seinen eigenen Ansprüchen nicht gerecht werden kann, lehnt er die Hilfe von Erwachsenen ab und bestraft sich statt dessen absichtlich selbst. Er bricht seine Unternehmung ab, sucht nach einer ordentlich harten Oberfläche, zum Beispiel einer nicht mit Teppich belegten Stelle auf dem Fußboden, und schlägt laut und immer wieder mit dem Kopf darauf.

Dieses dramatische Verhalten wirkt besorgniserregend, und man bekommt Angst beim Zuschauen, aber es ist bei Kleinkindern mit heftigen emotionalen Reaktionen recht häufig. Das heißt nicht, daß Eltern es ignorieren sollten. Durch Nichtstun übermitteln sie dem Kind die Botschaft, daß Selbstbestrafung eine angemessene Reaktion auf Gefühle des Versagens und der Frustration ist.

Adams Mutter reagiert auf sein Kopfschlagen, indem sie ihn in sein Kinderbett legt und ihm erklärt, daß sie nicht zulassen kann, daß er sich selbst weh tut. Zuerst hat sie ein schlechtes Gewissen und fürchtet, daß sie Adam, wenn sie ihn in sein Bett legt, dafür bestraft, daß er sich selbst bestraft. Adam reagiert jedoch gut auf diesen Schachzug. Er schlägt sanft mit dem Kopf auf die Matratze, als würde er die Entladung von motorischer Spannung in einer geschützten Umgebung üben. Seine Mutter bleibt in der Nähe, manchmal spricht sie tröstend mit ihm, manchmal läßt sie ihn für sich sein. Adam beruhigt sich schließlich. Diese positive Reaktion überzeugt seine Mutter, daß sie instinktiv die richtige Methode gefunden hat, um ihr Kind zu besänftigen.

Das Bettchen dient als beruhigender Behälter für Adams ungestüme Gefühle. Bemerkenswert ist, daß dieses sehr athletische Kind erst mit 30 Monaten anfängt, aus seinem Bettchen herauszuklettern, obwohl es das von seiner körperlichen Leistungsfähigkeit her schon viel früher gekonnt hätte. Offensichtlich liebt es sein Bett und betrachtet es als sicheren Ort.

Manche Kinder reagieren bei einem Wutanfall am besten, wenn man sie hält und mit ihnen schmust. Adams Mutter stellte fest, daß das bei ihm nicht gut funktionierte. Wenn Adam erregt war, wehrte er sich, wenn man ihn halten wollte, indem er den Rücken krümmte, sich wand und die Mutter fortstieß. Zu solchen Zeiten erlebte er das Gehaltenwerden nicht als liebevolle Geste, sondern als körperliche Einschränkung, die ihm äußerst unangenehm war.

Das ist in diesem Alter eine häufige Reaktion, wenn das Kleinkind einen Konflikt erlebt. Es möchte gleichzeitig von den Eltern getröstet werden und seine Selbständigkeit beweisen. Dieser Konflikt kann zum Ausdruck kommen, indem es sich gegen Mutter oder Vater wendet und sie schlägt oder sie wegstößt. Die Eltern dienen hier als Empfänger für den inneren Konflikt des Kindes.

Es ist besser, Kleinkinder nicht allein zu lassen, wenn sie Wutanfälle haben. Sie brauchen ihre Eltern als sichere Basis, die sie nicht im Stich läßt, wenn sie sich allein und zornig fühlen und Angst vor der Heftigkeit ihrer Gefühle haben. Wenn die Eltern ruhig statt mit Wut oder emotionalem Rückzug reagieren können, wird sich die Ambivalenz des Kindes im Laufe der Entwicklung von selbst auflösen, wenn es nämlich lernt, besser mit Nähe und deren Gegenteil, Getrenntsein und Selbständigkeit, umzugehen.

15 Monate. Adam lernt, einen Ball zu schießen, und sein liebstes Spielzeug wird ein Strandball. Seine Eltern stellen ein Basketballnetz in seiner Höhe in die Küche, und es macht ihm großen Spaß, den Ball immer wieder durch das Netz fallen zu lassen. Er guckt mit Vergnügen Sport im Fernsehen, obwohl beide Eltern daran keinen Gefallen finden. Wenn sie umschalten wollen, weint er und sagt: «Fuball, Fuball.»

16 Monate. Adam und seine Mutter unternehmen einen fünfstündigen Flug, um seine Großeltern zu besuchen. Es geht ihm schlecht, außer wenn er im Gang hin und her geht. Er klettert auf die wenigen leeren Sitze und versucht, durch das Telefon der Flugbegleiterin zu sprechen. Adams Mutter tut ihr Bestes, um ihn immer wieder einzufangen und von seinen Vorhaben abzuhalten, aber das Stirnrunzeln der Besatzung ist schwer zu ertragen. Sie murmelt vor sich hin: «Ich wette, die sind noch nie mit einem kleinen Kind zusammengewesen.»

Vor diesem Besuch hatte Adams Mutter sich darauf gefreut, eine Zeit in ihrem Elternhaus zu verbringen und sich Adams Versorgung mit zwei anderen Erwachsenen zu teilen. Bilder, wie sie allein spazierengehen oder sogar mitten am Tag ein Buch lesen würde, gingen ihr durch den Kopf. Diese Phantasien lassen sich jedoch nicht verwirklichen. Ihre Eltern sind eindeutig nicht in der Lage, mit Adams Tempo und Energieniveau mitzuhalten. So sehr sie sich auch an ihm freuen, wenn sie ihn zwei Stunden lang allein betreut haben, sind sie aus dem Gleichgewicht gebracht und erschöpft.

18 Monate. Adam fängt an, bitterlich zu weinen, wenn seine Mutter fortgeht. Sie muß ihn abschütteln, weil er sich an sie klammert. Das bleibt so, bis er 30 Monate alt ist. Der Kummer bei einer Trennung weist darauf hin, daß Adam sehr bewußt ist, welche Rolle seine Mutter für sein Geborgenheitsgefühl spielt. Er akzeptiert jedoch Vertretungen und entwickelt gute Beziehungen zu zwei Babysitterinnen, die ihn versorgen, während seine Mutter ein paar Stunden täglich arbeitet. Er begrüßt seine Mutter freudig, wenn sie wieder nach Hause kommt.

19 Monate. Adam geht zweimal in der Woche für zwei Stunden zusammen mit fünf anderen Kleinkindern in eine Spielgruppe. Seine Mutter bleibt während dieser Zeit bei ihm. Die Gruppenleiterin hat Erfahrung und ist fröhlich und energiegeladen. Alle Zeichen scheinen darauf hinzuweisen, daß es ein gutes Erlebnis für Adam und seine Mutter werden wird, aber es kommt anders.

Am ersten Tag in der Gruppe klettert Adam bis zur höchsten Sprosse des Klettergerüstes und fällt herunter, zum Glück, ohne sich zu verletzen. Die Leiterin beginnt sogleich, die oberen beiden Sprossen abzuschrauben, wobei sie bemerkt, daß kein Kleinkind bis jetzt versucht habe, über die ersten drei Stufen hinauszuklettern. Die Mutter ist dankbar für die Flexibilität der Leiterin.

Am zweiten Tag kippt Adam eine schwere hölzerne Bank um und verwendet diese als Klettergerüst. Die Gruppenleiterin entfernt die Bank aus dem Spielbereich und sagt fröhlich: «Adam weist mich auf mögliche Gefahrenquellen hin, die ich noch gar nicht bemerkt habe.»

Am dritten Tag weint Adam ununterbrochen, weil es regnet und die Kinder nicht «daußen» spielen können. Er hat keinen Kontakt zu den anderen Kindern. Er klettert auf die Möbel und denkt sich Bewegungsspiele aus, die die anderen Kinder faszinierend finden und nachzuahmen versuchen. Den größten Teil der Zeit ist er jedoch sehr unglücklich darüber, daß er dort ist.

Am vierten Tag sagt die Gruppenleiterin, nachdem sie beobachtet hat, daß Adam sich lieber allein bewegt, als mit den anderen Kindern zu spielen, zur Mutter: «Ich glaube, Adam ist noch nicht weit genug für diese Gruppe.» Seine Mutter ist niedergeschmettert. Sie denkt: «Wenn ich nur kreativer wäre und mehr Energie hätte und mir neuartige Möglichkeiten einfallen würden, um seine Energie zu lenken, dann würde er besser in die Gruppe passen.» Adams Vater bleibt gelassen. Er tröstet sie: «Er ist vollkommen in Ordnung. Ich war genauso. Und bin das eigentlich immer noch.»

20 Monate. Adam und sein Vater machen einen Ausflug und kommen strahlend zurück. Sie sind den ganzen Tag lang Bus gefahren und haben zwischen den Busfahrten aufregende Beschäftigungen gefunden. Beim Busfahren klettert Adam begeistert auf die meistens leeren Sitze und läuft hinten im Bus im Gang hin und her.

Adams Mutter wünscht sich, daß solche Ausflüge häufiger stattfinden könnten. Sein Vater arbeitet sehr viel und kommt oft erst kurz bevor Adam ins Bett geht nach Hause. Die ganze Familie bedauert diese Situation. Als sie eine selbst ausgedachte Fassung von «Old MacDonald Had a Farm» singen, fragt Mutter: «Und wie macht der Papa?» Adam antwortet: «Winke, winke.» Ihm ist nur allzu bewußt, daß die Erfahrung, die er mit seinem Vater im Alltag macht, zum großen Teil darin besteht, daß er ihn fortgehen sieht.

Es wird deutlich, daß Adam innerlich eine Art motorischer Landkarte besitzt, die ihm erlaubt, sich mit einem Gefühl von Kompetenz durch die Welt zu navigieren. In dieser Hinsicht ist er wie sein Vater; seine Mutter hat keinen Orientierungssinn. Wenn sie durch das Viertel fahren, in dem sein bester Freund wohnt, zeigt Adam in die richtige Richtung und ruft: «Tony, Tony!»

22 Monate. Mutters beste Freundin stellt fest, sie habe nicht das Gefühl, eine Beziehung zu Adam zu haben. «Er läßt mich nie etwas für ihn tun, und es macht ihm keinen Spaß, mit mir Puzzles zu legen oder Bücher zu lesen oder so», klagt sie. Adams Mutter macht sich Sorgen, daß er vielleicht nicht kontaktfreudig genug sei und andere ihn deswegen nicht gernhaben könnten.

Adam sagt seinen ersten Zweiwortsatz. Es überrascht nicht, daß dieser lautet: «Nein, selbst.»

23 Monate. Adam hält auf einer Schaukel das Gleichgewicht und lehnt mit seinem praktischen neuen Ausdruck: «Nein, selbst» jede Hilfe ab. Aber es gibt etwas Neues: Seine Mutter hört, wie er vor sich hin murmelt: «Vorsicht», während er sich wieder hinabläßt.

Adam beginnt, immer «Vorsicht» zu sagen, wenn er eine neue Heldentat unternimmt. Er fängt auch an, um Hilfe zu bitten: «Mama helfen.» Das kennzeichnet einen Wandel in der Art, wie seine Mutter ihn wahrnimmt. Sie fängt an, darauf zu vertrauen, daß er selbst auf sich aufpassen kann. Sie hat recht: Seine Realitätsüberprüfung ist in bezug auf Gefahr exakter geworden. Adam hat die beschützende Rolle seiner Mutter internalisiert, und er kann jetzt sowohl ihre Hilfe als auch seine eigenen Fähigkeiten einsetzen, um sich sicher zu fühlen.

24 Monate. An Adams zweitem Geburtstag überlegt seine Mutter: «Es ist ein Wunder, daß wir nie den Notarzt gebraucht haben.» Trotz seines verwegenen Verhaltens und seiner vielen Stürze hat Adam sich nie ernsthaft verletzt. Das liegt wahrscheinlich an einem Zusammenspiel von Adams angeborenem Gefühl für seine eigenen Fähigkeiten und der ständigen Bereitschaft seiner Mutter und seiner Betreuerinnen, einzugreifen.

Als Adams Mutter auf ihr eigenes Verhalten im vergangenen Jahr zurückblickt, überlegt sie: «Ich komme mir vor wie eine überwachsame, überfürsorgliche Mutter.» Ist diese Selbsteinschätzung richtig? Mütter, die wirklich überfürsorglich sind, wissen das im allgemeinen nicht von sich. Sie glauben, daß sie ihre Kinder vor sehr wirklichen und unmittelbaren Gefahren beschützen, tatsächlich aber neigen sie dazu, das Risiko in einer Situation zu hoch einzuschätzen. Im Gegensatz dazu reagierte Adams Mutter eindeutig auf die Schutzbedürftigkeit ihres Kindes, bevor es diese Funktion, nämlich Gefahren vorherzusehen und sich zu schützen, selbst verläßlich übernehmen konnte. Sie lernte, Adams grenzenlose Entschlossenheit, die Welt zu erkunden, als persönlichen Wesenszug, den sie zwar überwachen mußte, aber nicht verändern konnte, zu akzeptieren und zu bewundern. Da seine Mutter verfügbar war, sowohl physisch als auch emotional, konnte Adam unbefangen, ohne Konflikte oder Scham, er selbst sein.

Bemerkenswert ist andererseits, daß Adams Vater sich weniger genötigt fühlte als die Mutter, seinen Sohn zurückzuholen und zu retten. Adam verletzte sich unter der Obhut seines Vaters nicht häufiger, fiel allerdings öfter hin. Adams Mutter machte sich mehr Sorgen um seine körperliche Sicherheit als sein Vater, aber das war durchaus in Ordnung. Individuelle Unterschiede zwischen den Eltern können einen sehr nützlichen Beitrag dazu liefern, dem Kind alternative, aber gleichwertige Ansichten über den Umgang mit der Welt zu bieten.

30 Monate. Adam ist weiterhin sehr aktiv, seine Aktivitäten sind jetzt jedoch in einer Weise angepaßt, die neue Fähigkeiten auf dem Gebiet der Selbstbeherrschung erkennen läßt. Bei einem Ausflug an den Strand rennt er schnurstracks auf das Wasser zu, bleibt aber genau davor stehen; dann rennt er den ganzen Weg zurück zu einer Reihe von Bäumen, wagt sich aber nicht in den Wald hinein.

Nachdem seine Mutter zuerst in Panik geriet, als sie sah, wie er zwischen Wasser und Wald hin- und herrannte, wurde ihr klar, daß er wußte, wann er stehenbleiben mußte, und sie versuchte nicht mehr, ihm nachzulaufen. Sie ließ sich am Wasser nieder, wo sie ihn im Auge behalten konnte, während er dieses aufregende neue Gelände in Besitz nahm. Sie war zum Eingreifen bereit, aber sie besaß eine neuerworbene Zuversicht, daß das nicht nötig sein würde.

Adam verbringt jetzt lange Zeit damit, mit Bauklötzen zu bauen und Puzzles zu legen. Seine Aufmerksamkeit richtet sich, da er die Bewegung nun beherrscht, wieder auf ruhigere Unternehmungen. Das hat eine gute Auswirkung auf seine Fähigkeit, Beziehungen zu Erwachsenen herzustellen, die lieber mit ihm zusammensitzen, als hinter ihm herlaufen.

Sprache ist zu einem wichtigen Hilfsmittel für den Aufbau von Partnerschaften zwischen Adam und anderen Menschen geworden. Beim Arzt folgt er den Anweisungen der Kinderschwester aufs Wort. Zu Hause können seine Eltern ihm jetzt sagen, was er tun soll, und er tut es, ohne daß man ihn unter körperlichem Einsatz dazu bewegen müßte. Er berichtet seinen Eltern auch, wie sein Tag war. Unterhaltungen finden jetzt auf der Grundlage statt, daß man sich abwechselt, und er hört zu, wenn andere sprechen. Er faßt Gefühle in Worte und beschreibt sich und andere dabei recht genau. Er zeigt Aufmerksamkeit und Einfühlungsvermögen für die Erlebnisse seiner Eltern und seiner kleinen Freunde.

In der Vorschule ist Adam glücklich. Zu allen zehn Kindern in der Gruppe hat er freundschaftliche Beziehungen. Er paßt sehr gut in die Gruppe.

Er ist mit Vorliebe nackt. Er entdeckt seinen Penis und ist in ihn verliebt. Er bemerkt, wenn er eine Erektion hat, und weist darauf hin: «Mami, mein Penis ist groß. Fühl mal, hier.» Auch die Unterschiede zwischen Jungen und Mädchen interessieren ihn. Er spielt mit einem kleinen Mädchen. «Das ist mein Auge. Wo ist dein Auge?... Das ist meine Nase. Wo ist deine Nase?... Das ist mein Penis. Wo ist dein Penis?» Diese Entwicklung zeigt an, daß Adams Interesse an seinem Körper sich verändert, daß die ausschließliche Konzentration auf Bewegung einer wachsenden Faszination dafür weicht, wie er gemacht ist, inwiefern er anderen Jungen ähnlich ist und wie er sich von kleinen Mädchen unterscheidet.

Adams zweites Lebensjahr zeigt, welchen Weg ein kleines Kind mit einem grenzenlosen Verlangen nach Bewegung zurücklegt, wenn es lernt, sein hohes Aktivitätsniveau zu regulieren. Der Schlüssel zu Entwicklungsfortschritten liegt in der Fähigkeit des Kindes, physische Bewegung nach und nach mit kognitiven und sozialen Meilensteinen in der Entwicklung zu vereinbaren, etwa mit der Fähigkeit, mit Gleichaltrigen und Erwachsenen zu interagieren, mit dem Gebrauch von Sprache und mit der Entwicklung von Phantasiespielen.

Eine zeitlich begrenzte Phase. Eltern, die das Aktivitätsniveau des Kindes nicht teilen (und das tun nur ganz wenige), können es während dieser Phase schwer haben. Mütter von sehr aktiven Kleinkindern sagen oft, daß sie sich ihrer Kinder wegen zeitweilig wie Ausgestoßene fühlen. Freunde der Familie haben Angst um ihr Eigentum, wenn das Kind zu Besuch ist. Verdeckt oder offen wird die Botschaft vermittelt, daß die Eltern nicht genug tun, um das Kind «unter Kontrolle» zu halten. Eine Mutter bemerkte: «Sie verstanden nicht, daß ein Couchtisch für Danny kein Couchtisch war, sondern etwas zum Draufklettern.» Weiter erklärte sie, daß als Folge davon ihre eigene Selbstachtung litt, da sie sich für das ungebärdige Verhalten ihres Kindes schämte. Sie glaubt, daß auch die Selbstachtung ihres Kindes in dieser Zeit gelitten haben könnte, da es von Erwachsenen ständig Mißbilligung erfuhr. (Sie könnte recht haben, aber ihr Sohn nahm diese frühe Kränkung anscheinend nicht mit in seine Vorschuljahre. Er wurde zu einem fröhlichen, begabten und sehr beliebten Kind.)

Erfreulicherweise ist diese Phase der ungezügelten motorischen Entdeckungslust im allgemeinen zeitlich begrenzt und klingt mit etwa 30 Monaten ab. Mit drei Jahren haben Kinder normalerweise eine viel größere Selbstbeherrschung, und das Familienleben wird ruhiger und angenehmer.

Die nächsten beiden Abschnitte beschreiben, was geschieht, wenn das hohe Aktivitätsniveau des Kindes zur Ursache für Spannungen zwischen Eltern und Kind wird. Der letzte Abschnitt macht Vorschläge, wie man Konflikte entschärfen und Inseln ruhiger Aktivität schaffen kann, um die Partnerschaft zwischen Eltern und Kind zu fördern.

Konflikte: Melinda

Wenn ein Kleinkind sich auf seiner Suche nach einem zufriedenstellenden Gleichgewicht zwischen Nähe und Erkundung emotional nicht unterstützt fühlt, kann Bewegung in der Eltern-Kind-Beziehung zum Träger von Konflikten werden.

Das war bei Melinda der Fall, dem jüngsten von vier Kindern und dem einzigen Mädchen. Melindas Eltern hatten sich schon seit vielen Jahren ein Mädchen gewünscht, und sie waren überglücklich, als es acht Jahre nach ihrem jüngsten Sohn geboren wurde. Für Mrs. Powell lebten ihre Jugend und ihre Hoffnungen wieder auf, während sie mit ihrem kleinen Mädchen schmuste, ihm Rüschenkleidchen anzog und davon träumte, mit ihrer Tochter so zu spielen, wie sie selbst als Kind gespielt hatte. Sie hatte ein schönes Puppenhaus aus diesen glücklichen Tagen aufgehoben und fing an, Puppenmöbel zu sammeln, um es bis zu dem Zeitpunkt, wenn Melinda damit spielen könnte, stilgerecht auszustatten.

Aber Melindas erwachende Persönlichkeit stimmte mit Mrs. Powells Träumen nicht überein. Sie war ein lächelndes, kräftiges kleines Mädchen, das seine Mutter liebte, aber von den wilden, ausgelassenen älteren Brüdern völlig fasziniert war. Sobald Melinda laufen konnte, rannte sie hinter ihnen her, wenn sie draußen spielten, und versuchte, ein Frisbee zu fangen oder einen Ball zu schießen. Manchmal begrüßten die Jungen sie freudig, manchmal lehnten sie die Störung ab. Folglich wurde sie abwechselnd einbezogen und weggeschickt. Melinda war überglücklich, wenn ihre Brüder mit ihr spielten, und schrie vor Wut, wenn sie das nicht taten.

Mrs. Powell duldete Melindas Interesse an den Spielen ihrer Brüder, bis sie zwei Jahre alt war. Aber sie glaubte, daß eine Zweijährige allmählich lernen sollte, wie ein Mädchen zu spielen statt wie ein Junge. Zu ihrem zweiten Geburtstag bekam Melinda das Puppenhaus ihrer Mutter geschenkt, voll eingerichtet mit Puppenmöbeln und den dazu passenden Püppchen. Melinda spielte kurz damit, brach einer Puppe das Bein ab, riß die Füllung aus einem winzigen Sessel und trabte dann los, um nachzusehen, was ihre Brüder machten. Sie spielte mit ihnen Fangen und rannte dabei wild im Hof herum.

Mrs. Powell war gekränkt, konnte sich das aber nicht eingestehen. Statt dessen wuchs ihre Überzeugung, daß Melinda jetzt ein kleines Mädchen sei und man ihr nicht erlauben dürfe, so wild zu sein. Immer wenn Melinda vor Aktivität überschäumte, was häufig vorkam, wurde ihre Mutter kurz angebunden und kritisierte sie. Wenn Melinda hingefallen war oder sich beim Spielen weh getan hatte und zu ihrer Mutter kam, sagte Mrs. Powell streng: «Das kommt davon, daß du so wild bist.» Wenn Melinda verschwitzt und schmutzverklebt war, weil sie im Garten gespielt hatte, fuhr Mrs. Powell sie an: «Komm mir bloß nicht nah, wenn du so dreckig bist.»

Melinda lernte bald, die physische Erregung im aktiven Spiel mit Zurückweisung von seiten ihrer Mutter zu assoziieren. Außerdem begann sie, ein dumpfes Gefühl zu entwickeln, daß kleine Mädchen nicht «so wild herumlaufen» sollten. Statt eine aufgeschlossene Mutter anzutreffen, wenn sie von ihren Streifzügen zurückkam, stieß sie auf emotionale Distanz und Mißbilligung.

Melinda erlebte weiterhin glückliche Momente mit ihrer Mutter, aber nur, wenn sie ruhig und beherrscht war. Mit 28 Monaten wurde ihr bewußt, daß Puppenspiel und Teegesellschaften zu Augenblicken lohnender Vertrautheit mit der Mutter führten. Sie fing an, ihre Mutter gezielt zu suchen, um solche Spiele mit ihr zu spielen, brachte ihr eine Puppe oder sagte: «Komm, wir trinken Tee, Mami.» Dann schmolz Mrs. Powells Herz, und sie unterbrach ihre jeweilige Tätigkeit, um mit ihrem Töchterchen zu spielen.

Trotz dieser Zeiten der Nähe deuten manche Ereignisse darauf hin, daß Melindas Beziehung zu ihrer Mutter auf der Gefühlsebene eingeschränkt war. Wenn Melinda beim Spielen sehr erregt war, hielt sie oft abrupt inne und sah besorgt zu ihrer Mutter hinüber. Wenn sie infolge ihrer waghalsigen Unternehmungen hinfiel, sagte sie manchmal zu sich «böses Mädchen» und suchte nicht bei ihrer Mutter Trost. In solchen Augenblicken schien es, als sei Mrs. Powells Mißbilligung Teil von Melindas Selbstgefühl geworden.

Wenn alle Menschen in der Umgebung dieses Kindes die Haltung der Mutter übernommen und sein Aktivitätsniveau mit Stirnrunzeln betrachtet hätten, hätte Melinda möglicherweise die Mißbilligung der Eltern internalisiert und angefangen, ein schlechtes Gewissen zu entwickeln, weil sie dem Ideal eines echt weiblichen kleinen Mädchens nicht gerecht wurde.

Glücklicherweise dehnte dieser Konflikt um ihre Aktivität sich nicht in alle Lebensbereiche hinein aus, da Melindas Vater und ihre Brüder weiterhin wilde Spiele mit ihr spielten und sich an ihrer Lebhaftigkeit freuten. Bei diesen Gelegenheiten wirkte Melinda glücklich, vor allem, wenn ihre Mutter nicht zugegen war. Wenn sie sich bei solchen Aktivitäten weh tat, wandte sie sich ohne Zögern an ihren Vater oder einen ihrer Brüder, um ein bißchen zu schmusen.

Wenn Mrs. Powell nicht so gekränkt darüber gewesen wäre, daß ihre Tochter nicht das stille kleine Mädchen war, das sie sich gewünscht hatte, hätte sie Melindas Ausgelassenheit vielleicht nach und nach akzeptiert und dem Kind eher helfen können zu lernen, daß das Vergnügen an Teegesellschaften und die Freude am Bäumeklettern sich keineswegs gegenseitig ausschließen, sondern daß beides wesentliche Elemente einer eigenen Welt sein können.

Wie sieht die langfristige Perspektive für Melinda aus? Wenn das Familienleben weiter so abläuft wie bisher, ist es möglich, daß Melinda lernt, physische und emotionale Freiheit damit zu assoziieren, ein Junge zu sein, und Selbstbeschränkung im physischen und affektiven Bereich damit, daß sie ein Mädchen ist. Das könnte im Laufe ihres Erwachsenwerdens zu unnötigen Konflikten in bezug auf ihr weibliches Selbstbewußtsein führen.

Andererseits ist auch durchaus eine Wendung zum Besseren möglich. Schließlich wachsen Mütter und Väter an ihren Fehlern und lernen daraus. Es ist möglich, daß Melindas Mutter das, was sie als den «Wildfang» in Melinda betrachtet, mit der Zeit nicht mehr so verkniffen sehen wird. Es gibt Anzeichen dafür, daß ihre Familie und ihre Freunde bereits darauf hinarbeiten. Mrs. Powell wurde von ihrer Familie gutmütig dafür geneckt, daß sie in bezug auf Melinda so «zimperlich» sei. Ihr Mann sprach oft unter vier Augen mit ihr und sagte ihr, sie sei «zu streng» mit dem Kind. Eine gute Freundin machte eine hilfreiche Bemerkung, als die Mutter sich bei ihr über ihre Sorgen und Wünsche in bezug auf Melinda aussprach: Sie wies darauf hin, daß Mrs. Powell sich zwischen «den vielen Männern» oft einsam fühle und zu sehr darauf baue, daß Melinda ihr weibliche Gesellschaft biete, was das Vermögen einer Zweijährigen übersteige.

Diese Reaktionen helfen Mrs. Powell vielleicht, deutlicher zu erkennen, wie eigene Bedürfnisse ihre Haltung der Tochter gegenüber beeinflussen. Wenn sie Melinda stärker akzeptiert, könnte Melinda sich ihrerseits sicherer fühlen, daß sie gut und eher liebenswert ist, so wie sie ist – auch als Wildfang.

Neigung zu Unfällen aufgrund von Leichtsinn: Paul

Manche Kinder drücken die Konflikte, die sie durchmachen, wenn die Eltern nicht oder nicht genügend als sichere Basis zur Verfügung stehen, durch einen unbeherrschbaren, leichtsinnigen Erkundungsdrang aus, der oft zu Unfällen mit Verletzungen führt. Diese leichtsinnigen Kleinkinder können von zu Hause weglaufen, über die Straße rennen, in Supermärkten und Einkaufszentren verlorengehen, den Inhalt von Regalen auf sich herunterziehen und geraten ganz allgemein ständig in Schwierigkeiten. Ein Kleinkind wird nicht als leichtsinnig definiert, wenn so etwas hin und wieder geschieht, sondern die Häufigkeit, mit der es ernsthaftere Unfälle hat oder ihnen mit knapper Not entgeht, rechtfertigt die ständige Sorge um sein Wohlergehen.[2]

Manchmal ist es schwer zu entscheiden, wann der Leichtsinn eines Kleinkindes auf inneren Konflikten beruht und wann es einfach noch zu klein und zu aktiv ist, um Gefahr vorhersehen zu können. Ein Hinweis darauf, daß etwas nicht stimmen könnte, ist, daß leichtsinnige Kinder noch lange, nachdem sie aus dem Kleinkindalter herausgewachsen sind, unkontrollierbar bleiben. Im Gegensatz zu Adam werden sie, wenn sie in ihr drittes Lebensjahr kommen, sich der Gefahren nicht stärker bewußt, werden nicht vorsichtiger und passen auch nicht besser auf.

Ein anderes Anzeichen für Probleme ist, daß leichtsinnige Kleinkinder paradoxerweise dazu neigen, in mehreren Bereichen gleichzeitig zahlreiche Symptome für Angst zu zeigen. Zwar leiden alle Kleinkinder unter dem Alter entsprechenden Ängsten, leichtsinnige Kleinkinder werden aber häufig davon überwältigt. Sie können sich außergewöhnlich heftig vor Dunkelheit, Tieren, Fremden oder ungewöhnlichen Geräuschen fürchten. Sie können häufige und schwer zu behandelnde Wutanfälle haben; sie können Angst beim Schlafengehen haben oder während der Nacht mehrmals schreiend aufwachen; sie können unter akuter Trennungsangst leiden, die mit Phasen durchzogen ist, in denen sie selbst fortstürmen. Ihrer scheinbaren Furchtlosigkeit beim Erkunden scheint ihre außerordentliche Angst in anderen Bereichen entgegenzustehen. Manchmal zeigt sie sich in Gestalt von Wut und Aggression: Schlagen, Beißen und Treten.

Paul zeigte mit 28 Monaten alle oben aufgeführten Verhaltensweisen, so daß er im Zusammenleben ein sehr schwieriges Kind war. Seine Eltern und sein Kinderarzt waren so besorgt, daß eine gründliche medizinische Untersuchung vorgenommen wurde, um zu bestimmen, ob er hyperaktiv sei. Als das Ergebnis negativ war, waren Mr. und Mrs. Donahue tatsächlich etwas enttäuscht. Sie wünschten sich einen konkreten, medizinischen Grund für Pauls Verhalten, etwas, das durch Pillenschlucken geheilt werden könnte. Sie wollten nicht in den schwammigen Bereich psychischer Probleme geraten. Trotzdem machten sie sich solche Sorgen um Paul, daß sie sich bereitwillig einverstanden erklärten, als ihr Kinderarzt zu einer psychologischen Untersuchung riet.

Der beste Ort, um die psychischen Mechanismen eines Kleinkindes zu beobachten, ist zu Hause, wo es sich am wenigsten durch die Anforderungen einer unbekannten Situation eingeschränkt fühlt. Im Laufe meines zweistündigen Hausbesuches war Paul durchaus bereit, mir vorzuführen, weswegen seine Eltern sich Sorgen machten. Während sie über sein unkontrollierbares Verhalten sprachen, unternahm er eine gefährliche Klettertour auf eine Fensterbank und sprang geräuschvoll wieder hinunter, wobei er sich den Knöchel verstauchte; er riß ein Bild von sich und seiner Familie herunter, als er auf ein Möbelstück kletterte; er geriet in eine Auseinandersetzung mit der Katze, die er am Schwanz zog, so daß er gekratzt wurde; und er schlug seine Mutter, als sie versuchte, sich die Kratzer anzusehen.

Trotz dieses ganzen Aufruhrs wurde Paul still und sah mich

mit großen, traurigen Augen an, als ich mit ihm sprach. Ich sagte ihm, er zeige mir, daß er und seine Eltern eine schwere Zeit zusammen hätten, und ich sei gekommen, um dabei zu helfen, daß es besser würde. Diese Worte bewirkten, daß er sich beruhigte. Er verstand offensichtlich, wovon ich sprach.

In den folgenden Sitzungen zeigte sich ein merkwürdiges Muster. Mr. und Mrs. Donahue waren so überzeugt davon, daß ihr Sohn ein aggressiver, machtbesessener und unkontrollierbarer «kleiner Dämon» (wie sie ihn nannten) sei, daß sie nicht sehen konnten, was für ein ängstlicher kleiner Junge er ansonsten war. Sie hatten Angst vor ihm und empfanden seine nächtlichen Ängste, Einschlafschwierigkeiten und sein unberechenbares Weinen bei Trennungen als schlauen Versuch, sie zu beherrschen. «Der tut nur so», sagten sie. «Der hat vor nichts Angst. Er versucht nur, uns rumzukriegen, ihm seinen Willen zu tun.» Die Donahues waren so zornig auf ihren Sohn geworden, daß sie sich in seine Not nicht einfühlen konnten. Ihr eigenes Leiden machte sie blind für Pauls verzweifelte Bitten um Hilfe.

Wie war es dazu gekommen? Beobachtungen von Paul zusammen mit seinen Eltern zeigten, daß Mrs. Donahue wenig Geduld für jede Art von Verhalten hatte, das als abhängig oder bedürftig aufgefaßt werden konnte. Als Paul vor einem Feuerwehrwagen erschrak und sich an ihren Rock hängte, lachte sie und sagte ihm, er sei albern. Als er weinte, weil sie ihn in einer Spielgruppe zurückließ, sagte sie: «Du hast kein Recht zu weinen. Du rennst immer von mir weg. Jetzt siehst du mal, wie das ist, wenn ich es mit dir mache.» Als er sich an der Scherbe eines Glases, das er zerbrochen hatte, schnitt, sagte sie: «Das ist deine eigene Schuld, immer machst du alles kaputt.»

Mr. Donahue spielte in Pauls Leben zwar keine so große Rolle wie seine Frau, folgte aber einem ähnlichen Muster. Er ermunterte Paul, «stark» zu sein, und kritisierte ihn, wenn er Angst hatte oder ihm etwas weh tat. Zusätzlich schlug Mr. Donahue Paul recht hart, um ihn gefügig zu machen. Paul hatte angefangen zurückzuschlagen, was seinen Vater abwechselnd belustigte und erzürnte. Wenn er belustigt war, lachte Mr. Donahue bewundernd über das Temperament seines Sohnes und sagte: «Du bist genau so ein Teufelskerl wie dein Alter.» Diese Bestätigung verstärkte Pauls Bereitschaft, Aggression einzusetzen, um sich zu wehren. Aber wenn sein Vater nicht in der Stimmung für solches Temperament war, wurde er wütend und schlug das Kind noch härter, um «Paul zu zeigen, wer hier der Boss ist». Dann brach Paul weinend zusammen und wurde daraufhin in sein Zimmer geschickt, wo er aus Protest bis zu 40 Minuten lang ununterbrochen schrie.

Diese Erlebnisse mit seinen Eltern vermittelten Paul die Botschaft, daß er allein war. Er hatte keine sichere Basis, an die er sich wenden konnte, wenn er Angst hatte oder etwas brauchte. Sein Vater konnte ihm nicht helfen, mit seiner Wut umzugehen, da er seine eigene Wut nicht beherrschen konnte. Seiner Mutter mißfiel jedes Anzeichen von Schwäche, und sie ermunterte ihn, unabhängig zu sein, schimpfte ihn dann aber wegen der häufig verheerenden Folgen seiner Bemühungen um «Selbständigkeit» aus.

Mr. und Mrs. Donahue deuteten Pauls hohes Aktivitätsniveau fälschlicherweise als Zeichen von Trotz, der bestraft werden mußte. Außerdem hielten sie seine Bemühungen um physische Nähe fälschlicherweise für Symptome von Abhängigkeit, und Abhängigkeit war für sie inakzeptabel. Sie wiesen Pauls Versuche, eine sichere Basis mit ihnen zu errichten, ab, weil sie nicht erkannten, daß sein Verhalten altersgemäß war.

Gedanken und Gefühle, die für die Eltern inakzeptabel sind, können leicht auch für ein Kind inakzeptabel werden. Aus dieser Sicht können wir Pauls Leichtsinn und sein Fortstürmen als Versuch verstehen, seinem Wunsch nach Nähe entgegenzuwirken, den seine Eltern, wie er wußte, abweisen würden. Je mehr er die Sehnsucht bekämpfte, sich an seine Eltern zu wenden, um sich trösten und beruhigen zu lassen, desto größer wurde seine Angst davor, diesem Wunsch zu unterliegen. Die Schlafprobleme und die Trennungsangst waren Versuche, die Hilfe seiner Eltern in Anspruch zu nehmen und sich zu versichern, daß er mit seinen Ängsten nicht allein gelassen werden würde. Als aktives Kind setzte er zur Abwehr seiner Angst Bewegung ein, aber nachts und wenn seine Eltern fortgingen, also in Situationen, in denen er nicht weglaufen konnte, kamen die Ängste dann hoch.

Kinder wie Paul fragen: «Wie weit muß ich gehen, damit Mama mich zurückholt? Wieviel Gefahr ist zuviel, so daß Papa mich beschützt? Wieviel Angst muß ich haben, damit Mama und Papa mir helfen, mich sicher zu fühlen?»

Mr. und Mrs. Donahue hatten einen langen und schweren Kampf auszufechten, bevor sie die dringende Realität von Pauls Ängsten verstehen und auf seinen Leichtsinn als Hilfeschrei reagieren konnten. Während sie ihr Kind kennenlernten, mußten sie sich an die Ängste und Sehnsüchte der eigenen Kindheit erinnern, als sie kleine Kinder waren, die zu hart bestraft und von denen zu schnell zuviel erwartet wurde.

In einer schmerzhaften Gegenwart, in der Eltern es nicht fertigbringen, ihr Kind zu schützen, findet häufig die Wiederholung einer schmerzhaften Vergangenheit statt. In einer Eltern-Kind-Psychotherapie wurde den Donahues geholfen, ihre eigenen, frühen, nicht erhörten Wünsche, sich beschützt und geborgen zu fühlen, wiederzuerleben. Das half ihnen, die Ängste ihres Kindes besser zu verstehen, und daraufhin konnten sie beginnen, auf Pauls Hilferuf zu reagieren. Zum Beispiel nahmen sie ihren Sohn jetzt in die Arme, wenn er sich an sie klammerte, und sagten: «Dir passiert nichts. Ich passe auf dich auf», statt ihn fortzustoßen. Sie holten ihn zurück, wenn er an unbekannten Orten losrannte, und sagten zu ihm: «Ich kriege Angst, wenn du wegläufst. Ich möchte nicht, daß du dir weh tust.» Sie halfen ihm, wenn er um Hilfe bat. Während das Kind durch diese liebevolle Fürsorge von seinen Ängsten geheilt wurde, merkten die Eltern, daß sie durch dieses einfühlsame

Verhalten ihrem Kind gegenüber auch mit der Heilung ihrer eigenen Wunden begannen, die ihre schwere Kindheit bei ihnen hinterlassen hatte.

Allgemeine Überlegungen: Temperament und Partnerschaft

Die Fälle von Adam, Melinda und Paul zeigen, daß das Temperament des Kindes und die Art, wie die Eltern es akzeptieren, einen starken Einfluß auf die Partnerschaft haben, die zwischen Eltern und Kind aufgebaut werden kann. Wenn Eltern die Eigenart des Kindes akzeptieren und sich darauf einstellen, fördert die Partnerschaft zwischen Eltern und Kind eine erfolgreiche Entwicklung. Wenn die Eltern die Eigenart des Kindes abweisen oder kritisieren, kann das Konflikte und Entfremdung zur Folge haben.

Adams Mutter besaß nicht den gleichen Temperamentsstil wie ihr Sohn und sehnte sich oft nach einem weniger aktiven Kind. Es gelang ihr jedoch, emotional verfügbar zu bleiben und sich auf seine jeweilige Verfassung einzustellen, indem sie sich sagte, daß er kein Ableger von ihr sei, sondern eine kleine Persönlichkeit mit sehr starken eigenen Neigungen – daß er mehr seinem Vater gleiche als ihr.

Im Gegensatz dazu konnte Melindas Mutter den aktiven Verhaltensstil ihrer Tochter nicht akzeptieren. Zu sehr war sie über die Unfähigkeit des Kindes enttäuscht, ihren Traum von einer ruhigen Vertraulichkeit zwischen Mutter und Tochter zu erfüllen.

Bei Pauls Eltern ging die Unfähigkeit, aufnahmebereit für das Kind zu sein, noch einen Schritt weiter. Sie bestraften den Jungen als Reaktion auf sein schwieriges Verhalten und wiesen ihn ab, wenn er Nähe suchte; das waren die einzigen Reaktionen, die sie von ihren eigenen Eltern gelernt hatten, als sie aufwuchsen.

Adam, Melinda und Paul paßten sich auf jeweils charakteristische Weise ihren Eltern an. Als Reaktion darauf, daß seine Mutter ihn akzeptierte, erkundete Adam seine Umwelt selbstbewußt und frei von Konflikten und war immer mehr fähig, den Schutz seiner Mutter zu internalisieren, um sein Verhalten selbst zu regulieren. Melinda war sich der Mißbilligung ihrer Mutter bewußt und lernte, ihren Überschwang zu unterdrücken, um ihr zu gefallen, hatte aber zusammen mit ihrem Vater und ihren Brüdern großes Vergnügen an verwegenen Aktivitäten. Paul internalisierte die Strenge seiner Eltern und bestrafte sie und sich selbst durch seine Aggressivität und seine Neigung zu Unfällen. Am Beispiel dieser drei Kinder sehen wir, wie ein in der Entwicklung dominantes Verhalten – hier ein außergewöhnlich hohes Aktivitätsniveau – aufgrund unterschiedlicher elterlicher Reaktionen zu drei sehr unterschiedlichen frühkindlichen Persönlichkeitsstrukturen führen kann.

Andererseits erziehen Kinder aufnahmebereite Eltern in gewissem Ausmaß dazu, sich an ihren Stil zu gewöhnen. Nachdem Adams Mutter oft davon geträumt hatte, wie friedlich das Leben mit einem weniger aktiven Kind sein könnte, hatte sie einmal die Möglichkeit, auf genau so ein Kleinkind aufzupassen. Sie verbrachte einen Tag mit einem ruhigen, braven, freundlichen kleinen Jungen. Sehr zu ihrer Überraschung stellte sie fest, daß sie sich langweilte und unruhig war und den Impuls unterdrücken mußte, das Kind zu größerer Aktivität zu drängen.

Mit einem aktiven Kleinkind zusammenleben

Wie kann man produktiv mit einem zum Verzweifeln energiegeladenen Kleinkind umgehen? Der erste Schritt besteht darin, sich zu erinnern, daß aktive Kleinkinder es ihren Eltern genausogern recht machen und eine Partnerschaft mit ihnen aufbauen möchten wie bedächtigere Kinder. Sie sind nur einfach nicht fähig, sich selbst zu bremsen, selbst wenn sie das wollen, weil der Erkundungsdrang zu stark ist. Die Strategie der Eltern muß das Bemühen einschließen, dem Kind in bezug auf bestimmte, inakzeptable Verhaltensweisen nach und nach Selbstbeherrschung beizubringen.

Eine Möglichkeit dazu besteht darin, die jeweilige Situation anzusprechen und nicht das Wesen des Kindes. Es hilft einem Kleinkind nicht, wenn man ihm sagt, es sei eine Nervensäge, weil es nicht weiß, was es ändern soll, und weil eine so globale Aussage nur ein schlechtes Gewissen bei ihm erzeugt. Besser ist es, dem Kind das spezifische Verhalten, das es einstellen soll, zu bezeichnen und ihm eine einfache Erklärung dazu zu geben, so daß es beginnen kann, etwas über den Zusammenhang zwischen seinem Verhalten und dessen Auswirkungen zu lernen. Zum Beispiel:

- «Ich bin sehr ärgerlich, daß du weggelaufen bist.» «Ich hatte solche Angst, daß du dir weh tun könntest – ich hab dich sehr lieb, und ich will nicht, daß dir was passiert.»
- «Ich mag es nicht, wenn du nicht tust, was ich dir sage.» «Wenn ich dir sage, daß du aufhören sollst, mußt du aufhören.»
- «Du mußt in deinem Zimmer bleiben, bis du wieder mit anderen Leuten zusammensein kannst.»

Wenn Worte nicht ausreichen, greifen Sie mit Bestimmtheit ein, um das Kind zu bremsen, und sagen Sie ihm anschließend,

warum Sie das getan haben. Besonders junge Kleinkinder lernen vom schützenden Eingreifen der Eltern besser als von bloßen Worten.

Heftige Kinder brauchen häufig intensive elterliche Reaktionen, die ihrem inneren Erleben gerecht werden. Ein sanftes: «Das sollst du doch nicht» wird so ein Kind wahrscheinlich nicht überzeugen, daß Vater oder Mutter das Gesagte wirklich meinen. Wenn eine Mutter aber, überzeugt von ihren Gefühlen, sagt «Ich bin wütend», hört das Kind das als ernstgemeinte Aussage, die auch ernstgenommen werden muß. Dann sind keine Drohungen nötig, damit das Kind sich entsprechend verhält, denn die Anerkennung der Eltern ist Ansporn genug.[3]

Es gibt auch noch andere Möglichkeiten, sehr aktiven Kindern zu helfen, ihrem Wesen treu zu bleiben und gleichzeitig elterliche Erschöpfung und familiäre Konflikte soweit wie möglich zu reduzieren. Die folgenden Vorschläge können eine Hilfe sein:

- Richten Sie innerhalb und außerhalb des Hauses Bereiche ein, in denen wildes Spielen möglich und erlaubt ist. Das hilft dem Kind, Energie loszuwerden, und erhöht die Wahrscheinlichkeit, daß nach energiegeladenem Spiel ruhige Momente auftreten.[4]
- Nutzen Sie stille Augenblicke. Genießen Sie die kurzen Momente des Schmusens aus vollem Herzen. Wenn das Kind sich ausruht, sollten Sie versuchen, sich ebenfalls auszuruhen.
- Aktive Kinder haben ein Verlangen nach Neuem. Versuchen Sie, sich Dinge einfallen zu lassen, die Sie und Ihr Kind vor Langeweile bewahren. Geben Sie ihm beim Kochen Gemüseabfälle, und bitten Sie es, einen Salat zu machen, oder mischen Sie Mehl und Wasser zum «Brotbacken». Verstecken Sie Spielzeug, wenn das Kind seiner müde geworden ist, und lassen Sie es ein paar Wochen später wieder auftauchen. Planen Sie Ausflüge und Verabredungen mit anderen Eltern und deren Kindern. Bemühen Sie sich, Ihre Nachbarn kennenzulernen, so daß ein Netzwerk entsteht, in dem die Nachbarn sich gegenseitig unterstützen.
- Achten Sie auf feine Anzeichen für Mißtrauen oder Angst, und seien Sie empfänglich für Hilferufe. Es ist manchmal zu einfach, Kinder als «furchtlos» abzustempeln und anzunehmen, sie seien selbständig. Das ist oft nicht der Fall. Selbst das unerschrockenste Kleinkind kann hilfsbedürftig werden und Angst haben.
- Versuchen Sie, sich die Betreuung Ihres Kindes mit anderen zu teilen. Kinder zwischen 8 und 13 Jahren können großartige Babysitter sein, wenn man in der Nähe bleibt. In der Regel sind sie zu jung, als daß man sie mit einem widerspenstigen Kleinkind allein lassen könnte, aber sie können dem Energieniveau Ihres Kindes gerecht werden und helfen, seine Heldentaten ein wenig zu organisieren und ihre Gefährlichkeit einzuschätzen. Verantwortungsbewußte Erwachsene sind im allgemeinen in der Lage, ein Kleinkind

allein zu betreuen. Sie können Vater oder Mutter eine willkommene Entlastung von der ständigen Wachsamkeit bieten, die ein aktives Kleinkind erfordert.

- Schrauben Sie überall dort, wo es möglich ist, Ihre Ansprüche herunter: bei den Mahlzeiten, im Haushalt, an Geselligkeit, selbst die Ansprüche, die Sie an Ihre Arbeit stellen, wenn Sie sich das leisten können. Später, wenn Ihr Kleinkind Sie nicht mehr an anderen Unternehmungen hindert, können Sie alles wieder aufholen.
- Wählen Sie die Kämpfe, die Sie mit Ihrem Kind ausfechten, sorgfältig aus, und scheuen Sie sich nicht nachzugeben, wenn der Punkt, um den es geht, relativ unwichtig ist. Eine sehr weise Mutter drückte es so aus: «Seine Fähigkeit, leidenschaftlich auf dem zu bestehen, was er wollte, übertraf meine Fähigkeit, nein zu sagen.» Schließlich sind Verhandeln und Nachgeben wesentliche Elemente einer Partnerschaft. Lernen Sie, sich mitten in einem Streit zu fragen: Worum geht es hier? Wenn die Antwort zeigt, daß Sie etwas Wichtiges durchsetzen, bleiben Sie bei Ihrer Haltung. Wenn Sie aber versuchen, «konsequent» zu sein oder Ihr Gesicht zu wahren, sollten Sie sich einen Gefallen tun und einen eleganten Weg finden nachzugeben.

Gelegentliches Nachgeben wird Ihr Kind nicht verwöhnen, es darf Ihnen nur nicht so zur Gewohnheit werden, daß Sie nicht mehr den Willen haben, Grundregeln zu Sicherheit, Rücksicht auf andere oder sorgfältiges Behandeln von Eigentum durchzusetzen. Im Gegenteil, Ihre Flexibilität kann dazu beitragen, Ihr Kind den Wert von Hartnäckigkeit zu lehren, und ihm Vertrauen in seine Fähigkeit geben, seinen Standpunkt darzustellen. Außerdem sparen Sie damit kostbare Energie, die Sie für das Hier und Jetzt und langfristig gesehen für wichtigere Auseinandersetzungen brauchen.

Denken Sie daran, daß Ihr Kind bei der Lösung von Konflikten, in denen es um Einander-nah-Bleiben und Sich-Entfernen geht, Ihr bester Partner ist. Bei Spielen wie Verstecken, Fangen und Abschlagen werden diese Konflikte um das Sicherheitsverhalten in der Sprache inszeniert, die Kinder am besten verstehen, nämlich in der Sprache des Spiels. Auch die Entwicklung von Phantasiespielen trägt zur allmählichen Bewältigung dieser Konflikte bei. Henry Parens beschreibt ein kleines Mädchen, Cindy, das mit 14 Monaten eine unerklärliche Reizbarkeit und Launenhaftigkeit ihrer Mutter gegenüber zeigte. Sie begann, sich von ihr zu entfernen, nur um plötzlich stehenzubleiben, wieder näher auf die Mutter zuzugehen und einen Wutanfall zu bekommen. Nachdem sie dieses Verhalten eine Woche lang wiederholt hatte, fand Cindy eine symbolische Art, ihr Dilemma in den Griff zu bekommen. Sie setzte sich neben die Mutter und beschäftigte sich damit, ihre Puppe vom Sofa hinunterzuwerfen und sie dann liebevoll wieder aufzuheben. Nachdem sie das sechs Wochen lang gemacht hatte, war Cindy in der Lage, sich zunehmend weiter von ihrer Mutter zu entfernen.[5] Sie hatte eine Möglichkeit gefunden, eine innerlich festgefahrene Situation zu bewältigen, in der es darum ging, wie sie ihre Mutter als sichere Basis einsetzen konnte, und ihr nächster Schritt war nun eine neue Integration von Wagemut und Intimität.

Sechstes Kapitel

Das schüchterne Kleinkind: Sich Zeit lassen

So lebhaft und unbezähmbar Kleinkinder auch oft sein mögen, sie können auch ruhige Zurückhaltung zeigen. Diese Verfassung tritt am häufigsten auf, wenn das Kind einer unbekannten Situation begegnet. Bei solchen Gelegenheiten sinkt das Aktivitätsniveau, der Gesichtsausdruck wird ernst oder besorgt, und das Kind zeigt eine starke Neigung, bei Vater oder Mutter zu bleiben oder sich sogar hinter ihnen zu verbergen. Das Kleinkind kann wie gebannt auf das Geschehen starren, den Blick abwenden oder das Gesicht am Körper von Mutter oder Vater verstecken. Sein ganzes Verhalten scheint auszudrükken: «Ich brauche etwas Zeit, um das hier zu verarbeiten und mich in dem Geschehen sicher zu fühlen.»

Während alle Kleinkinder hin und wieder so reagieren, ist diese Reaktion für manche typisch und kann zwanzig Minuten oder länger andauern. Jerome Kagan, der mehr als ein Jahrzehnt lang diese Verhaltensweisen untersucht hat, bezeichnet sie als «Hemmung vor dem Unbekannten» und ist der Ansicht, daß etwa zwanzig Prozent der weißen amerikanischen Kinder eine extreme Form dieser Reaktion zeigen.[1] Für die Häufigkeit ihres Auftretens in anderen nationalen oder ethnischen Gruppen gibt es keine Schätzungen.

Das Erscheinungsbild früher Schüchternheit

Kinder, die langsam auftauen, haben drei wichtige Temperamentsmerkmale: Fremden gegenüber sind sie übermäßig scheu, neuen Gegenständen gegenüber sind sie vorsichtig, und in unbekannten Situationen sind sie schüchtern. Wenn sie mit ihrer Gesellschaft und ihrer Umgebung gut bekannt sind und sich darin wohl fühlen, unterscheiden sie sich jedoch nicht mehr von anderen Kindern.[1a]

In ihrem Sicherheitsverhalten neigen schüchterne Kleinkinder mehr als andere Kinder dazu, in der Nähe ihrer Eltern zu bleiben, statt auf Erkundung auszugehen, wenn sie mit einer unbekannten Situation konfrontiert sind. Eltern lernen, sich auf eine Phase des Auftauens vorzubereiten, in der sie das Kind möglicherweise auf dem Arm haben oder zumindest zulassen, daß es sich an ihnen festhält oder ganz dicht bei ihnen bleibt. Wenn ein schüchternes Kleinkind sich einmal auf die neue Situation eingestellt hat, kann die Freude am Entdecken recht intensiv sein. Schüchterne Kleinkinder neigen jedoch eher als andere Kinder dazu, vor unerwarteten Veränderungen auf der Hut zu sein und zu Vater oder Mutter zurückzukehren, wenn solche Veränderungen eintreten.

Es gibt deutliche Anhaltspunkte dafür, daß Langsamkeit bei der Annäherung an neuartige Situationen ein konstanter Temperamentszug mit einem zuverlässigen physiologischen Erscheinungsbild ist. Kagan verglich die Kleinkinder, die er als «Neuartigem gegenüber gehemmt» bezeichnet, mit einer Gruppe sehr kontaktfreudiger Altersgenossen und stellte bei den schüchternen Kindern ein höheres Erregungsniveau des sympathischen Nervensystems fest. Sie neigten zum Beispiel dazu, auf schwach stresserzeugende Reize mit hohem Anstieg des Pulsschlags und starker Pupillenerweiterung zu reagieren, was vermuten ließ, daß sie auf Situationen, die Mißtrauen oder Furcht auslösen konnten, stärker ansprachen.[2]

Sind schüchterne Kinder auch als Erwachsene noch schüchtern? Kagan und seine Mitarbeiter interessierte diese Frage, und sie untersuchten die langfristige Stabilität dieses Verhaltensmusters. In einer frühen Langzeitstudie zeigte sich, daß Dreijährige, die extrem schüchtern waren, mit höherer Wahrscheinlichkeit zu introvertierten Erwachsenen wurden als sehr kontaktfreudige Gleichaltrige.[3] Eine neuere Untersuchung zeigt, daß Schüchternheit sogar schon in einer früheren Entwicklungsphase festgestellt werden kann. Kinder, die als Zweijährige extrem schüchtern gewesen waren, zeigten dieses Verhaltensprofil und sein charakteristisches physiologisches Muster auch noch mit acht Jahren.[4]

Die Tendenz, sich vor Neuartigem zurückzuziehen, wird erst im zweiten Lebensjahr ein zuverlässiges Merkmal der Persönlichkeit des Kindes, aber einige Reaktionen während des Babyalters können voraussagen, daß das Kind später wahrscheinlich dieses Muster zeigen wird. Zum Beispiel waren vier Monate alte Babys, die auf unbekannte Reize mit Weinen und motorischer Aktivität reagierten, auch mit 14 und 21 Monaten von Neuem stärker beunruhigt als Kleinkinder, die als Babys nicht geweint oder physische Aktivität gezeigt hatten. Auch hier legen die Ergebnisse nahe, daß es eine physiologische Basis für die Verhaltensreaktion gibt.[5]

Trotz dieser Anhaltspunkte ist Schüchternheit als Persönlichkeitsmerkmal nicht völlig konstant. Etwa die Hälfte der extrem schüchternen Zweijährigen wirken in der späteren Kindheit nicht mehr schüchtern. Es ist möglich, daß dieser Rückgang der ursprünglichen Schüchternheit eine Folge von gesellschaftlichem Druck ist, da die amerikanische Kultur freundliche Offenheit hoch bewertet. Vielleicht werden Kinder, die sich zurückziehen, daher von ihren Eltern, Lehrern, Verwandten und von Gleichaltrigen dazu gebracht, ihre ursprüngliche Zurückhaltung neuen Situationen gegenüber zu überwinden. Diese Vermutung wird von Ergebnissen gestützt, die zeigen, daß Kinder, die früher schüchtern waren, sich nun aber nicht

mehr so verhalten, weiterhin ein höheres Erregungsniveau des sympathischen Nervensystems aufweisen. Das Verhalten scheint sich leichter ändern zu lassen als die Physiologie.[6]

Ein typisches langsam auftauendes Kleinkind: Erin

Erin entspricht dem Erscheinungsbild eines Kleinkindes, das sich in neuen Situationen Zeit läßt, sorgfältig beobachtet und sich erst nach einer Aufwärmphase hervorwagt. Erins Mutter berichtet, sie habe eine Strategie entwickelt, die sie immer anwende, um zwischen ihrer Tochter und Fremden, die bei gesellschaftlichen Anlässen gern Erins Bekanntschaft machen wollten, zu vermitteln. Sie sagt den Fremden: «Eine Stunde lang ist sie schüchtern, und danach ist sie Ihre Freundin.»

Erins erstes Lebensjahr

Erin war 2 Monate alt, als ihre Mutter zum erstenmal eine Ahnung davon bekam, wie empfindlich ihre Tochter auf Überreizung reagierte. Mutter und Kind besuchten eine Müttergruppe mit etwa acht Frauen und ihren Babys. Erin weinte ununterbrochen und ließ sich nicht trösten. Das stand in starkem Gegensatz zu ihrem Verhalten zu Hause, wo sie selten weinte und sich leicht beruhigen ließ. Seit diesem Treffen konnten Erins Eltern voraussagen, wie ihre Tochter sich verhalten würde. In vertrauter Umgebung war sie friedlich und gelassen; an unbekannten Orten, wo viel los war, war sie unruhig und unglücklich.

Selbst in ihren frühesten Wochen beobachtete Erin schon gern ihre Umgebung. Die Familie hatte ein sonniges, farbenprächtiges Zuhause mit hellen Wänden und interessanter Dekoration. Schon mit 3 Wochen konnte Erin lange Zeit damit verbringen, sich im Zimmer umzuschauen und verschiedene Gegenstände mit weit offenen Augen und gebanntem Gesichtsausdruck anzusehen. Erins Mutter, die die ersten sechs Monate zu Hause blieb, fragte sich bei solchen Gelegenheiten, ob sie versuchen sollte, ihre Tochter aktiver zu beschäftigen. Erin selbst jedoch schien mit diesen ungestörten Phasen sehr zufrieden zu sein.

Erins Interesse am Schauen schloß auch Menschen ein. Mit 6 Monaten war Erin ein sehr geselliges Baby, das bei Begegnungen mit Fremden nur flüchtig Mißtrauen zeigte. Bei Ausflügen richtete sie ihre großen Augen auf die Menschen um sich herum, die sich in das Baby verliebten, das vor Vergnügen lächelte und gurrte, während es ihnen direkt in die Augen sah.

Erins erstes Lebensjahr verlief friedlich und ereignislos. Nur zwei Bereiche blieben schwierig, und beide hatten mit Übergängen zu tun. Einmal ging es um den Übergang zwischen Wachen und Einschlafen. Erin weinte dabei sehr und schien den Schlaf abzuwehren, selbst wenn sie sehr müde war. Der andere

Vorgang, der ihr intensives Unbehagen bereitete, bestand darin, ausgezogen, gebadet und wieder angezogen zu werden. Sie konnte es anscheinend nicht leiden, wenn ihre Haut zu vielen Reizen ausgesetzt war.

Erins Eltern fanden gute Methoden, ihr durch diese schwierigen Phasen hindurchzuhelfen. Der Übergang zum Schlaf wurde durch Bewegung und Klang erleichtert. Die Eltern setzten sie in einen Sportwagen und schoben sie im ganzen Haus umher. Wenn das nicht half, schaukelten sie Erin mit weiten, wiegenden Bewegungen in den Armen. Erin liebte Klänge (ihre Eltern waren Musiker, und häufig tönte Musik durch das Haus), und das monotone Geräusch des Staubsaugers beruhigte sie, wenn sonst nichts helfen wollte.

Mit 9 Monaten sagte Erin ihr erstes Wort, und Sprache wurde bald darauf ein wichtiges Hilfsmittel in Beziehungen. Am gleichen Wochenende, an dem sie ihr erstes Wort sagte, fing sie auch an zu krabbeln. Ihren ersten Schritt machte sie erst mit 13 Monaten, und dieses Ereignis leitete formal das Kleinkindalter ein.

Erin im Alter von 13 bis 36 Monaten

13 Monate. Erin macht ihre ersten Schritte. Sie wirkt vorsichtig, aber höchst erfreut über sich selbst. Sie übt tapfer, fällt immer wieder hin und steht wieder auf. Ihre Stimmung ist dabei eher ernsthaft und entschlossen als unbesonnen. Sie scheint hart an der Beherrschung dieser neuen, unberechenbaren Fähigkeit zu arbeiten.

Ziemlich plötzlich wird Erin recht schüchtern. In dieser Zeit beginnt ihre Mutter, andere zu warnen, daß Erin einige Zeit brauchen wird, um sich zu öffnen. Erins Mutter erinnert sich an ihren Kummer, als das Mädchen sich von einem kontaktfreudigen in ein zurückhaltendes Kind verwandelte. Sie weiß noch, wie sie dachte: «Die anderen werden nicht mal die Möglichkeit haben herauszufinden, wie toll sie eigentlich ist.»

14 Monate. Erin fängt an zu klammern und wird quengelig. Während sie früher gern Zeit allein verbrachte und meistens gut gelaunt war, ist sie jetzt reizbar, und es ist schwer, ihr etwas recht zu machen. Sie weint, wenn ihre Mutter das Zimmer verläßt, und besteht darauf, ihr überallhin zu folgen. Ihre Mutter findet diese Veränderung sehr frustrierend und fragt sich, warum ihr Kind wohl so unsicher wirkt.

Erin hat eine sehr gute Beziehung zu ihrer Babysitterin, einer herzlichen, verständnisvollen jungen Frau, die sie betreut, seit ihre Mutter wieder anfing zu arbeiten, als Erin 6 Monate alt war. Diese Beziehung hilft Erin während der Trennungen, aber sie bleibt weiterhin anstrengend und ist leicht frustriert, wenn ihre Mutter in der Nähe ist. Ihre Mutter erinnert sich, daß sie manchmal dachte: «Sie ist ein richtiger Quälgeist geworden.»

15 Monate. Erin und ihre Eltern gehen zum Geburtstagsfest eines kleinen Freundes, einem zeitlich genau begrenzten, zweistündigen Ereignis. In der ersten halben Stunde bleibt Erin ganz dicht bei ihrer Mutter und versteckt immer wieder ihr Gesicht in Mutters Rock. Während der zweiten halben Stunde spielt sie zu Füßen ihrer Mutter mit ein paar Spielsachen. Dann willigt sie ein, mit ihrem Vater mitzugehen, um den anderen sechs Kindern zuzusehen, die im Nebenzimmer herumlaufen. Das Geburtstagskind gibt ihr ein kleines Geschenk, und damit scheint das Eis endlich gebrochen zu sein. Erin folgt ihrem kleinen Freund auf eine kleine Rutschbahn im Zimmer und lacht fröhlich, während sie herunterrutscht. Sie wird sehr unglücklich, als es Zeit ist, nach Hause zu gehen.

Zu Hause ist es weiterhin schwer, Erin etwas recht zu machen. Sie hat nach wie vor glückliche Zeiten mit ihrer Mutter und ihrem Vater, aber sie ist leicht frustriert. Im Gegensatz zu ihrer im allgemeinen guten Laune während des ersten Lebensjahres weint sie jetzt leicht und braucht häufig Bestätigung. Dieses Verhalten kommt und geht, wobei sich zwei oder drei

Wochen guter Laune mit Phasen starker Anhänglichkeit abwechseln. Dieses Muster hält bis zu ihrem zweiten Geburtstag an.

16 Monate. Vater und Erin gehen in ein kleines Lebensmittelgeschäft, wo die freundliche Besitzerin überschwenglich ihre schönen Augen und ihr schönes Haar lobt, sich ihr nähert und leicht ihre Wange berührt. Erin bricht in Tränen aus. Ihr Vater erklärt: «Sie ist jetzt oft gehemmt.» Erin verwendet gekonnt kurze Sätze und fängt an, über Gefühle zu sprechen. Einmal, schon im Halbschlaf, legt sie ihrer Mutter die Arme um den Hals und murmelt: «Ich hab meine Mami lieb.»

17 Monate. Erin und ihr Vater gehen auf einen neuen Spielplatz, und Erin weigert sich etwa die erste halbe Stunde lang, die neuen Spielgeräte auszuprobieren. Ihr Vater spaziert mit ihr über den Spielplatz und plaudert unbefangen über das, was sie sehen. Er weist auf einen Hund hin, der gegen die Rutschbahn pinkelt, und beide lachen vergnügt. Sie sieben Sand durch die Finger und suchen im Gras daneben nach kleinen Käfern. Dann setzen sie sich hin und beobachten still, wie die anderen Kinder auf den Gerüsten herumklettern. Plötzlich sagt Erin: «Ich auch.» Daraufhin spielt sie lange Zeit aktiv und mit Vergnügen.

18 Monate. Erins Mutter nimmt sie zu einer Turnstunde für Kleinkinder mit, in der etwa zehn Kinder an verschiedenen Geräten spielen und kurz in einem Kreis zusammenkommen, um Lieder zu singen und ein Tänzchen zu üben. Erin beobachtet die Kinder konzentriert, mit «angespanntem Gesichtchen», wie ihre Mutter sagt. Sie probiert nichts Neues aus. Ihre Mutter macht sich Vorwürfe, daß sie so ein furchtsames Kind großzieht. «Was habe ich nur gemacht», denkt sie für sich und fürchtet, sie sei hoffnungslos überfürsorglich, und es sei ganz allein ihre Schuld, daß ihr Kind in neuartigen Situationen so unsicher ist. Als alle anderen Kinder ihre Strümpfe anziehen, um nach Hause zu gehen, wird Erin plötzlich aktiv. Sie läuft wild von Gerät zu Gerät und probiert alles aus. Sie will nicht nach Hause gehen.

(Das Problem, daß Mütter sich für das Verhalten ihrer Kinder, das von der Entwicklung oder vom Temperament her gesehen normal ist, Vorwürfe machen, darf nicht unterschätzt werden. Mütter sind leicht geneigt, sich mit Selbstvorwürfen zu quälen, wenn ihre Kinder eine schwere Zeit durchmachen. Das zu wissen kann ein wenig helfen, wenn man sich selbst dabei ertappt.)

Erins Eltern gehen jede Woche mit ihr in die Turnhalle, weil sie glauben (mit gutem Grund), daß es sinnvoll sei, sie einer Umgebung auszusetzen, in der sie sich Mühe geben muß, ihr Unbehagen in neuartigen Situationen zu überwinden. Ein ganzes Jahr lang ist bei Erin immer der gleiche Ablauf zu beobachten: eine lange Auftau-Phase, auf die, wenn niemand hinschaut, ein Aktivitätsausbruch folgt, und danach das Widerstreben, nach Hause zu gehen.

20 Monate. Erin bekommt Angst vor Masken und vor dem Vollmond. Sie weint, wendet den Blick ab und weigert sich hinzusehen. Sie versucht, vor dem Mond fortzulaufen, und besteht darauf, daß die Masken irgendwo versteckt werden. Sie kann nicht erklären, was ihr daran solche Angst macht, aber Kleinkinder können tatsächlich aufgrund ihrer Vorstellungen vom Funktionieren der Welt scheinbar unerklärliche Ängste entwickeln. Der Unterschied zwischen Realität und Phantasie ist in diesem Alter sehr fein, und es ist möglich, daß Erin, ohne sich dessen bewußt zu sein, glaubt, die Masken und der Mond seien reale, aber körperlose zornige Gesichter, die ihr Schaden zufügen könnten. Diese Angst hält ungefähr vier Monate lang an.

Es gibt noch weitere Beispiele für Erins Schwierigkeiten, Phantasie von Realität zu unterscheiden. Sie bricht in Tränen aus und schreit: «Nein, nein, nein, ich will nicht schlafen», wenn ihre Mutter mit ihren Puppen ein Spiel spielt, in dem die Mamapuppe dem Baby sagt, es müsse ins Bett. Bei anderer Gelegenheit versucht Erin, die Kinder und Tiere aus den Seiten ihrer Bilderbücher «auszugraben». Diese und ähnliche Verhaltensweisen sind in diesem Alter sehr häufig.

22 Monate. Erin geht zu einem Fest, das von etwa zehn Erwachsenen und sechs anderen Kindern besucht wird. Sie verhält sich so ähnlich wie in der Turnhalle. Sie bleibt ganz dicht bei ihren Eltern und beobachtet mit großen Augen die anderen Kinder. Nach etwa einer Stunde sorgfältiger Musterung beginnt sie, mit ihnen zu spielen. Als es Zeit zum Gehen ist, beschwert sie sich: «Aber ich hab doch noch gar nicht richtig gespielt.»

Erins Eltern entwickeln eine Strategie, die ihr hilft, gesellschaftliche Zusammenkünfte zu verlassen. Sie erklären ihr im voraus, daß sie in zehn Minuten gehen werden, und halten sie dann ständig über die Zeit auf dem laufenden: «In fünf Minuten gehen wir; in einer Minute gehen wir; jetzt ist es Zeit zu gehen.» Erin protestiert zwar immer noch beim Weggehen, aber die vorherige Ankündigung gibt ihr Zeit, sich auf dieses unliebsame Ereignis vorzubereiten.

Erin spielt vergnügt mit einzelnen Kindern, die sie gut kennt, wenn das Treffen bei ihr zu Hause oder bei engen Freunden der Familie stattfindet. Sie hat frühe und intensive Freundschaften und spielt mit ihren Freunden lange Zeit am Stück. Sie spielt auch sehr gern still mit ihrer Mutter. Mit ihrem Vater wagt sie es, Dinge zu tun, die sie mit niemandem sonst versucht: Er schaukelt sie so hoch, daß ihre Mutter es kaum mit ansehen kann, aber Erin ist begeistert und will mehr. Diese Beispiele deuten darauf hin, daß Erin eine sichere zwischenmenschliche Basis braucht, bevor sie es wagen kann, neue Horizonte zu erkunden. Enge Zweierbeziehungen sind für sie die angenehmste und schönste Form von sozialem Austausch.

24 Monate. Erin scheint eine Verwandlung durchzumachen. Sie wirkt entspannter, zuversichtlicher und selbständiger. Zu Hause ist sie nicht mehr so anstrengend und leichter zufriedenzustellen. Ihre Angst vor Masken und vor dem Vollmond verschwindet. Sie fängt an, «warum» zu fragen. Ihre Neugier darauf, wie die Welt funktioniert, scheint unersättlich. Sie will wissen, warum es regnet, warum die Katze sich leckt, warum Pfannkuchen anbrennen, warum Mami zur Arbeit gehen muß, warum Soundso wütend wurde. Sie lauscht den Erklärungen ihrer Eltern mit gespannter Aufmerksamkeit.

Erin scheint unbefangener zu sein als in früheren Monaten. Die Mutter einer Freundin bemerkt, Erin sei «wirklich aus sich herausgegangen», als sie sie nach einem Ausflug mit ihrer kleinen Freundin wieder nach Hause bringt. Doch in Erins Stimmungen ist immer noch ein Zug von Selbstbeherrschung zu erkennen. Sie kann fröhlich lachen, wird aber nicht übermäßig aufgeregt; sie hat keine heftigen Wutanfälle; sie sagt nicht sehr oft «nein». Emotionale Extreme scheinen ihr fremd zu sein.

Andererseits stiftet Erin ihre kleinen Freunde mit Vorliebe an, aufregende Sachen zu tun: «Spring doch höher!»; «Lauf doch schneller!» Es scheint, als bereite die Erregung anderer ihr Vergnügen und als wolle sie ihre eigenen Erfahrungen erweitern, indem sie beobachtet, was andere empfinden.

26 Monate. Erins Freude an stabilen Zweierbeziehungen wird offensichtlicher. Wenn sie und ihre Freundin Stephanie sich treffen, nachdem sie sich eine Woche lang nicht gesehen haben, laufen die beiden Kinder mit ausgebreiteten Armen aufeinander zu und drücken sich fest.

Erin macht sich die Methode ihrer Eltern zu eigen, die Zeit anzugeben, um ihr bei Übergängen zu helfen. Während sie darauf wartet, daß ihr Freund Ansel aufhört zu rutschen, damit er mit ihr zusammen mit den Puppen spielen kann, sagt sie: «Noch zweimal, Ansel. Jetzt noch einmal. Jetzt kommst du her und spielst mit mir Mutter und Kind.»

28 Monate. Erin beginnt, in unbekannten Situationen spontan mit anderen Kindern Kontakt aufzunehmen. In einem Restaurant steht ihr Hochstuhl Rücken an Rücken mit einem anderen Hochstuhl am Nachbartisch. Sie lehnt sich zurück, lächelt ihren kleinen Nachbarn an und sagt mit ganz freundlicher Stimme: «Hallo.»

Wenn sie in Situationen mit vielen Menschen hineingedrängt wird, sieht die Sache anders aus. Erin nimmt sich immer noch Zeit, bevor sie mitmacht. Diese Auftauphasen sind ein festes Element ihrer Reaktion auf neue Situationen. Man braucht sie nicht anzustoßen oder zu überreden. Wie ihre Mutter es ausdrückt: «Sie kommt ganz von selbst, wenn man sie in Ruhe läßt.»

30 Monate. Erin findet eine kreative Methode, sich von ihrer Mutter zu verabschieden, etwas, was sie gar nicht mag. Sie erfindet ein Trennungsritual: Sie läuft im ganzen Haus umher und sucht einen besonderen kleinen Gegenstand (ein Blatt, eine Muschel, eine Murmel, ein kleines Spielzeug), den sie ihrer Mutter feierlich in die Hand legt. Dieser Gegenstand repräsentiert vielleicht einen kostbaren Teil von Erins eigenem Ich, das sie ihrer Mutter für die Zeit der Trennung zur sicheren Aufbewahrung anvertrauen möchte.

32 Monate. Erin setzt sich bei ihren Versuchen, mit einem besonderen Menschen allein zu sein, stärker durch. Wenn ihr Vater nach Hause kommt, während sie mit ihrer Mutter spielt, begrüßt sie ihn kurz, und wenn er dann in der Nähe bleibt, sagt sie: «Mami und ich spielen gerade.» Wenn ihr Vater von einer Reise nach Hause kommt, drückt sie ihn fest und sagt dann zu ihrer Mutter: «Gehst du bitte weg, Mami?»

33 Monate. Erin geht in die Vorschule, vier Stunden an fünf Vormittagen pro Woche. Sie verbringt den gesamten ersten Vormittag dort mit ihrer Mutter. Trotzdem bereitet ihr das

Erlebnis Schwierigkeiten. Als sie wieder zu Hause sind, hat sie einen der wenigen Wutanfälle ihres Lebens und ist danach verschwitzt, atemlos und erschöpft.

Erin baut eine sehr enge Beziehung zu Jonathan, einem Freund in der Vorschule, auf. Sie verkünden, daß sie heiraten wollen, und verbringen viele Stunden damit, Verkleiden und andere Nachahmungsspiele zu spielen. Wenn Erin vor Jonathan in der Vorschule ankommt, spielt sie manchmal allein, während sie auf ihn wartet. Die Freundschaft mit Jonathan ist auch 12 Monate später noch ein zentraler Punkt in Erins Leben, ein Beweis dafür, daß Kinder schon in diesem frühen Alter die Fähigkeit besitzen, sehr enge, dauerhafte Beziehungen aufzubauen.

Erin scheint nicht in der Lage zu sein, ihr Spielzeug zu verteidigen, und sieht untätig zu, wenn ein anderes Kind es wegnimmt. Ihre Mutter macht sich Vorwürfe für diesen Wesenszug, da sie glaubt, sie habe Erin ermuntert, «zu nett» zu sein. Sie fängt an, ihr Kind zu ermutigen, sich stärker durchzusetzen, und mit 36 Monaten hat Erin gelernt, nachdrücklich und wirkungsvoll «nein!» zu sagen. Das ist ein gutes Beispiel dafür, wie schüchterne Kinder Verhaltensweisen lernen können, um sich selbst besser zu behaupten, wenn sie merken, daß dieses Verhalten soziale Anerkennung findet.

Die Schlafprobleme, die Erin als Baby hatte, bestehen weiterhin, aber in anderer Form. Erin hat beim Einschlafen keine Schwierigkeiten mehr, aber zwei bis drei Stunden nach dem Einschlafen bekommt sie Nachtangst. Dann scheint sie die Wutanfälle durchzumachen, zu denen sie sich tagsüber nicht hinreißen läßt.

Nach einem Streit mit einer Freundin, bei dem Erin sehr beherrscht war, erlebt sie die Szene in der Nacht noch einmal. Schlafend setzt sie sich im Bett auf und schreit: «Ich will das nicht. Gib es mir wieder. Laß das!» Beim Sprechen gestikuliert sie mit großer Heftigkeit. Ihre Mutter erklärt ihr sanft, daß alles in Ordnung sei, und spricht beruhigend auf sie ein, bis sie

wieder ruhig schläft. Erin träumt offensichtlich, und die Intensität des Traums führt zu motorischer Entladung. Schon in diesem frühen Alter erfüllt der Traum eine der Funktionen, die er das ganze Leben lang beibehält: Er erlaubt dem Träumer, sich mit ungelösten Problemen, die aus dem Wachleben übriggeblieben sind, auseinanderzusetzen.

36 Monate. Erin drückt schwierige Emotionen unbefangener aus. Sie eröffnet jetzt Unterhaltungen über das Fortgehen ihrer Mutter. Sie fragt ihre Mutter: «Wann kommst du nach Hause?» Wenn ihr die Antwort nicht paßt, erwidert sie: «Das ist zu lange.» Wenn ihre Mutter wiederkommt, sagt Erin zu ihr: «Ich wollte nicht, daß du weggehst.»

Erin scheint sich ihrer Gefühle sehr bewußt zu sein und spricht sehr gern mit ihrer Mutter darüber. Sie erfinden ein Spiel: «Erzähl mir, wie du einmal glücklich warst; wie du einmal traurig warst; wie du einmal Angst hattest; wie du einmal wütend warst.» Erin hat keine Schwierigkeiten, sich daran zu erinnern, wie sie einmal glücklich, traurig oder ängstlich war. Wenn es jedoch um Wut geht, sagt sie nachdenklich: «Ich kann mich nicht erinnern, wie ich einmal wütend war.» Wut ist kein vertrauter Bestandteil ihres Ichgefühls. Ihre Wutgefühle neigen dazu, in den Untergrund zu gehen und wieder aufzutauchen, wenn Erin nicht bei vollem Bewußtsein ist, vor allem im Schlaf. Nicht allen schüchternen Kleinkindern ist Wut unangenehm. Viele versuchen jedoch, heftige Erregungen jeder Art zu vermeiden, da sie nicht gut zu ihrer angeborenen Zurückhaltung passen. Das Gefühl ist vorhanden, aber das Kind ist zu gehemmt, um es unbefangen zum Ausdruck zu bringen.

Erins Eltern (die sich ihrerseits mit der ganzen Bandbreite der Emotionen – Wut eingeschlossen – recht wohl fühlen, aber nicht davon überwältigt werden) versuchen mit vereinten Kräften, ihre Tochter zu ermutigen, sich ihrer Wut stärker bewußt zu werden, als ersten Schritt, um ihr zu helfen, sich mit der Wut sicher zu fühlen. Sie fangen an, ihr heftiger zu widersprechen, wenn das angebracht ist, und sie sind nicht mehr so besorgt, daß sie Erin in Wut bringen könnten. Sie setzen ihre eigenen Wünsche durch, statt ihr nachzugeben, was sie früher getan haben, weil sie Erin glücklich sehen wollten. Das ist eine ausgezeichnete Taktik. Sie ermöglicht es Erin, mehr Erfahrungen mit ihrer Wut zu sammeln, mit dem Ergebnis, daß Wut weniger beängstigend für sie wird.

Erin entwickelt großes Interesse an Schwangerschaft und an Babys. Als ihre Babysitterin schwanger wird, verkündet Erin: «Ich hab ein Baby im Bauch.» Dann fragt sie: «Wann wird mein Baby geboren?» Als ihre Mutter ihr erklärt, daß das Baby noch nicht in ihrem Bauch sei und daß es geboren werde, wenn sie erwachsen sei, fragt Erin mit großer Besorgnis: «Aber wo ist es denn jetzt?»

Erin sammelt mit Interesse Dinge, die sie auf ihren Spaziergängen findet. Sie hortet Kieselsteine, Blätter, Muscheln und Fetzen buntes Papier und verschenkt diese Schätze als besondere Geste an Menschen, die sie sehr gern hat. Sie fragt weiterhin warum, bemüht sich jetzt aber sehr, die Erklärungen selbst zu finden. Wenn sie etwas nicht erklären kann, sagt sie nachdenklich: «Das muß ein Wunder sein.»

Ein schüchternes Kleinkind, das sich gut entwickelt

Wie können wir uns Erins anfängliche Zurückhaltung in neuen Situationen erklären, wo sie doch so begeistert erkundet und solche Freude an Menschen hat, wenn sie einmal mit ihnen vertraut ist? Welche Funktion hat ihr langsames Auftauen für sie?

Wir können spekulieren, daß dieses Verhalten bei Erin physiologischen Ursprungs ist, so wie bei den Kindern, die von Kagan und seinen Mitarbeitern untersucht wurden. Trotzdem bekommen Temperamentszüge sowohl für den Betroffenen als auch für seine Umgebung eine psychologische Bedeutung. Welche Bedeutung hatte Erins Zurückhaltung auf der psychischen Ebene für sie?

Mit Bestimmtheit können wir das nicht sagen, aber möglicherweise besteht eine Parallele zwischen Erins Schwierigkeiten beim Übergang vom Wachsein zum Einschlafen und ihrer Schwierigkeit mit dem Übergang von bekannten zu unbekannten Situationen. Beide Arten von Übergängen beinhalten, daß man sich von einem angenehmen, sicheren Zustand in einen anderen, anstrengenderen Zustand hinüberbewegt. Einschlafen erfordert, daß man seine menschlichen Beziehungen losläßt und sich allein in einen geheimnisvollen Bereich wagt. Zur Turnstunde, zu einer Party oder zur Vorschule zu gehen heißt, daß man seine gewohnten Aktivitäten aufgibt, um sich mit anderen Menschen und anderen Aufgaben zu beschäftigen.

Seit ihrer Babyzeit war deutlich, daß Erin einzelne Menschen und Gegenstände sehr gern hatte und zu intensiver Beschäftigung mit einem einzelnen Gegenüber fähig war. Zweierbeziehungen waren ihre bevorzugte Methode, sich mit der Welt zu verbinden. In diesem Zusammenhang war Erins langsames Auftauen vielleicht eine Möglichkeit, eine gesellschaftliche Situation zu bewältigen, die so komplex war, daß sie nicht mit einem besonderen Menschen allein sein konnte. Sich zurückzuhalten und die Lage zu beobachten verschaffte Erin Zeit, bis sie einen bestimmten Menschen oder Gegenstand erkannte, mit dem sie sich wohl fühlen konnte (so wie mit Jonathan in der Vorschule).

Umgekehrt ist es auch möglich, daß Erin die sehr konzentrierte Beschäftigung mit einem einzelnen Menschen oder Gegenstand vorzog, weil solche individuellen Beziehungen ihr eine Möglichkeit boten, mit dem Hagel an Reizen bei größeren Anlässen zurechtzukommen. Wie dem auch sei, aus Erins Entwicklungsverlauf wird recht deutlich, daß ihre Zurückhaltung ihre kognitiven, sozialen oder emotionalen Fortschritte in keiner Weise behindert hat. Im Gegenteil, es ist durchaus möglich, daß ihre anfängliche Zurückhaltung ihr als Mechanismus zur Abwehr von Überreizung diente.

Erin zeigt das typische Verhalten eines schüchternen Kleinkindes, das sich gut entwickelt. Daß enge Zweierfreundschaften ihr lieber sind als Gruppensituationen, daß sie Bekanntes Neuartigem und sanfte Reize heftigen Reizen vorzieht, ist für gesunde, gut angepaßte schüchterne Kinder in diesem Alter typisch.

Natürlich gibt es auch innerhalb dieser allen gemeinsamen Eigenschaften individuelle Unterschiede. Manche schüchternen Kinder finden bestimmte neue Situationen so überwältigend, daß sie ihre Zurückhaltung vergessen und losstürmen. Ein Anderthalbjähriger wurde bei seinem ersten Besuch im Zoo so aufgeregt, daß er wie benommen von Käfig zu Käfig lief, den Tieren etwas zurief und versuchte, über die Zäune zu klettern, die ihn von den Tieren trennten.

Andere schüchterne Kinder mögen ganz bestimmte Arten von intensiver Stimulierung. Cindy ließ sich mit Vergnügen von ihrem Onkel in die Luft werfen, aber von niemandem sonst. Albert verschlang alle scharf gewürzten Lebensmittel, samt Chilischoten, und schien einen sechsten Sinn dafür zu haben, sie aufzuspüren und sie sich zu verschaffen. Estella liebte Reggae. Sie drehte sich dazu wie ein tanzender Derwisch und schrie «Mehr, mehr!», wenn die Musik aufhörte. Maria freundete sich schnell mit jeder neuen Situation an, wenn es Kreiden gab, mit denen sie malen konnte.

Diese Beispiele zeigen, daß schüchterne Kinder nicht in eine Schublade gesteckt werden sollten. Sie sind nicht nur schüchtern: Sie sind außerdem neugierig, energiegeladen und liebevoll, und sie wachsen und verändern sich. Ihr Vergnügen am Entdecken kann ihnen helfen, ihre Zurückhaltung in einer neuen Umgebung zu überwinden. Für Eltern ist es wichtig, daß sie sich mit den spezifischen Reaktionen ihres Kindes vertraut machen und allmählich und in aller Ruhe weiter Neues einführen, um die Reaktionsflexibilität des Kindes zu fördern. Der letzte Teil dieses Kapitels bietet Vorschläge, wie man dabei vorgehen kann.

Ein ängstliches Kleinkind: Tobias

Manchmal kann sich die natürliche Schüchternheit eines Kleinkindes in allgegenwärtige Angst vor neuen Situationen und unbekannten Menschen verwandeln. Wenn das geschieht, weigert sich das Kind, an neue Orte zu gehen, oder weint, wenn es neue Menschen trifft. Manchmal entwickelt das Kind zahlreiche, scheinbar unsinnige Ängste, die sich auf seine Fähigkeit, die Welt zu erkunden und etwas darüber zu lernen, lähmend auswirken können.

Der kleine Tobias befand sich in dieser Situation. Seine Eltern baten um einen Besuch, als er 32 Monate alt war, weil sie das Gefühl hatten, ihr häusliches Leben würde seiner übermäßigen Ängste wegen immer gespannter und unglücklicher. Im

Laufe einiger Hausbesuche und Sitzungen im Spielzimmer ergab sich das folgende Bild:

Tobias war ein zart gebautes, blasses Kind mit nachdenklichem Gesichtsausdruck. Er bewegte sich vorsichtig, sprach leise und spielte gern lange Zeit allein. Er entwarf komplizierte Bauten aus hölzernen Bauklötzen und schmückte sie mit allem, was er gerade zur Hand hatte – mit Büchern, Spielzeugtassen, Federn, Konservendosen aus der Küche –, so daß seine Gebäude wie komplizierte Meisterwerke aus verschiedenen Epochen der Architektur aussahen, wenn sie fertig waren. Außerdem betrachtete er gerne Bilderbücher und führte dabei, während er auf die Bilder zeigte, Selbstgespräche. Er konnte ungewöhnlich gut Puzzles legen, und Freunde der Familie wußten, daß die Puzzles, die sie ihm schenkten, im Schwierigkeitsgrad mindestens zwei Jahre über seinem Alter liegen mußten. Seine manuelle Geschicklichkeit war außergewöhnlich, und er liebte Spielzeug, das er auseinandernehmen und wieder zusammensetzen konnte. Sein Lieblingsspielzeug war ein rotes Plastikauto, das er mit einem Schraubenschlüssel und einem Schraubenzieher aus Plastik zusammenmontieren und zerlegen konnte. Sein Vater sagte voraus, daß er mit zwölf Jahren richtige Autos reparieren würde.

Bis zum 26. Monat verlief Tobias' Entwicklung ereignislos. In unbekannten Situationen taute er langsam auf, Menschen schienen ihn nicht besonders zu interessieren, und beim Ausprobieren neuer körperlicher Heldentaten war er sehr vorsichtig. Andererseits war er zu seinen Eltern liebevoll, hatte ein paar gute Freunde, mit denen er vergnügt spielte, und bastelte immer zufrieden irgendwo im Haus herum. Seine Mutter bemerkte: «Er hat eine ganz eigene Persönlichkeit.»

Die größte Herausforderung in Tobias' Leben war sein Bruder Andrew, 15 Monate jünger als er. Andrew war ein kleiner Teufelskerl. Während Tobias zart und schmal war, war Andrew kräftig und stämmig. Während Tobias langsam und sanft war, füllte Andrew das Zimmer mit lautem Geplapper und schnellen Bewegungen. Während Tobias gern allein war, verlangte Andrew nach Gesellschaft. Als rotschopfiger, sommersprossiger kleiner Junge mit lausbübischem Grinsen und Schalk in den Augen zog Andrew, wohin er auch kam, entzückte Aufmerksamkeit und Lob auf sich, während Tobias im Hintergrund blieb und von dort aus still zusah.

Andrew ließ Tobias nicht in Ruhe. Aus der Sicht eines Erwachsenen ist das verständlich, aber für Tobias waren die Störungen durch seinen Bruder ein endloses Ärgernis. Andrew war vor allem von den Bauten fasziniert, an denen Tobias' ganzes Herz hing, und er brachte sie immer gleich wieder zum Einsturz. Tobias sagte «nein» und versuchte, seine Meisterwerke zu verteidigen, aber seine sanfte Art und seine leise Stimme boten Andrews selbstsicherer Unbändigkeit keinen Widerstand. Die Sache wurde noch dadurch verschlimmert, daß die Eltern Andrew das durchgehen ließen. Die Mutter hielt Tobias für einen reifen kleinen Jungen, der sich beherrschen konnte, und sagte ihm, er dürfe nicht wütend auf Andrew werden und solle einfach seinen Turm noch einmal aufbauen. Mit resigniertem, hoffnungslosem Gesichtsausdruck gehorchte Tobias. Bei solchen Gelegenheiten wirkte er viel zu alt für sein Alter.

Mit 30 Monaten begann Tobias, zahlreiche Ängste zu zeigen. Er weigerte sich, in seine Spielgruppe zu gehen, die er seit sechs Monaten besuchte und die ihm immer Spaß gemacht hatte, und er weinte lange, nachdem seine Mutter fortgegangen war. Er entwickelte eine heftige Angst vor dem Einschlafen und war überzeugt, daß in seinem Kleiderschrank ein Monster lauerte. Er bekam buchstäblich Angst vor Schatten und klammerte sich an seine Mutter, wenn er seinen eigenen Schatten oder den einer anderen Person oder eines Gegenstandes sah. Er weigerte sich, unbekannte Speisen zu probieren. Jede dieser Ängste tritt, für sich genommen, im Kleinkindalter recht häufig auf. In diesem Fall deuteten Anzahl und Intensität der Ängste jedoch darauf hin, daß im Leben dieses kleinen Jungen etwas Ernsthafteres vorlag.

Jeder Tag schien eine neue Angst zu bringen. Wenn Tobias zum Lebensmittelladen an der Ecke ging, bekam er Angst vor der lauten, altmodischen Ladenkasse. Im Park fürchtete er, daß der Hund, der neben seinem Besitzer hertrabte, ihn beißen würde. Eines Tages geriet er in Panik, als er einen Mann mit einer Vollglatze sah. An einem anderen Tag klammerte er sich an seinen Vater, als er in einem Spielzeuggeschäft einen Mann sah, der als Clown verkleidet war. Seine Eltern sagten: «Es gibt nichts, wovor er keine Angst hat.»

Infolge von Tobias' Ängsten wurde das Leben unberechenbar. Die Eltern wußten nie, ob ein Ausflug störungsfrei ablaufen würde, ob er eine endlose Übung in Beruhigung werden würde oder ob man ihn würde abbrechen müssen, weil Tobias darauf bestand, wieder nach Hause zu fahren.

Andrew war von diesem Aufruhr in der Familie anscheinend nicht betroffen. Er schien die Qualen seines Bruders nicht zu bemerken und kickte weiter mit Vergnügen dessen Türme um und riß ihm sein Spielzeug weg. Andrew hatte freie Hand, weil seine Eltern der Meinung waren, er sei «zu klein und wisse es noch nicht besser». Diese Einstellung hatte ausgesprochen negative Konsequenzen für beide Kinder: Sie ermutigte Tobias, zum Opfer zu werden, und gestattete Andrew, sich immer rüpelhafter zu benehmen.

Tobias' Notlage kann als heroischer Versuch verstanden werden, seine Wut auf seinen Bruder zu unterdrücken, um den Erwartungen seiner Mutter, daß er ein «lieber kleiner Junge» sei, gerecht zu werden.

Dieser Versuch verlangte ein Maß an Selbstbeherrschung, das selbst seine beträchtlichen Fähigkeiten in diesem Bereich überstieg. Die einzige Möglichkeit für Tobias, das frühreif-selbstlose Kind zu sein, das er für seine Mutter sein sollte, bestand darin, jede bewußte Wahrnehmung seiner aggressiven Impulse auszuschalten. Dabei mußte er die für sein Alter normalen Gefühlsausbrüche und den Impuls zur Selbstbehauptung unterdrücken, denn er hatte Angst, daß er, wenn er sich durchsetzen würde, die Beherrschung über seine Impulse verlieren und schließlich seinen Bruder verkloppen und die Liebe seiner Mutter verlieren würde.

Kinder können Wutgefühle nicht auf Dauer völlig unterdrücken, ohne einen Preis dafür zu bezahlen. Die Gefühle wollen heraus und finden einen Weg, um sich auszudrücken. Tobias konnte nicht an seine Wut denken, ohne sofort Angst vor seiner eigenen Schlechtigkeit zu bekommen. Er bewältigte die Situation, indem er seinen Zorn auf unbekannte Menschen und Gegenstände projizierte. In seinen Augen schaffte er es, lieb zu sein, aber alle, die er nicht kannte und liebte, waren böse und hinter ihm her. Für Spaziergänge mit seinen Eltern erfand er eine Litanei: «Ist der Mann da böse? Ist der Hund da böse? Ist der Lastwagen da böse?» Eigentlich fragte er: «Bin ich böse?»

Meine Erklärung, daß ihr älterer Sohn wütend auf seinen Bruder sei, aber aus Angst, ihnen zu mißfallen, seine Wut nicht zum Ausdruck bringen könnte, gefiel Tobias' Eltern erst gar nicht. Wut war eine Emotion, die bei ihnen Unbehagen auslöste. Diese jungen Eltern waren im Umgang miteinander und mit ihren Kindern ungewöhnlich formell und korrekt, so als wären gute Manieren selbst in familiären Beziehungen wichtiger als alles andere. Sich vorzustellen, daß Tobias sich bemühte, Wutgefühle zurückzuhalten, rührte zu stark an ihre eigene Erfahrung, daß sie sich angestrengt bemühten, auf Kosten ihrer emotionalen Spontaneität «lieb» zu sein.

Mit viel Unterstützung begannen diese wohlmeinenden, rücksichtsvollen Eltern, den Gedanken zu akzeptieren, daß kein Zweijähriger so selbstbeherrscht sein konnte, wie sie es sich von Tobias erhofften. Hinter einem Einwegspiegel beobachteten sie Tobias' anfängliches Zögern und schließlich sein Vergnügen, als er im Spielzimmer mit Bauklötzen um sich warf und zwei Puppen sich verprügeln ließ, bis sie erschöpft zu Boden fielen. Die Eltern waren bewegt von seinem glückselig zustimmenden Gesichtsausdruck, als ich zu ihm sagte: «Manchmal tut es so gut, wütend zu sein.»

In Sitzungen zusammen mit Tobias und Andrew hatten die Eltern die Gelegenheit, neue Reaktionen auf das Verhalten ihrer Kinder zu üben. Sie fingen an, Tobias' Recht, allein zu spielen, zu respektieren und Andrew davon abzuhalten, ihm in sein Spiel hineinzupfuschen. Die erstaunten Gesichter von Andrew und Tobias, als die Eltern Andrew zurückhielten und sich auf Tobias' Seite stellten, waren ein denkwürdiger Anblick. Die Eltern waren selbst überrascht und sehr ermutigt, daß sie die Macht hatten, Andrew zu sagen, was er tun und lassen sollte. Andrew gehorchte ihnen, wenn sie das, was sie sagten, auch wirklich meinten. Das erleichterte die Eltern, denn angesichts von Andrews scheinbar nicht zu bändigender Kraft hatten sie sich ebenso hilflos gefühlt wie Tobias. Vermutlich war es auch für Andrew eine große Erleichterung, daß er, im zarten Alter von 20 Monaten, nicht mehr die stärkste Person im Haus war.

Ein paar Monate, nachdem die viermonatige Intervention abgeschlossen war, rief die Mutter an, um zu berichten, wie es ihnen ging. Tobias war zu der Zeit 39 Monate alt, und Andrew war gerade zwei Jahre alt geworden. Mrs. Novak hatte Tobias am Vortag mit zum Spielplatz genommen, und sie hatten zwei herrliche Stunden miteinander verbracht. Das gehörte zu den Bemühungen der Eltern, mehr Zeit mit jedem Kind allein einzuplanen. Nachdem Tobias lange geschaukelt hatte, hatte er gesagt: «Mami, es war einmal ein kleiner Junge, der hatte vor allem Angst. Der kleine Junge ist gestorben, aber ein anderer kleiner Junge ist geboren, und der hat keine Angst.» Tobias sprach von sich selbst.

Schüchternheit, unterdrückte Wut und Angst

Bei Tobias sehen wir eine Reaktion, die bei sanften, schüchternen Kleinkindern sehr häufig auftritt. Sie wollen lieb sein, fürchten aber, ihre natürlichen Gefühle der Wut und Frustration könnten bedeuten, daß sie böse sind. Sie bekommen Angst vor ihrer Wut, aber in ihrem Bemühen, sie zu unterdrücken, beschäftigen sie sich ständig mit dem Bösesein und mit Gefahr und haben schließlich vor der ganzen Welt Angst.

Das heißt nicht, daß Ängste bei Kleinkindern immer ein Hinweis darauf sind, daß sie Wut unterdrücken. Manche Ängste sind das Ergebnis altersgemäßer Phantasien und falscher Annahmen über die Zusammenhänge in der Welt. Andere Ängste entstehen, weil das Kind furchterregenden Erlebnissen ausgesetzt war. Wiederum andere Ängste werden tatsächlich durch unterdrückte Wut ausgelöst, und diese Ängste sind für Eltern häufig am schwersten zu verstehen.

Tobias hat seine Wut zufällig auf seinen Bruder gerichtet, obwohl er indirekt auch auf seine Eltern zornig war, da sie ihn nicht verteidigten und Andrew sein ungebärdiges Verhalten durchgehen ließen. Andere Kinder werden direkt auf ihre Eltern wütend und machen sich Sorgen wegen dieser Gefühle, denn sie fürchten, die Liebe der Eltern zu verlieren.

Lenny ist sehr gern mit seiner Mutter allein und wird ärgerlich, wenn sein Vater nach Hause kommt. Mit 22 Monaten schlägt er seinen Vater, wenn seine Eltern sich küssen. Mit 30 Monaten drückt er sich klarer aus. Er sagt zu seiner Mutter: «Mich sollst du liebhaben, nicht Papa.» Mit 36 Monaten wird er sogar noch deutlicher: «Ich heirate dich, wenn ich groß bin, aber Papa kann bei uns wohnen.» Lenny liebt seinen Vater, hat aber auch Angst vor ihm. Er schrickt zusammen, wenn sein Vater ins Zimmer kommt, und wenn er etwas falsch macht, bittet er seine Mutter: «Sag das nicht Papa.» Der Vater ist ein sanfter, liebevoller Mann, und es gibt keine objektiven Gründe für Lennys Angst. Wahrscheinlich hat Lenny Angst, daß sein Vater wütend auf ihn ist, weil er die Liebe seiner Mutter ganz für sich haben möchte.

Sonya, 26 Monate, bekam nach einer Woche Trennung von ihren Eltern, die sie bei ihren geliebten Großeltern verbrachte, große Angst vor Tieren. Als die Eltern zurückkamen, wandte Sonya sich von ihnen ab und vergrub ihr Gesicht in Großmutters Schoß. Nach etwa zehn Minuten gestattete sie ihren Eltern, sie auf den Arm zu nehmen und zu küssen, aber sie wirkte angespannt und zurückhaltend. Während der nächsten Tage benahm sie sich ungewöhnlich gut und fügte sich den Wünschen ihrer Eltern, aber die Angst vor Tieren trat auf, und etwa zur gleichen Zeit weigerte Sonya sich auch, abends ins Bett zu gehen. Sie war wütend auf ihre Eltern, weil sie sie verlassen hatten, und mußte ihre Wut unterdrücken aus Angst, daß sie sie wieder verlassen würden. Sie wurde ein außerordentlich braves kleines Mädchen, aber der Preis für diese Anstrengung kam in ihrer Angst zum Ausdruck, daß sie von Tieren angegriffen werden würde, wenn sie ins Bett ginge und fern von ihren Eltern wäre. Die Ängste zerstreuten sich, als die Eltern Sonya halfen, ihre Wut auf sie in Worten und Spielen auszudrücken, und ihr versicherten, daß sie immer wiederkommen würden, ganz gleich, wie wütend Sonya auf sie sei.

Diese Beispiele zeigen, daß kleine Kinder auf ihre eigene Wut häufig mit Angst reagieren, vor allem dann, wenn sie diese Wutgefühle den wichtigsten geliebten Menschen in ihrem Leben gegenüber verspüren. Auch wenn schüchterne Kinder ihre

Wut vielleicht nicht unbefangen ausdrücken, spüren sie sie doch genauso deutlich wie andere Kinder und leiden möglicherweise still unter ihren Schwierigkeiten, sie zu zeigen. Deswegen ist es für Eltern schüchterner Kinder besonders wichtig, sich darüber im klaren zu sein, daß ihre Kinder unter der Maske extremer Angst vielleicht ihre Wut zeigen.

Wenn Schüchternheit zu Aggressivität wird: Nadia

Normalerweise assoziiert man Schüchternheit nicht mit Aggressivität. Man stellt sich vor, daß schüchterne Kinder langsam in Wut geraten, genauso wie sie langsam auftauen. Schüchternheit kann sich jedoch unter bestimmten Umständen in Aggressivität verwandeln, zum Beispiel bei fortwährendem körperlichem oder emotionalem Mißbrauch, bei der Beobachtung gewalttätiger Szenen zwischen den Eltern oder bei der Überwältigung durch Reize, zu denen auch elterliche Forderungen gehören, die das Kind nicht erfüllen kann.

Außerdem können schüchterne Kinder aggressiv werden, wenn sie nicht gelernt haben, einen mäßigen Grad an Frustration zu ertragen, weil sie zu sehr behütet werden. Wenn Eltern die Empfindlichkeiten ihres Kindes zu ernst nehmen, lassen sie sich dadurch einschüchtern. Das kann beim Kind die Erwartungshaltung schaffen, daß es ein Recht auf sofortige Befriedigung habe, weil es so empfindlich ist, daß es einen Aufschub nicht ertragen kann. Wenn schließlich irgendwann Frustration auftritt (und das ist unvermeidlich), ist Aggression der einzige Bewältigungsmechanismus, der dem Kind zur Verfügung steht, um den gefürchteten Schaden von sich abzuwenden.

Schüchterne Kinder können auch aus den gleichen Gründen aggressiv werden wie andere Kinder. Zum Beispiel können sie versuchen, eine beängstigende Situation zu beherrschen und zu bewältigen, indem sie eine Handlung ausführen, die ihr Gefühl der Hilflosigkeit verringert. Sie können auch aggressive Erwachsene imitieren, denen sie ausgesetzt sind. Am typischsten für aggressive schüchterne Kinder ist allerdings, daß sie Aggression zur Abwehr von Überreizung einsetzen. Da Kinder, die langsam auftauen, oft sehr empfindlich auf Reize reagieren, können sie sich gezwungen fühlen, zum Selbstschutz um sich zu schlagen, wenn ein Rückzug nicht möglich ist.

Als Zweieinhalbjährige kratzte und biß Nadia ihre Freunde oft. Auf scheinbar minimale Frustrationen reagierte sie mit Wutausbrüchen. Dann schlug, biß oder kratzte sie den kleinen Übeltäter und wirkte anschließend sehr erleichtert. Leider war diese Erleichterung immer nur von kurzer Dauer, da Erwachsene eingriffen, um Nadia zu ermahnen und das Opfer zu beschützen. Wenn sie ausgeschimpft wurde, weinte Nadia lange vor Wut und vor Scham.

Erwachsene, die sie kannte, griff Nadia nicht an, wohl aber spuckte sie nach fremden Erwachsenen, wenn diese versuchten, sich schneller mit ihr anzufreunden, als sie es ertragen konnte. Auch im Umgang mit Babysittern war sie recht aggressiv, und ihre Eltern stellten fest, daß potentielle Babysitter immer gerade «keine Zeit» hatten, wenn sie gebeten wurden, einen Abend mit Nadia zu verbringen. Diese Verhaltensmuster entwickelten sich Schritt für Schritt und bildeten den Höhepunkt eines langsamen Prozesses, der begann, als Nadia ein Baby war. Dieser Prozeß nahm zu verschiedenen Zeiten verschiedene Formen an.

Während ihrer ersten Lebensmonate war Nadia ein sehr aufgeweckter Säugling und entwickelte eine ungewöhnlich frühe und enge Beziehung zu ihren Eltern. Sie berichteten, daß Nadia sich ab dem Alter von 6 Wochen nicht mehr von anderen Personen auf den Arm nehmen ließ. Nadia weinte in neuen Situationen heftig, wurde puterrot und erbrach sich dann oft vor Aufregung. Ihre Eltern gingen in Nadias ersten sechs Lebensmonaten selten aus, da sie nicht das Gefühl hatten, sie mitnehmen oder bei jemand anderem lassen zu können.

Im weiteren Verlauf des ersten Jahres weinte Nadia weniger, brauchte aber immer noch lange, um sich auf unbekannte Situationen einzustellen. Sie klammerte sich mit angstvollem Gesicht an ihre Mutter, musterte Fremde mit intensivem, unerschütterlichem Blick und brach in Tränen aus, wenn jemand, den sie nicht kannte, ihr zu schnell zu nahe kam. Ihre Mutter bemerkte: «In den Büchern steht immer, daß Kinder mit 8 Monaten anfangen zu fremdeln, aber Nadia ist damit auf die Welt gekommen.»

Nadias Eltern stellten sich sehr auf die Stimmungen ihres Kindes ein und taten ihr Bestes, um sie fröhlich zu halten. Sie hielten Nadia für ein psychisch zartes Kind und bemühten sich, ihr in keiner Weise weh zu tun. Gespräche in Nadias Gegenwart waren meistens kindzentriert. Wenn die Eltern sich unterhielten und Nadia sich meldete, unterbrachen sie ihr Gespräch sofort, um sich um sie zu kümmern. Auf das erste Lebensjahr zurückblickend überlegte der Vater: «Wir dachten, um sich geborgen zu fühlen, müßte sie immer an erster Stelle stehen.»

Während Nadia sich in vieler Hinsicht wirklich geborgen fühlte, hatte sie jedoch wenig Möglichkeit zu lernen, normale Frustrationen als unangenehme Erfahrungen zu erleben, die sie durchaus ertragen konnte. Infolgedessen geriet sie oft in Panik und wandte sich an ihre Mutter, die alles wiedergutmachen sollte, wenn ihr etwas begegnete, das ihr nicht paßte. Paradoxerweise verstärkten Sensibilität und Aufnahmebereitschaft der Mutter meist noch Nadias Gefühl, daß sie nicht in der Lage sei, mit unangenehmen Gefühlen allein fertig zu werden.

Diese Situation spitzte sich zu, als Nadia zwei wurde und anfing, sich für das Spiel mit Gleichaltrigen zu interessieren. Zweijährige sind nette Spielgefährten, aber man kann nicht darauf zählen, daß sie sensible Betreuer sind. Sie stellen ihre eigenen Pläne nicht aus Rücksicht auf die Bedürfnisse und Wünsche einer Freundin zurück. Das Spiel mit Freunden wurde zu Nadias erster dauerhafter Begegnung mit Menschen, die sich weigerten, das zu tun, was sie wollte. Es paßte ihr nicht, aber sie konnte sich nicht zurückziehen (was sie in unbekannten Situationen am liebsten tat), weil sie emotional zu stark am Geschehen beteiligt war. Die einzige Reaktion auf Frustration, die ihr zur Verfügung stand, war das Zurückschlagen, denn sie hatte nicht gelernt, Unbehagen zu ertragen oder Auswege daraus zu finden.

Ein ähnlicher Mechanismus trat in Kraft, wenn sie mit voreiligen Fremden oder unvorsichtigen Babysittern zusammen war. Keine der beiden Situationen gestattete Nadia einen würdevollen Rückzug aus der Frustration. Dem Fremden, der sich ihr weiter hartnäckig zuwandte, mußte ins Auge gesehen werden; die unwillkommene Babysitterin mußte ertragen werden. In ihrem Zorn über diese Zumutungen und unfähig, ihnen zu entgehen, nahm Nadia zum physischen Angriff als Form der psychischen Selbstverteidigung Zuflucht.

Nadia lernte, ihre Wut zu regulieren, als ihre Eltern erkannten, daß sie infolge ihrer intensiven Einfühlung in Nadias Schwierigkeiten mit unbekannten Situationen überfürsorglich gewesen waren. Sie übten nun, sich von Nadias Protesten emotional nicht umwerfen zu lassen und sie zu ermuntern, kleine Probleme selbst zu lösen, statt beim ersten Anzeichen von Frustration Hilfe zu holen. Sie zwangen sich, etwas länger zu warten, bevor sie auf eine Bitte oder eine Forderung reagierten, und sie halfen Nadia zu warten, indem sie sagten: «Einen Augenblick, Nadia. Ich muß das hier erst fertigmachen.» Dieses Vorgehen half Nadia zu verstehen, daß auch auf die Pläne und Wünsche anderer Menschen, nicht nur auf ihre eigenen, Rücksicht genommen werden mußte.

Nadias Aggressivität ließ nach, als sie lernte zu warten, Frustrationen zu ertragen und die Bedürfnisse anderer zu beachten. Außerdem lernte sie zu erkennen, wann sie im Begriff war, die Selbstbeherrschung zu verlieren und loszuschlagen. Ihr Lieblingssatz bei solchen Gelegenheiten wurde: «Du nervst mich.» Die Menschen um sie herum erkannten diese Bemerkung als frühzeitiges Warnsignal und respektierten sie in den meisten Fällen. Als Folge davon waren alle zufriedener.

Wie man schüchternen Kindern helfen kann

Als Temperamentszug ist langsames Auftauen durch hohe Reizempfindlichkeit, allmähliche Anpassung an Veränderungen und eine Tendenz, sich bei Stress zurückzuziehen, gekennzeichnet. Innerhalb dieses allgemeinen Rahmens ist eine Vielzahl von individuellen Unterschieden möglich, wie die Persönlichkeiten von Erin, Tobias und Nadia veranschaulichen. Abhängig von den Zwängen und der Hilfe, die sie erfahren, und ihren eigenen Begabungen und Verletzlichkeiten werden verschiedene schüchterne Kinder zu verschiedenen Bewältigungsmechanismen greifen, um sich auf die unvermeidlichen Herausforderungen einzustellen, neue Menschen kennenzulernen und neuartigen Situationen gegenüberzustehen.

Erins Fähigkeit, sehr enge, tiefe Beziehungen zu ihren Eltern, der Babysitterin, der Erzieherin in der Vorschule und einer kleinen Zahl von Gleichaltrigen aufzubauen, zeigt, daß Schüchternheit nicht emotionale Distanz zu anderen beinhalten muß. Schüchterne Kinder wählen vielleicht stärker aus, aber sie sind nicht weniger liebevoll als ihre kontaktfreudigeren Altersgenossen. In ähnlicher Weise zeigt Erins Vergnügen am Ausprobieren gewagter neuer Heldentaten mit ihrem Vater, daß Schüchternheit Mut nicht ausschließt, wenn das Kind sich sicher fühlt. Erins Fähigkeit, in der beschützenden, aber ermutigenden Gegenwart ihres Vaters körperliche Wagnisse einzugehen, weist darauf hin, daß es für schüchterne Kinder besonders wichtig ist, sich auf einen Erwachsenen verlassen zu

können, der eine sichere Basis bildet, von der aus sie erkunden können.

Die Reizempfindlichkeit schüchterner Kinder bedeutet, daß ihre Eltern und Betreuer, wenn sie als sichere Basis dienen, in der Betreuung sorgsam ein Gleichgewicht zwischen zwei Extremen herstellen müssen. Sie müssen einen Weg finden, das Kind vor überwältigender Stimulierung zu schützen, ohne deswegen überfürsorglich zu werden.

Es ist nur allzu leicht, das spezielle Bedürfnis eines Kindes nach Schutz vor Überstimulierung zu übersehen. Das geschieht vor allem, wenn, wie im Fall von Tobias, das Kind sich sehr bemüht, «lieb» zu sein, und gegen Stress nicht protestiert. Unter diesen Umständen leidet das Kind möglicherweise still und wird bei dem Versuch, sich mit einer Situation abzufinden, die es nicht bewältigen kann, immer ängstlicher und verschlossener. Wenn ein Kind sich extrem stark zurückzieht oder übermäßig viele Ängste hat, tun die Eltern gut daran, im Leben des Kindes nach spezifischen Gründen für Stress zu suchen, die sie noch nicht wahrgenommen haben.

Andererseits ist es auch leicht, bei dem Versuch, das Leid eines Kindes möglichst gering zu halten, allzu fürsorglich zu werden. Wenn Eltern selbst ängstlich sind, können sie ihr Kind nicht ermutigen, eine belastende Situation anzugehen, auch wenn sie altersgemäß ist und den Fähigkeiten des Kindes entspricht. Das kann einen Rückschlag bedeuten, denn langsam auftauende Kinder verlieren das Zutrauen zu sich selbst, wenn sie mit ansehen, wie Altersgenossen sich in einer Situation vergnügen, die sie abschreckt, etwa im Schwimmbad spielen oder auf eine Schaukel klettern. Wenn schüchternen Kindern unter Stress immer der Mut sinkt, können sie ihren Widerstandsgeist verlieren und sich allzu sehr auf Erwachsene als Quelle des Trostes stützen. Sie können auch fordernd und wütend werden, wenn ihre Not nicht sofort von einem mitfühlenden Erwachsenen gelindert wird. Erwachsene können hier helfen, indem sie diese Kinder daran erinnern, daß sie normalerweise ihren Spaß haben, wenn sie sich einmal an eine Situation gewöhnt haben.

Die nützlichste Formel, um einem langsam auftauenden Kleinkind zu helfen, neue Situationen anzugehen, lautet vielleicht «Schritt für Schritt und ein Schritt nach dem anderen». Diese Methode schließt die sanfte, aber stetige Ermutigung ein, Neues zu erkunden. Die folgenden Schritte können ein schüchternes Kleinkind befähigen, sein anfängliches Zögern, sich in eine neuartige Situation hineinzubegeben, zu überwinden.

- Schicken Sie das Kind nicht in die neue Situation hinein. Gehen Sie mit und ziehen Sie es hinein. Nehmen Sie sich zusammen mit ihm Zeit, einfach zu beobachten, was vor sich geht. Machen Sie kurze Bemerkungen über das Geschehen, konzentrieren Sie sich dabei vor allem auf Aspekte, die bereits vertraut und ungefährlich sind. Wenn zum Beispiel eine Gruppe neuer Kinder mit Spielsachen spielt, können Sie Ihr Kind auf ein Spielzeug hinweisen, das es bereits kennt und mag: «Guck dir mal ihren Strandball an. Der ist genauso wie unserer, nur orange. Weißt du noch, wie wir gestern damit gespielt haben? Wir mußten ganz viel laufen, genauso wie die Kinder da, weil er immer so weit gehüpft ist!»

- Bleiben Sie in der Nähe, bis Sie sicher sind, daß die Stimmung des Kindes von Vorsicht in Vergnügen umgeschlagen ist. Ziehen Sie sich dann zurück.
- Bleiben Sie eine Weile «in Bereitschaft», aber stehen Sie nicht in der Erwartung herum, daß das Kind Sie brauchen wird.
- Stellen Sie, falls das Kind Sie ruft, Ihre Reaktion auf die Intensität seines Bedürfnisses ab, so wie Sie es wahrnehmen. Wenn das Kind wirklich ängstlich erscheint, sollten Sie sofort zu ihm gehen. Häufiger jedoch reichen vielleicht ein Winken aus der Ferne oder ein paar beruhigende Worte, um das Kind wissen zu lassen, daß Sie bei Bedarf zur Verfügung stehen. Probieren Sie es mit einer Minimalmethode: Beginnen Sie mit der Reaktion, bei der Sie am wenigsten aktiv sind, und sehen Sie, ob das funktioniert.
- Kinder sind oft die besten Helfer, wenn es darum geht, ein schüchternes Kind in eine neuartige Situation hineinzulokken. Das können Sie fördern, indem Sie eine Unterhaltung mit einem Kind beginnen, das aussieht, als wäre es ein passender Partner für Ihr Kind. Alles weitere kann sich von selbst ergeben.

Ronald Lally und seine Mitarbeiter schlagen vor, die oben skizzierte Reihenfolge von Schritten, die Eltern oder Betreuer unternehmen können, folgendermaßen zusammenzufassen: «Dabei sein, mit dem Kind sprechen, sich zurückziehen, verfügbar bleiben, weitergehen.»[7] Der Rhythmus dieser Schritte muß mit dem Rhythmus des Kindes in Einklang gebracht werden, aber die Zuversicht des Erwachsenen wird es dem Kind ermöglichen, zum richtigen Zeitpunkt «weiterzugehen».

Siebtes Kapitel

Frühkindliche Ängste

Menschen besitzen eine tiefverwurzelte Fähigkeit, Gefahr vorherzusehen. Wir reagieren mit Angst, wenn wir glauben, daß gleich etwas Gefährliches geschehen wird. Angst ist nicht nur eine Reaktion auf objektiv bedrohliche Ereignisse, sondern kann auch erlebt werden, wenn unbekannte oder unerwartete Ereignisse eintreten. Aus diesem Grund hat Angst eine stark subjektive Komponente. Die Wahrnehmung von Gefahr reicht aus, um Angst hervorzurufen, ob die Gefahr nun wirklich besteht oder nicht.

Angst zu erleben ist zwar unangenehm, doch für das Überleben spielt sie eine wichtige Rolle, weil sie als Signal für drohende Gefahr dient, das uns Zeit gibt, uns zu schützen. Die Ereignisse, die Angst auslösen, sind an sich nicht gefährlich. Ihre emotionale Wirkung erlangen sie durch die Tatsache, daß sie häufig einer Gefahr vorausgehen oder mit ihr assoziiert werden.[1] Zum Beispiel ist es an sich ungefährlich, aufzuwachen und festzustellen, daß man in seinem dunklen Haus allein ist, aber es kann uns ängstlich machen, wenn wir uns vorstellen, daß im Dunkeln unsichtbare Gefahren lauern. Wenn wir das Licht anknipsen und eine tatsächliche Gefahr sehen würden, würde unsere Angst in offene Furcht umschlagen. Die Angst verschwindet, wenn wir feststellen, daß nichts Ungewöhnliches geschieht.

Angst wird durch Hilflosigkeit und fehlendes Wissen verstärkt, was Babys und Kleinkinder besonders anfällig für sie macht. Sie sehen sich einer unbekannten Welt gegenüber, die auf nicht durchschaubare Weise funktioniert. Sie sind hilflos und verletzlich und sind auf andere angewiesen, um sich sicher zu fühlen. Kleine Kinder tun außerdem Dinge, die unvorhersehbare und sogar furchterregende Konsequenzen haben können, darunter zum Beispiel die, daß die Eltern wütend auf sie werden. Aus all diesen Gründen besteht während der Säuglingszeit und im Kleinkindalter immer und überall die Möglichkeit, daß das Kind Angst bekommt.

Dieses Kapitel beschreibt die Ursprünge der Angst im ersten Lebensjahr und die Veränderung der frühkindlichen Ängste im Laufe des Kleinkindalters. Die großen Abenteuer des zweiten und dritten Lebensjahres, die im zweiten Kapitel beschrieben wurden – die Entdeckung der Welt und die Entdeckung des Körpers –, haben eine dunkle Seite. Mit dem neuen Wissen kommt die Angst, geschädigt zu werden, indem man verlassen, nicht geliebt oder körperlich verletzt wird. In diesem Kapitel wird dargelegt, wie Kleinkinder normale und extreme Angst wahrnehmen und welche Auswahl an Bewältigungsmechanismen ihnen dafür zur Verfügung steht. Das nächste Kapitel bietet dann spezifische Richtlinien, die Eltern helfen sollen, ihren Kindern in den häufig auftretenden angsterregenden Situationen dieses Alters beizustehen.

Die frühen Ursprünge der Angst

Angst im Kleinkindalter muß im Kontext der frühkindlichen Entwicklung verstanden werden, da die Grundgefühle von Geborgenheit oder Furcht sich im ersten Lebensjahr des Kindes bilden. Dieser Abschnitt soll die Ursprünge und Erscheinungsformen der Angst im Säuglingsalter beschreiben und so den Hintergrund für das Verständnis der Ängste des Kleinkindes liefern.

Man kann inzwischen davon ausgehen, daß der Fötus schon vor der Geburt Gefühle hat. Forschungen belegten schon früh, daß sich auf seinem Gesicht Abscheu, Traurigkeit, Freude oder Furcht zeigten[2], und diese bahnbrechenden Beobachtungen wurden bestätigt durch den Einsatz des Ultraschallgerätes, das eine genaue Beobachtung vom Gesichtsausdruck eines Fötus auf dem Videobildschirm möglich macht.[3]

Embryos scheinen außerdem fähig zu sein, auf ihre Empfindungen zu reagieren. Zum Beispiel ziehen sie sich bereits in der Mitte der achten Schwangerschaftswoche vor Reizen, wie z. B. einer leichten Berührung, zurück, indem sie von einer Reaktion Gebrauch machen, die mit dem Rückwärtsbeugen des Kopfes beginnt und sich dann weiter über die Hände, den Rumpf und die Schultern ausbreitet.[2] Diese Rückzugsreaktion läßt darauf schließen, daß der Fötus in der Lage ist, eine rudimentäre Form von Angst zu empfinden, da die gleiche Form körperlicher Vermeidung nach der Geburt ein üblicher Ausdruck für Angst ist.[4, 5] Die Fähigkeit, vor unangenehmen Reizen zurückzuweichen, tritt früher auf als die Fähigkeit, sich anzunähern, zum Beispiel mit Hilfe des oralen Suchreflexes.[6] Daraus kann man schließen, daß das Bedürfnis, sich zu schützen, früher entwickelt wird und grundlegender für das Überleben ist als das Bedürfnis, etwas zu erkunden.

Der Fötus braucht Nahrung und Schutz natürlich nicht zu suchen. Die Gebärmutter, in die er eingebettet ist, bietet ihm beides. Die Reaktion des gesunden Neugeborenen auf den Abschied von diesem sicheren Hafen besteht in einem kraftvollen Schrei, der sowohl Protest als auch den Ruf nach menschlichem Kontakt und nach Hilfe ausdrückt. Vielleicht ist dieser Schrei ein Signal für die erste Erfahrung von Angst nach der Geburt.

Wenn das Baby geboren ist, kann es nicht für sich selbst sorgen. Es braucht die Pflege eines liebevollen Erwachsenen, der in den meisten Kulturen und unter den meisten Umständen in den ersten Lebensjahren vor allem die Mutter ist.

Das ist kein Zufall. Im Laufe der Schwangerschaft bauen Mutter und Fötus allmählich eine vertraute Verbindung zueinander auf.[6] Zum Zeitpunkt der Geburt ist ein Kind bereits gut dafür gerüstet, seine Mutter zu erkennen und eine Primärbeziehung zu ihr aufzubauen. Neugeborene erkennen und bevorzugen zum Beispiel die Stimme der Mutter. Das wurde in einem raffinierten Experiment gezeigt, in dem Babys lernten, längere oder kürzere Zeit zu saugen, je nachdem, ob sie die Stimme der Mutter oder die Stimme einer Fremden hörten, die aus einem Kinderbuch vorlas.[7] Neugeborene unterscheiden und bevorzugen zudem schon Stunden nach der Geburt das Gesicht der Mutter[8] und erkennen und bevorzugen ihren Geruch: Sie drehten ihre Köpfe durchweg zur Stilleinlage der eigenen Mutter statt zur Einlage einer für sie Fremden.[8]

Neugeborene beginnen auch sofort damit, diese sozialen Fertigkeiten anzuwenden, denn das Geborenwerden ist ein wichtiger Entwicklungsschritt. Sie regulieren ihren Rhythmus von Hunger und Müdigkeit so, daß er den Erwartungen der Mutter entspricht und sich mehr oder weniger glatt in die Vorstellungen und den Tagesablauf der Familie einfügt.[9,10] Daß es das Gesicht, die Stimme und den Geruch der Mutter erkennt, hilft dem Baby, mit ihr das Gemeinschaftsunternehmen anzugehen, seine Körperrhythmen zu entwickeln.

Dieser Prozeß verläuft nach dem Lernprinzip von Versuch und Irrtum. Die frühesten Ängste des Babys beruhen auf unangenehmen körperlichen Empfindungen: Hunger, dem Bedürfnis zu saugen, Magenverstimmungen, Ausscheidungsproblemen, Müdigkeit und dem Bedürfnis nach physischem Kontakt in Form von Berührung, Gehaltenwerden und Zärtlichkeit.

Der größte Teil der mütterlichen Fürsorge während dieser ersten zwei oder drei Lebensmonate ist darauf ausgerichtet, dem Baby zu helfen, sich von diesen unangenehmen Erfahrungen zu befreien. Babys unterscheiden sich, wie in dem Kapitel über Temperament gezeigt wurde, sowohl hinsichtlich ihrer Reizbarkeit als auch hinsichtlich der Bereitwilligkeit, mit der sie sich beruhigen lassen. Jedes Baby kann jedoch lernen, Angst zu bewältigen, wenn die Pflegeperson das spezifische Verhalten findet, das dem Kind am besten hilft.

Da Babys sich nicht selbst um ihre Bedürfnisse kümmern können, sondern auf andere angewiesen sind, nehmen die Freuden und Ängste des Körpers sehr schnell sozialen Charakter an. Mutter und Baby können sich ansehen, gurren, lächeln, sprechen und schmusen, während das Baby gefüttert, gewikkelt, gebadet und angezogen wird und einschläft. Umgekehrt kann die Versorgung kurz, abrupt, ungeduldig oder einfach nüchtern und sachlich ablaufen.

Die Gefühle, die mit diesen frühen Erlebnissen zusammengehen, lehren das Baby viel darüber, was es von einer Beziehung erwarten kann. Ein kleines Baby, das weint, wenn es Hunger hat, und liebevoll gefüttert wird, lernt, daß zwischen seinem Hilferuf und dem Erfolg in Gestalt einer angemessenen mütterlichen Reaktion ein Zusammenhang besteht. Wenn diese Erfahrung sich häufig wiederholt, lernt das Baby, daß der nagende Hunger oder die Schmerzen nicht ewig dauern werden. Es gibt ein Zeichen, und schon kommt Hilfe. Ein Baby mit solchen Erfahrungen lernt, bei innerem Stress hoffnungsvoll zu warten. Die einfühlsame Reaktion der Mutter hilft ihm, seine Angst in Grenzen zu halten, so daß es sie bewältigen kann. Die Mutter schützt das Baby vor der Erfahrung extremer Angst, bevor es sich selbst schützen kann.

Wenn ein Baby weint und weint und nichts geschieht, entsteht eine ganz anders geartete innere Erfahrung. Es stellt fest, daß seine Zeichen für Bedürftigkeit keine Wirkung haben und keine Hilfe herbeiholen, und es kann nicht lernen, daß zwischen Brauchen und Empfangen ein Kausalzusammenhang besteht. Während das körperliche Unbehagen wächst, wächst auch die Angst, daß dieser Zustand ewig andauern wird. An die

Stelle der Hoffnung tritt Verzweiflung, und dem Baby stehen nur zwei Reaktionsmöglichkeiten offen: in verzweifeltes, zorniges Schreien zu desintegrieren oder sich in apathischen Schlaf zurückzuziehen. Statt daß Vater oder Mutter das Kind vor Angst schützen, werden sie hier zur Ursache der Angst.

Mangelnde Übereinstimmung zwischen den Zeichen des Babys und der elterlichen Reaktion kann in vielen Bereichen auftreten. Das Baby kann flehentlich lächeln und von der Mutter ignoriert werden; es kann sich an sie klammern und ohne viel Federlesens ins Bett gesteckt werden; es kann zu ihr kommen und weggestoßen oder um Hilfe rufen und nicht gehört werden.

Wenn diese Zurückweisungen nicht die Ausnahme sind, sondern zur Regel werden, formen sie das Ichgefühl des Babys und seine emotionalen Beziehungen. Babys, die wenig Hilfe bekommen, wenn sie in Not sind, neigen zu Mutlosigkeit, Wut und häufigem Weinen. Bei Experimenten mit verbaler Kommunikation und anderen sozialen Signalen bleiben sie zurück, da sie den Glauben an ihre Fähigkeit verlieren, gute Erfahrungen für sich selbst zu schaffen.[11]

Solche Babys werden hinsichtlich der physischen und emotionalen Verfügbarkeit ihrer Mütter chronisch ängstlich; sie können nicht zuversichtlich damit rechnen, daß die Mutter reagieren wird, wenn sie etwas brauchen. Die Angst, daß die Mutter nicht da ist, wird allmählich internalisiert und zu einem integralen Bestandteil ihres Ichgefühls und ihrer Sicht von der Welt. Umgekehrt internalisieren Babys, deren Signale verläßlich und angemessen beantwortet werden, ein Gefühl, daß sie wertvoll sind und gute Pflege verdienen. Indem sie anderen vertrauen, lernen sie, sich selbst zu vertrauen.[5]

Die komplizierten Muster von Wechselseitigkeit zwischen Mutter und Baby veranlaßten den bekannten britischen Kinderarzt und Psychoanalytiker D. W. Winnicott zu dem Ausspruch, daß es «*das* Baby nicht gibt».[12] Damit meinte er, daß die Individualität eines Babys sich in einer bestimmten Umgebung entwickelt, so daß sein Wesen tiefgreifend von der Art der Fürsorge, die es erhält, beeinflußt wird.

Gleichzeitig können Mütter sehr wohl das Gefühl haben, daß es *die* Mutter nicht gibt, da jede auf die einzigartigen Eigenschaften und spezifischen Anforderungen ihres Kindes reagiert. Es gibt zwar einen Kern von mütterlichen Einstellungen und Praktiken, die jede Frau in die Pflegesituation einbringt, doch die gleiche Mutter kann auf ihre verschiedenen Kinder unterschiedlich reagieren, je nachdem, wie wohl sie sich in den verschiedenen Lebensabschnitten mit sich selbst, mit ihrem Muttersein und mit jedem einzelnen Baby fühlt. Das gilt natürlich genauso für Väter.

Wie unersetzbar ist eine Mutter?

Eine Mutter ist für ihr Baby ein ganz besonderer Mensch, da es von der Schwangerschaft an intime körperliche und emotionale Erlebnisse mit ihr teilt. Das heißt aber nicht, daß nur die Mutter und niemand anders als die Mutter einem Baby helfen kann, in seinen mitmenschlichen Beziehungen ein Gefühl der Geborgenheit zu entwickeln.

Kinder können in unterschiedlichen Umgebungen gut gedeihen, vorausgesetzt, daß sie befriedigende Beziehungen mit einer kleinen Anzahl von gleichbleibenden Bezugspersonen haben, die sich auf ihre Bedürfnisse einstellen. Adoptiveltern, Väter, Großeltern und andere Erwachsene können ein Kind gleichermaßen gut aufziehen. Auf diesen Seiten wird normalerweise die Mutter als Bezugsperson genannt, da sie in der Realität so oft die wichtigste Pflegeperson ist: der emotionale Bezugspunkt des Babys. Von «Mutter» zu sprechen ist einfach ein Weg, derjenigen Ehre zukommen zu lassen, der beim Aufziehen kleiner Kinder am häufigsten Ehre gebührt.

Gleichzeitig haben sich in den letzten zehn Jahren zunehmend Väter mit der Kinderbetreuung beschäftigt. Kyle Pruett untersuchte eine Gruppe von Familien, in denen der Vater die wichtigste Pflegeperson war, während die Mutter arbeitete. Er stellte fest, daß die Männer mit ihrer Fähigkeit, Kinder zu pflegen, der Aufgabe, ihre Kinder großzuziehen, mehr als gerecht wurden. Die Kinder gediehen in der Obhut ihrer Väter gut.[13]

Tatsächlich entwickeln Babys schon in sehr frühem Alter unterschiedliche Beziehungen zu verschiedenen Menschen. Mit vier Wochen reagieren sie bereits in vorhersehbarer, einzigartiger Weise auf ihre Mütter und Väter, und diese beiden Reaktionsmuster wiederum unterscheiden sich von den diffuseren Reaktionen auf Fremde.[14] Mit 12 Monaten können Babys sich in der Beziehung zu einem Elternteil geborgen fühlen, in der Beziehung zu dem anderen Elternteil aber Angst haben.[15] Diese verschiedenen Muster werden stark durch die Sensibilität und die Empfänglichkeit des jeweiligen Elternteils dem Kind gegenüber beeinflußt. In diesem Sinne dienen die ersten zwölf Monate als Laboratorium, in dem das Baby lernt, was es von wichtigen Menschen in seinem Leben erwarten kann.

Wie stark eine Angstbeziehung zu einem Elternteil oder Betreuer die emotionale Entwicklung des Kindes beeinflußt, hängt davon ab, ob dieser Mensch im Leben des Kindes eine zentrale Rolle spielt. In einer Gruppe von Mittelschichtkindern, die vor allem von ihren Müttern aufgezogen wurden, zeigten Kleinkinder, die zwischen 12 und 18 Monaten ihren Müttern gegenüber ängstlich waren, im Alter von 6 Jahren mehr Unsicherheit als Kleinkinder, die in den ersten 18 Monaten eine sichere Beziehung zur Mutter hatten. Im Gegensatz dazu ließ sich aufgrund einer frühkindlichen Angstbeziehung zum Vater für diese Gruppe keine spätere Unsicherheit feststellen.[16] Für die Kinder war die Mutter die wichtigste Bezugsperson, und die Beziehung zu ihr beeinflußte deutlich ihre emotionale Entwicklung.

Unsichere Bindungen sind vor allem Auslöser einer wichtigen, aber normalen Angst im Babyalter: der Angst, die Mutter zu verlieren, auch Trennungsangst genannt. Im Alter zwischen 6 und 10 Monaten protestieren Babys energisch gegen das Fortgehen der Mutter und sind viel weniger bereit als vorher, Ersatz für sie zu akzeptieren. Im Laufe zahlreicher Interaktionen, die in vielerlei Zusammenhängen und Stimmungen auftreten, hat das Baby eine starke, kompromißlose Bindung an die wichtigste Pflegeperson hergestellt. Sie ist zum Mittelpunkt seines emotionalen Lebens geworden.

Die Qualität dieser Bindung kann individuell sehr verschieden sein. Die Bindung kann von Geborgenheit oder Ängstlichkeit bestimmt sein, kann überschwenglich oder affektiv gedämpft sein, leidenschaftlich oder ruhig, konfliktreich oder harmonisch, einfach oder vielschichtig, ambivalent oder rückhaltlos. Sie kann all diese Eigenschaften aufweisen oder verschiedene zu verschiedenen Zeiten. Meist aber *besteht* sie einfach, und die Drohung, daß sie nicht mehr bestehen könnte, entfesselt in Kopf und Herz des Babys Höllenqualen.

Wenn sie einmal aufgetaucht ist, wird die Angst vor Trennung und Verlust zur ständigen Gefährtin des Menschen. Es gibt keine vertraute, intensive emotionale Beziehung mehr ohne die Angst um Stabilität und Dauer. Manche Erwachsenen (und manche Babys) sind anfälliger dafür und erleben sie intensiver als andere, aber die Angst, den geliebten Menschen zu verlieren, ist die allgegenwärtige, wenn auch oft verborgene, dunklere Seite der Liebe.

Die Ängste des Kleinkindalters

Das Baby geht mit einer reich ausgestatteten und gefestigten emotionalen Welt in sein zweites Lebensjahr. Es hat hierarchisch geordnete Beziehungen – zu Mutter, Vater, Großeltern, Geschwistern, Betreuern, ja selbst zu der Katze oder dem Hund der Familie –, die jeweils besondere Bedeutung haben

und nicht austauschbar sind. Einige der Bezugspersonen sind für sein Wohlbefinden wichtiger als andere, und es wehrt sich und protestiert, wenn es sich von ihnen trennen soll. Es benutzt jedoch andere vertraute und vertrauenswürdige Menschen als Ersatz, bis die bevorzugte Bindungsfigur wiederkehrt. Je geborgener ein 12 Monate altes Kind sich in seiner wichtigsten Bindung fühlt, desto besser ist es für die speziellen Herausforderungen des zweiten Lebensjahres gerüstet.

Wie wir bereits früher in diesem Buch gesehen haben, entwickelt sich die Trennungsangst so, daß sie mit etwa 18 Monaten am stärksten wird. Es erscheint paradox, daß sie genau dann ansteigt, wenn das Kleinkind den Drang verspürt, von der Mutter fortzustreben, es ist aber leicht erklärbar. Das Fortstreben von der Mutter erfordert ein psychisches Gegengewicht von gleicher Stärke, welches das Kind wenigstens ab und zu innerhalb der mütterlichen Reichweite hält. Dieses Gegengewicht wird von der Trennungsangst gebildet.

Wie alles andere auch wird die Trennungsangst im zweiten Lebensjahr komplizierter. Im ersten Lebensjahr reichte die einfühlsame Reaktion der Mutter aus, um die Not des Babys zu lindern. Jetzt kämpft das Kleinkind innerlich mit sich, ob es überhaupt will, daß die Mutter ihm hilft. Es möchte die Entscheidung selbst fällen, aber meistens kann es nicht allein entscheiden.

Bei diesem inneren Kampf ist häufig genug die Mutter das Ziel, aber das Problem, welches das Kleinkind zu lösen versucht, liegt in Wirklichkeit in ihm selbst. Es sagt: «Ich brauche dich noch!» und protestiert gleichzeitig: «Aber das kann ich doch selber!» Die Fragen, die dem innerlich zugrunde liegen, zeigen, welche Selbstzweifel unter der Selbstsicherheit verborgen sind: «Kann ich das wirklich selber?» und «Bist du da und hilfst mir, auch wenn ich dich wegschicke?»

Gemischte Botschaften sind im Kleinkindalter häufig, da die wichtigsten emotionalen Fragen normalerweise kompliziert sind. (Kein Wunder, daß Takt traditionell als weibliche Tugend betrachtet wird. Eine Mutter braucht nämlich viel Takt, um ihrem Kind zu helfen, ohne daß man ihr vorwirft, sie untergrabe seine Selbständigkeit.)

Angst vor dem Verlust der elterlichen Liebe

Während das heranwachsende Kleinkind ein stärkeres Bewußtsein dafür entwickelt, was richtiges und was falsches Verhalten ist, tritt eine weitere Gruppe von Ängsten in den Vordergrund: die Angst vor Mißbilligung und die Angst vor dem Verlust der elterlichen Liebe.

Mario und seine Mutter haben einen heftigen Streit. Sie schreit ihn an, er solle in sein Zimmer gehen. Er weigert sich. Sie packt ihn am Arm, bringt ihn in sein Zimmer und macht die Tür zu. Er schreit. Sie sitzt vor der geschlossenen Tür und zittert vor Wut, Hilflosigkeit und Schuldgefühlen. Nachdem die beiden sich beruhigt haben, sprechen sie darüber, was geschehen ist. Die Mutter sagt Mario, es tue ihr leid, daß sie die Geduld mit ihm verloren habe. Mario fragt: «Wenn du auf mich wütend bist, hast du mich dann noch lieb?» Seine Mutter bejaht das und fragt zurück: «Hast du mich lieb, wenn du wütend auf mich bist?» Mario schweigt eine Weile und sagt dann: «Ach, ich weiß nicht.» Er fügt hinzu: «Später wohl.»

Mario kämpft mit dem Problem, sich mitten in einem Wutanfall seiner Liebe bewußt zu bleiben. Das wachsende Bewußtsein von sich selbst veranlaßt Kleinkinder, ihre Gefühle recht genau zu untersuchen und viele Fragen dazu zu stellen, welche Gefühle wann auftreten und wie verschiedene Gefühle zueinander passen. Sie versuchen, die Ambivalenz in sich selbst und in anderen zu verstehen.

Die Angst des Kleinkindes, die Liebe der Mutter oder des Vaters zu verlieren, wird durch seine Erfahrung genährt, daß es selbst die Eltern nicht mehr liebt, wenn es zornig auf sie ist. Aufgrund ihrer kognitiven Begrenzungen fällt es kleinen Kindern schwer zu verstehen, daß andere in einer bestimmten Situation vielleicht anders fühlen als sie selbst. Daher kann ein kleines Kind nicht glauben, daß die Eltern es in einer bestimmten Situation weiterhin lieben, wenn es selbst keine Liebe für sie verspürt. Dieses Mißtrauen kann tatsächlich begründet sein, denn selbst den fürsorglichsten Eltern wird es schwerfallen, mitten in einem Streit Liebe zu empfinden. Der Zorn der Eltern ist so anschaulich und real, daß er das Kind glauben machen kann, der gefürchtete Liebesverlust (die endgültige Katastrophe) sei nun eingetreten und werde für immer anhalten. Deswegen ist es so wichtig, sich nach einem Streit zu versöhnen. Die Beruhigung durch die Eltern ist für das emotionale Wohlbefinden des Kleinkindes ungeheuer wichtig.

Körperängste

Nicht alle Ängste des zweiten und dritten Lebensjahres beruhen auf Trennung und Verlust. Der Körper, dieser Störenfried, sorgt nach wie vor für Angst. Die frühkindlichen, durch Verdauung, Hunger und Saugbedürfnisse ausgelösten Ängste wurden inzwischen vermutlich recht gut gemeistert, aber mit neuen Herausforderungen entstehen auch neue Unsicherheiten.

Stuhlgang und Urinieren können bei Kleinkindern viel Angst hervorrufen, da sie unangenehme Empfindungen verursachen, die das Kind nicht kontrollieren kann. Vor allem wenn das Kind für Blähungen, Durchfall oder Verstopfung anfällig ist, kann Stuhlgang mit dem Gefühl assoziiert werden, von innen her bedroht zu werden.

Häufiger ist es jedoch der Druck der Sauberkeitserziehung, der beim Kleinkind Angst erzeugt. Wenn Kinder sauber werden, weil sie motiviert sind, groß zu werden, tritt diese Angst nicht auf. Wenn ihre Eltern jedoch von ihnen verlangen, daß sie ihre Körperfunktionen beherrschen, bevor sie selbst dazu bereit sind, erzeugt die Sauberkeitserziehung Angst, da unklar ist, wer die Macht über den Körper hat, und Schamgefühle, weil das Kind den Ansprüchen der Eltern nicht gerecht werden kann. Kapitel 8 bietet Richtlinien für die Entscheidung, wann mit der Sauberkeitserziehung begonnen werden und wie man dabei vorgehen soll.

Eine weitere Quelle für Körperangst sind die Geschlechtsunterschiede. Mit etwa 15 Monaten beginnen Kinder, sehr genau auf die Unterschiede zwischen Mädchen und Jungen zu achten. Sie können noch keine genauen Fragen stellen oder ihre Befürchtungen in Worte fassen, aber aus ihrem Verhalten wird ersichtlich, daß sie die körperlichen Unterschiede wahrnehmen, und sie können sich Sorgen darüber machen, ob sie das, was das andere Geschlecht hat, auch haben oder nicht. In einer Langzeitstudie mit 70 Jungen und Mädchen in einer Kindertagesstätte beobachteten Roiphe und Galenson, daß Kinder ab einem Alter von 15 Monaten ihre eigenen Genitalien und die anderer genau betrachteten und daß manche Kinder sich wegen der Unterschiede besorgt zeigten.[17]

Erzieherinnen kennen dieses Phänomen sehr gut. Eine berichtet von einem Jungen, Timothy, der mit 15 Monaten voll konzentrierter Aufmerksamkeit beobachtete, wie sie ein kleines Mädchen wickelte. Als er an der Reihe war, lief er weg, versteckte sich unter einem Bettchen und schrie: «Nein! Nein!» Das hatte er noch nie getan. Möglicherweise fürchtete Timothy, der den Grund der Geschlechtsunterschiede nicht kannte, daß er nach dem Wickeln genauso aussehen könnte wie das kleine Mädchen, das er beobachtet hatte. Die Erzieherin erriet seine Furcht und sagte: «Timothy, ich tue dir nicht weh, wenn ich dich wickle. Du bist ein Junge und du bleibst ein Junge. Lindsay ist ein Mädchen, und sie hat keinen Penis.» Die Erklärung erfüllte ihren Zweck. Timothy ließ zu, daß seine Windel gewechselt wurde.

Furcht vor dem Unbekannten

Unser ganzes Leben hindurch haben die altersspezifischen Gründe für Angst mit jenen Lebensaufgaben zu tun, die wir nur unvollkommen verstehen und über die wir viele Phantasien haben. Für jüngere Kleinkinder können Bewegung und Sauberkeitserziehung im Mittelpunkt stehen, für ältere Kleinkinder und für Drei- und Vierjährige die Unterschiede zwischen Jungen und Mädchen und wie Babys gemacht werden, für junge Erwachsene die Geheimnisse der Liebe und für sehr alte Menschen die Geheimnisse des Todes und der jenseitigen Welt.

Wir neigen dazu, Angst vor dem zu haben, was wir nicht kennen, und Kleinkinder bilden da keine Ausnahme. Verkompliziert wird die Sache dadurch, daß sie häufig zu falschen

Schlüssen kommen, da ihre Logik noch auf ihren Wünschen und Befürchtungen statt auf objektiver Information beruht. Außerdem hören Kleinkinder vieles mit an, was sie nicht verstehen können. Erwachsene bereiten ihre Unterhaltungen nicht routinemäßig so auf, daß sie für Kleinkinder verständlich sind, und häufig wissen sie nicht einmal, daß das Kind gerade zuhört. Doch das Kleinkind kann Qualen durchmachen, da es das Gehörte sehr persönlich versteht.

Während des Golfkrieges weigert sich Philip, 27 Monate alt, im Hof zu spielen oder auf den Spielplatz zu gehen. Er entwickelt heftige Angst, nach draußen zu gehen, und klammert sich immer an seine Eltern, wenn die Familie doch ausgeht. Der Grund für seine Ängste wird deutlich, als sein älterer Bruder einen Stein umdreht, um die Würmer darunter zu betrachten, und Philip anfängt zu schreien. Nach geduldiger Befragung seitens des Vaters schluchzt Philip: «In einem Stein ist ein böser Mann, und der macht Leute tot, und ich weiß nicht, in welchem Stein er ist.» Das war seine beste Interpretation der besorgten Diskussionen, die in der Familie über Saddam Hussein im Irak geführt wurden.*

Angst vor Liebesverlust, vor den Körperfunktionen und davor, wie die Welt gemacht ist, kann bewältigt werden, wenn das Kleinkind im großen und ganzen zuversichtlich ist, daß seine Mutter oder sein Vater ihm zuhören und zu seinen Gunsten eingreifen. In jedem Alter werden Ängste größer, wenn man mit ihnen allein ist. Philip konnte seinen Eltern vertrauensvoll von dem «bösen Mann im Stein» erzählen, weil sie ihm klarmachten, daß sie seine Ängste ernst nahmen. Ihre geduldigen, beharrlichen Fragen und ihr aufmerksames Zuhören waren für Philip deutliche Zeichen, daß sie ihm helfen wollten. (Sag mir mal, was dir angst macht. Ist dir draußen etwas passiert? Hast du Angst vor den Würmern?) Wenn seine Weigerung, nach

* Die Klangähnlichkeit von «Irak» und «a rock» (ein Stein) im Amerikanischen erklärt die Angst des kleinen Philip.

draußen zu gehen, als unvernünftig oder lächerlich abgetan worden wäre, hätte Philip, schweigend und unnötigerweise, viel länger gelitten.

Was ist optimale Angst?

Unter den wünschenswertesten Bedingungen lernt das Kind, Angst zu bewältigen, wenn es genau der richtigen Dosis davon ausgesetzt ist, nicht viel mehr und nicht viel weniger. Diese optimale Dosis Angst ist je nach Alter und Temperament des Kindes verschieden. Sie kann auch von kulturellen Werten abhängig sein. Selbst in einer bestimmten Kultur jedoch haben sachkundige Erwachsene unterschiedliche Ansichten darüber, wieviel Angst, Frustration oder Stress für das jeweilige Kind «genau richtig» sind. Es gibt keine mathematische Formel, mit der man die exakte Dosis ausrechnen könnte. Daher ist Kindererziehung eine Kunst und keine Wissenschaft, und daher müssen Eltern in Kontakt mit ihren persönlichen Überzeugungen bleiben, wenn sie entscheiden, wieviel Angst ihr Kind ertragen kann.

Trotzdem können wir als Richtschnur für unsere Gedanken zu diesem Thema einige unterschiedliche Möglichkeiten in Erwägung ziehen. Lassen Sie uns zu dem Beispiel des Neugeborenen zurückkehren, das vor Hunger weint. Wenn die Mutter sofort reagiert, trinkt das Baby mit Vergnügen und schläft friedlich ein. Wenn das Stillen so lange aufgeschoben wird, daß das Schreien eskaliert, beruhigt sich das Baby nicht sofort, wenn es Milch angeboten bekommt. Es schreit noch mit der Brustwarze im Mund weiter und kann sich sogar an der fließenden Milch verschlucken. Wenn wir diesen Sachverhalt in Zeiteinheiten betrachten, stellen wir fest, daß das Baby sich innerhalb von nur 5 Sekunden beruhigt, wenn die Mutter innerhalb von 90 Sekunden auf sein Schreien reagiert. Wenn sie 3 Minuten wartet, braucht es etwa 50 Sekunden, um sich zu beruhigen.[18] Mit anderen Worten: Eine Verdoppelung der Reaktionszeit der Mutter führt zu einer Verzehnfachung der Zeit, die das Baby schreit. Wenn die Verzweiflung des Babys einmal außer Kontrolle gerät, ist es weit schwieriger, ihm zu helfen, sich emotional neu zu orientieren und sich wieder mit der Welt zu befassen.

Daraus abzuleiten, was in diesem Zusammenhang optimale Angst ist, ist nicht schwer. Ein hungriges Neugeborenes hat nicht die innere Kraft, auf Nahrung zu warten, ohne dabei zu verzweifeln. Wenn es älter wird, bekommt es jedoch mehr Erfahrung darin, seine inneren Anzeichen zu regulieren, und dann hegt es die beruhigende Erwartung, daß die Mutter sich zuverlässig um seine Hungersignale kümmern wird. Es ist dann auch in der Lage, mit Hilfe verbaler Beruhigungen durch die Mutter seinen Hunger zu ertragen, und es kann sich selbst mit verschiedenen Aktivitäten ablenken, zum Beispiel, indem es beobachtet, wie die Mutter sein Essen zubereitet. Es hat gelernt, vertrauensvoll zu warten.

Der Lernprozeß, die Ängste des Kleinkindalters zu bewältigen, verläuft ähnlich. Kleinkinder bekommen Wutanfälle und protestieren laut, wenn ihnen etwas nicht paßt. Wenn sie sich von einem Wutanfall erholen und wieder zu ihrem normalen Ich zurückfinden, konnten sie die Erfahrung, die zu dem Wutanfall geführt hat, höchstwahrscheinlich bewältigen. Eine derartige Erfahrung ist sogar wertvoll, da sie das Kleinkind lehrt, daß Frustration und Angst unangenehme Zustände sind, die als Teil des Lebens ertragen werden können. Wenn die Eltern weiterhin zur Verfügung stehen und helfen, lernen Kleinkinder, enttäuschende und kummervolle Situationen zu bewältigen, ohne emotional Schaden zu nehmen. Die Wutanfälle lassen nach und verschwinden schließlich.

Im Vorschulalter können Kinder ihr Verhalten dann besser kontrollieren, und sie fangen an, darüber zu sprechen, was sie möchten und was sie fühlen, wenn sie es nicht bekommen. Sie werden nicht mehr von der Enttäuschung überwältigt und nehmen auch nicht mehr an, daß sie ein natürliches Recht darauf haben, daß alles nach ihrem Willen geht.

Spiel und die Meisterung von Angst

Angst kann ein sehr nützliches Gefühl sein, wenn sie gut bewältigt wird. Der Impuls des Kindes, altersgemäße Angst zu meistern, ist ein machtvoller Ansporn zum Lernen. Meisterung von Angst ist möglich, wenn die Fähigkeiten des Kindes durch die Herausforderung auf die Probe gestellt werden, ohne daß es überfordert wird. Wenn die Eltern andererseits allzu nachgiebig sind und versuchen, dem Kind die während der Entwicklung auftretenden Frustrationen zu ersparen, wird es unsicher werden, ob es überhaupt in der Lage ist, mit solchen Schwierigkeiten umzugehen, und selbst angesichts kleinerer Sorgen und Probleme ängstlich werden.

Was lernt ein Kleinkind aus seiner Angst? Angst dient als Signal dafür, daß gleich etwas Gefährliches geschehen wird, aber noch nicht geschehen ist. Das gibt dem Kind die Möglichkeit, nach Wegen zu suchen, mit der Gefahr umzugehen. Diese Suche und die Lösungen, die das Kind findet, verwandeln Angst in das Vergnügen der Entdeckung. Der Prozeß der Verwandlung von Angst in die Meisterung einer Situation ist eine grundlegende Komponente in der Entwicklung von Kreativität.

Die Eltern von Cecilie, 15 Monate alt, gehen abends aus. Sie weint, obwohl sie ihre Babysitterin sehr gern hat. Im Laufe des Abends ist sie abwechselnd fröhlich und mißmutig, mal spielt sie vergnügt mit der Babysitterin, und mal ruft sie tränenreich nach ihrer Mutter. Dann fällt ihr ein Spiel ein: Sie krabbelt unter ihr Bettchen, kneift

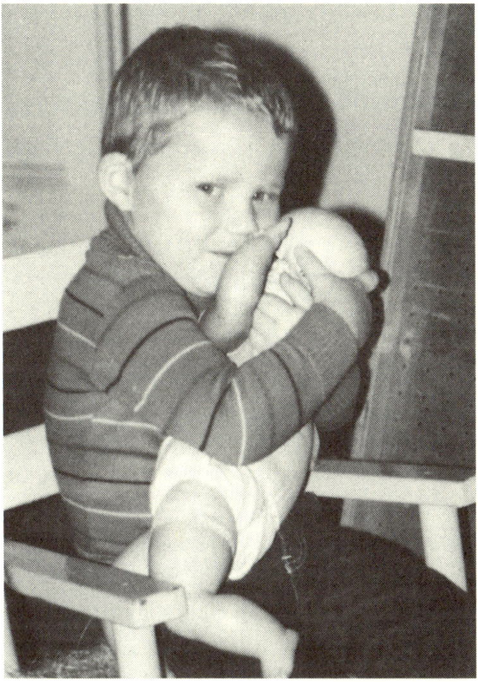

die Augen fest zu, wartet einen Augenblick und ruft dann, unfähig, sich zu beherrschen, laut: «Hier bin ich!», während sie darauf wartet, daß die Babysitterin sie «findet». Sie spielt dieses Spiel unzählige Male und lacht fröhlich, wenn sie gefunden wird. Dieses improvisierte Versteckspiel hilft ihr, ihr aufkeimendes Wissen zu üben und zu stärken, daß die Mutter immer wiederkommt, genauso wie Cecilie selbst mal versteckt sein kann, so daß man sie nicht sieht, daß man sie dann aber wiederfindet.

Rafi, 20 Monate alt, hat gerade entdeckt, daß Mädchen keinen Penis haben. Nachdem seine Mutter ungewöhnlich lange nichts von ihm gehört hat, findet sie ihn schließlich, wie er mit nacktem Unterkörper in seinem Zimmer sitzt. Er ist völlig damit beschäftigt, mit einer Plastiktasse seinen Penis zu bedecken und sie wieder abzuheben. Er überprüft, ob der Penis da ist, selbst wenn man ihn nicht sehen kann. Seine Angst um seine körperliche Integrität hat ihn dazu gebracht, ein wissenschaftliches Experiment zu erfinden, das er systematisch wiederholt, um sicherzugehen, daß das Ergebnis verallgemeinerbar ist.

Michaels Mutter hat eine Erkältung und ist für ein paar Tage außer Gefecht gesetzt. Michael, 24 Monate, darf zwar in ihr Zimmer, aber wegen der Ansteckungsgefahr darf er ihr nicht nahekommen. Er sitzt still da und beobachtet sie lange. Dann holt er eine Puppe und untersucht sie von Kopf bis Fuß, um herauszufinden, «was sie hat». Er wiegt die Puppe zärtlich in den Armen. Anschließend wendet er sich an seinen Vater und verkündet fröhlich: «Jetzt ist alles wieder besser.»

Spiel ist eine wichtige Methode, um den Umgang mit Angst zu lernen. Es bietet dem Kind einen geschützten Raum, in dem es nach Belieben experimentieren und die Regeln und Einschränkungen der physischen und sozialen Realität außer Kraft setzen kann. Im Spiel wird das Kind vom Untertan zum Herrscher. Es entscheidet selbst, statt die Entscheidungen der Erwachsenen befolgen oder ertragen zu müssen, was immer das Leben bringt – von der Krankheit der Mutter bis zu einer verstörenden Entdeckung. Das Spiel gestattet dem Kind, den Zustand der Passivität zu verlassen und das, was in seiner Umgebung geschieht, aktiv selbst zu gestalten.

Erik Erikson stellte die Theorie auf, daß Spiel die kindliche Version einer lebenslangen menschlichen Neigung ist, modellhafte Situationen zu schaffen, um mit verschiedenen Arten der Realitätsbeherrschung zu experimentieren.[19] Im Spiel erlebt das Kind vergangene Ereignisse wieder, und während dieses Prozesses baut es zurückgebliebene Ängste und Befürchtungen ab, indem es sie «ausspielt», genauso wie Erwachsene emotionale Erleichterung im «Aussprechen» finden.

Jessica, 25 Monate alt, wurden die Mandeln herausgenommen. Vom medizinischen Standpunkt aus gesehen verlief die Operation zwar glatt, aber für das kleine Mädchen brachte sie große Belastungen mit sich, darunter auch das Erlebnis, für die Operation von den Eltern fortgerollt zu werden und dann mehrere Tage lang Schmerzen zu haben. Nach ihrer Heimkehr klammert Jessica sich stärker als sonst an die Mutter. Außerdem läßt schon die Fliege an der Wand sie in die Luft gehen. Während dieser Phase ist sie so ängstlich, daß ihre Spielphasen nur von kurzer Dauer sind. Ihre Eltern helfen ihr, indem sie immer wieder über das sprechen, was geschehen ist. Jessica hört konzentriert zu, stellt gelegentlich Fragen und trägt selbst Einzelheiten dazu bei. In den folgenden vier Monaten, während ihre Angst vor Trennung und körperlicher Schädigung sich legt, will Jessica von der Operation nichts mehr hören, sondern beginnt, sie auszuspielen. Sie wird zur Chirurgin und operiert ihre Puppe. Dabei wird sie ziemlich wütend auf die Puppe. Diese Reaktion spiegelt ihre Wahrnehmung wider, daß die Operation ein aggressives Eindringen in ihren Körper war. Jessicas Eltern macht es zwar kein Vergnügen, diese Art Spiel mit anzusehen, aber sie erkennen, daß ihre Tochter ihren eigenen Weg finden muß, die Wut und Hilflosigkeit, die sie während dieser schweren Prüfung empfunden hat, auszudrücken und durchzuarbeiten.

Spiel hilft, mit der Vergangenheit fertig zu werden und, was genauso wichtig ist, der Zukunft die richtige Gestalt zu geben, nämlich einer besorgniserregenden Situation ein glückliches Ende zu verschaffen.

Marias Eltern streiten sich laut vor dem Kind. Maria, 32 Monate, sieht eine Weile schweigend zu, aber dann schreit sie ihre Eltern an: «Zankt euch doch nicht! Das ist nicht schön!» Später spielt sie den Streit mit ihren beiden liebsten Stofftieren nach. Sie spricht für beide und ahmt dabei die Stimmen und den wütenden Tonfall ihrer Eltern nach. Dann läßt sie die Stofftiere sich umarmen und sagt: «Wir wollen uns nicht mehr zanken.»

Auch Humor ist ein machtvolles Werkzeug, um Angst zu bewältigen, und Kleinkinder freuen sich an ihrem wachsenden Vermögen, ihn einzusetzen. Sie beginnen sogar, mit Streichen zu experimentieren, die sie sowohl ihren eigenen Verletzlichkeiten als auch den Regeln und Befürchtungen ihrer Eltern spielen.

Iden, 28 Monate, klettert auf den Küchentisch, etwas, was seine Eltern ihm immer wieder verboten haben. Er stellt sich ganz dicht an den Rand, tut so, als würde er hinunterfallen, und schreit dann: «Hilfe! Hilfe!», wobei ihm der Schalk aus den Augen lacht. (Seine Eltern fanden seinen witzigen Einfall weniger lustig.)

Kinder gewöhnen sich an viele Situationen, die anfänglich Angst bei ihnen hervorrufen, weil sie lernen, daß das Ereignis nicht mit einem furchterregenden, gefährlichen Ergebnis verbunden ist. Sie finden heraus, daß es nicht weh tut, die Haare geschnitten zu bekommen, und daß sie nachwachsen. Sie entdecken, daß die meisten unbekannten Situationen sich als recht angenehm erweisen und sogar Spaß machen. Am wichtigsten aber ist, daß sie entdecken, daß Menschen und Dinge nicht verschwinden, wenn man sie nicht mehr sieht, daß Mama und Papa immer wiederkommen und daß sie selbst mit anderen Menschen eine schöne Zeit verbringen können, während ihre Eltern fort sind.

Eltern können Kleinkindern helfen, ihre Angst vor einer bestimmten Situation auszuspielen, indem sie ihnen Raum dafür geben, ihnen aber nicht das Drehbuch vorschreiben. Das Wesen des Spiels ist Spontaneität, und Kleinkinder können besser spielen als Erwachsene. Eltern können ihre Erlaubnis geben und sich vom Kind führen lassen, aber sie müssen aufpassen, daß sie das Tempo des Kindes nicht stören, indem sie ihre eigenen Vorstellungen davon, was das Kind mit Hilfe des Spiels lösen sollte, einbringen.

Übermäßige Angst

Angst kann ihren Sinn haben, aber sie kann auch schaden. Sie verliert ihren Lehreffekt, wenn sie das Vermögen des Kleinkindes, mit ihr umzugehen, übersteigt. Es hat dann zu Experimenten, Spiel und Humor keinen Zugang mehr und kann aus der Erfahrung nichts lernen.

Wenn das Kind ständig übermäßiger Angst ausgesetzt ist, muß es zu extremen psychischen Maßnahmen greifen, um weiter zu funktionieren und dabei die innere Verzweiflung möglichst klein zu halten. Diese Reaktionen dienen zum Schutz vor unerträglichem psychischem Schmerz. Sie erfüllen ihren Zweck zwar insofern, als sie die Angst unterdrücken, aber sie fordern psychisch gesehen einen hohen Preis, da sie die Fähigkeiten des Kindes beschränken, die Wirklichkeit zu beurteilen und zu fühlen und zu lernen.

Welche Situationen lassen übermäßige Angst entstehen? Die Antwort auf diese Frage kann von Kind zu Kind verschieden sein. Kleinkinder mit unterschiedlichen Temperamenten erleben die gleichen Situationen unterschiedlich, und manche Kinder können in Situationen, in denen Gleichaltrige mit Freude und Begeisterung reagieren, übermäßige Angst bekommen. Ein gutes Beispiel dafür sind die unterschiedlichen Reaktionen bei der ersten Begegnung mit einem Schwimmbecken. Manche Kleinkinder sind entsetzt und ziehen sich in panischem Schrecken zurück. Andere können vom Herumplanschen gar nicht genug kriegen.

Trotz der individuellen Unterschiede gibt es Situationen, die bei allen Kleinkindern heftige Angst auslösen.

- Häufige und lange Trennungen von dem bevorzugten Elternteil, wenn kein Ersatz zur Stelle ist, dem das Kind vertraut, sind wohl der häufigste Grund für übermäßige, nicht zu bewältigende Angst bei Kleinkindern.
- Die Drohung, verlassen zu werden, jagt großen Schrecken

ein, da sie bewirkt, daß das Kind an der grundsätzlichen Liebe der Eltern und an ihrem Wunsch, es zu beschützen, zweifelt. «Ich lasse dich hier, wenn du jetzt nicht mitkommst»; «Ich rufe die Polizei, damit sie kommt und dich holt»; «Ich hab dich nicht mehr lieb»; «Ich mag dich nicht mehr.» Das sind häufige, aber sehr schädliche Drohungen, die von Eltern benutzt werden, um ihre Kinder unter Kontrolle zu halten.

- Globale kritische Bemerkungen erzeugen Angst, da sie das Kind glauben machen, es sei von Natur aus schlecht. «Du bist bös»; «Dummerchen»; «Du bist so stur»; «Du hörst nie zu» sind typische Beispiele dafür.
- Dem Kind die Schuld dafür zu geben, wie Mutter oder Vater sich fühlen, führt dazu, daß das Kind glaubt, es sei gefährlich und könne den Eltern einfach dadurch weh tun, daß es ist, wer es ist. «Du bringst mich noch um»; «Wegen dir kriege ich noch mal einen Herzinfarkt»; «Du machst mich völlig fertig.»
- Wiederholte oder harte körperliche Strafen oder Androhungen von körperlichen Strafen ängstigen ein Kind, so daß es versucht, auf der Hut zu sein und vorherzusehen, wann die Strafe kommt. Routinemäßige körperliche Strafen wie Verhauen lehren ein Kleinkind außerdem, daß Gewalt vor Recht geht und daß man ruhig zuschlagen kann, wenn man stärker ist und ungeschoren davonkommt.
- Unberechenbare Wechsel der Betreuungspersonen machen Kleinkinder ängstlich, da sie sich nicht auf eine stabile Ersatzbeziehung verlassen können, wenn die Eltern fort sind.
- Über die Ängste von Kleinkindern zu lachen oder sie als belanglos abzutun führt dazu, daß die Kinder sich mit ihren sehr realen Ängsten davor, wie die Welt funktioniert oder was ihnen zustoßen wird, allein gelassen fühlen.
- Ein Geschwisterkind auf Kosten der anderen zu bevorzugen, indem man dieses Kind ständig verteidigt, löst Angst aus, weniger wert zu sein als andere. Kinder internalisieren die

Botschaft, daß ihre Bedürfnisse nicht so viel zählen wie die des bevorzugten Geschwisterkindes, und das kann zu einem lebenslangen Minderwertigkeitskomplex führen.

- Übertriebene elterliche Besorgnis um die körperliche Sicherheit des Kindes, so daß die Eltern ständig um das Kind herum sind und es dauernd zur Vorsicht ermahnen, selbst wenn keine unmittelbare Gefahr droht, beunruhigt auch das Kind: «Paß auf, du fällst gleich»; «Du stößt dir den Kopf»; «Du tust dir weh». Diese übermäßige Sorge beim Vorhersehen von Gefahr kann sich auf das Kind übertragen, das die Welt dann vielleicht als gefährlichen Ort wahrnimmt. Solche Kleinkinder geraten aufgrund der Diskrepanz zwischen ihrem eigenen Erkundungsdrang und der elterlichen Botschaft, daß Erkundung weh tut, in Konflikte.
- Übertriebene elterliche Sorge um die Förderung der Intelligenz des Kindes belastet das Kind. Wenn Eltern allzu gewissenhaft die kognitiven Fertigkeiten ihres Kindes fördern wollen, neigen sie dazu, jeden Aspekt des Alltagslebens als Möglichkeit anzusehen, dem Kind etwas beizubringen und sein Wissen zu prüfen. In dieser Verfassung vergißt man leicht, daß frühes Lernen am wirkungsvollsten im spontanen, vergnügten Austausch geschieht, der den kindlichen Interessen entspricht. Allzu stark strukturierte Bemühungen, das Kleinkind etwas zu lehren, können früh Angst vor Leistungsdruck erzeugen, da das Kind Lernen mit elterlichem Lob assoziiert und nicht mit dem natürlichen Vergnügen, altersgemäße Fertigkeiten zu beherrschen.
- Übermäßige elterliche Aufmerksamkeit für das Innenleben des Kindes und seine geistige Gesundheit übt Druck auf das Kind aus. Manche Eltern sind so sehr darauf bedacht, sensibel und empfänglich für die Gefühle ihres Kindes zu sein, daß sie allzu sehr darum besorgt sind zu verstehen, was das Kind denkt und fühlt. Sie stellen viele Fragen und erklären dem Kind lang und breit, was es fühlt und warum. Sie versuchen auch, Frustration unter allen Umständen möglichst ge-

ring zu halten, machen sich große Sorgen, wenn ihr Kind traurig oder wütend auf sie ist, und bemühen sich sehr, die Zustimmung des Kindes zu erlangen, wenn sie etwas tun müssen, was ihm nicht paßt. Kleine Kinder, die unter solch scharfer Bewachung aufwachsen, können übergroße Angst vor ihren eigenen Gefühlen bekommen. Das Kind weiß, daß die Eltern sich Sorgen machen, wenn es traurig, ärgerlich oder aufgeregt ist, und es nimmt an, daß das daran liegt, daß mit diesen Gefühlen von Natur aus etwas nicht stimmt. Kinder, von denen erwartet wird, daß sie ständig glücklich sind, damit ihre Eltern sich wohl fühlen, werden ihres Rechtes beraubt, eine Vielfalt an echten Emotionen zu empfinden. Das Bemühen, den Eltern durch ein fröhliches, angenehmes und kooperatives Wesen zu gefallen, das unmöglich als Dauerzustand aufrechtzuerhalten ist, kann ein Leben lang Grund für Angst bleiben.

Die Liste von angstauslösenden Situationen ist so groß, daß sie Eltern die Angst einjagen könnte, sie wären gar nicht in der Lage, alles richtig zu machen. Erfreulicherweise aber ist es eine Frage des richtigen Gleichgewichts. Irgendwann tun alle Eltern Dinge, die in ihren Kindern Angst erzeugen. Im allgemeinen macht das nicht sehr viel aus. Unsere Kinder lieben uns so, daß sie uns unsere Fehler verzeihen und weiter wachsen. Angst, mit der sie umgehen können, trägt zum Aufbau von Kräften zur Bewältigung unangenehmer Situationen bei und nützt Eltern und Kindern. Erst wenn man zu sehr fehlgeht und das zu oft in eine der Richtungen, besteht Grund zur Besorgnis, und Kleinkinder sagen uns deutlich, wenn die Angst, die sie spüren, unerträglich ist.

Mit übermäßiger Angst fertig werden

Jedes Kind, das mit übergroßer Angst zu kämpfen hat, entwikkelt emotionale Strategien, um sie abzuwehren. Viele dieser Abwehrstrategien lassen sich vor dem Hintergrund der biologisch begründeten «Flucht-oder-Angriff»-Reaktion auf akute Gefahr verstehen.[20] Mit anderen Worten, Kinder zeigen entweder Verhaltensweisen, die zu einem Rückzug aus der unliebsamen Situation führen, oder reagieren mit Wut und Aggression darauf. Manchmal kann dasselbe Kleinkind unter verschiedenen Umständen verschiedene Verhaltensmuster zeigen: Es kann zum Beispiel vor Vater oder Mutter zurückweichen und wütend auf die Betreuerin oder einen Altersgenossen werden. Andere Kinder können vor derselben Person entweder zurückweichen, oder sie können wütend auf sie werden, das kommt auf die Situation an.

Alle normalen Kleinkinder zeigen als Reaktion auf Stress irgendwann eine oder alle dieser Verhaltensweisen. Ein ernsthafteres Problem liegt nur dann vor, wenn das Verhaltensmuster so stark ist und so häufig auftritt, daß es wochenlang hintereinander das Vergnügen des Kindes an emotionalen Beziehungen und an Erkundung und Spiel beeinträchtigt.

Meidungsverhalten. Körperlicher Rückzug (oder «Flucht») vor den Eltern ist bei unerträglicher Angst eine häufige Abwehrstrategie. Sie tritt oft auf, wenn Kleinkinder nach einer längeren Trennung, die ihre Kräfte sehr beansprucht hat, wieder mit den Eltern zusammenkommen.[1] Das Kind begrüßt die Eltern möglicherweise nicht, sondern wendet den Blick ab, dreht sich fort, geht weg oder setzt sich mit dem Rücken zu den Eltern. In ernsthafteren Situationen (zum Beispiel nach einer Trennung von einer Woche oder länger) kann es aussehen, als würde das Kind die Eltern nicht erkennen, eine Reaktion, die von einigen Minuten bis zu einigen Stunden dauern kann.

Bei sehr schweren Reaktionen erkennt das Kind die Eltern vielleicht schließlich, reagiert aber auf unpersönliche und distanzierte Weise auf sie und zeigt mehr Interesse an dem Spielzeug, das sie mitgebracht haben, als an einer Interaktion mit ihnen. Diese extreme Form des Meidungsverhaltens ist als «Distanzierung» bezeichnet worden.[1]

Meidungsverhalten kann als Versuch des Kindes verstanden werden, seine Wut über die Eltern zu beherrschen. Beim Wiedersehen nach einer längeren Trennung wird das Kind zwischen seiner Wut, verlassen worden zu sein, und seiner Aufregung und Erleichterung über die Rückkehr der Eltern hin- und hergerissen. Meidungsverhalten kann dem Kind vorübergehend einen Raum bieten, um diese intensiven, widersprüchlichen Gefühle zu klären. Nach einer anstrengenden Trennung ist das Kind emotional zu verletzlich, als daß es wagen könnte, seine Wut offen und unmittelbar zum Ausdruck zu bringen, denn in seiner Phantasie könnte diese Wut die Eltern wieder vertreiben.

Viele Kleinkinder klammern nach dem anfänglichen Meidungsverhalten stark und werden den Eltern gegenüber sehr aggressiv. Es scheint, als könnten sie sich erst gestatten, die ganze Bandbreite ihrer Gefühle auszudrücken, wenn sie einigermaßen sicher sind, daß die Eltern wirklich wieder da sind und sie nicht wieder verlassen werden.

Angriff. Aggression ist der direkteste Ausdruck für die Angriffsreaktion auf vermeintliche Gefahr. Kleinkinder, die sie als Abwehrstrategie gegen übermäßige chronische Angst einsetzen, werden mit den schmerzlichen, aber nur allzu häufigen Bezeichnungen «kleines Monster», «kleines Biest» oder «Satansbraten» abgestempelt. Diese Kinder nehmen alltägliche Situationen als potentielle Angriffe wahr und haben gelernt, daß Angriff die beste Verteidigung ist. Sie kämpfen, wenn sie gebadet, angezogen oder ins Bett gebracht werden; sie schlagen, treten oder beißen Vater oder Mutter aus unerfindlichen Gründen; sie bekommen gewaltige Wutanfälle, die sich endlos hinziehen und aus denen die Kinder zitternd, erschöpft und schweißgebadet hervorgehen.

Eine weitere Form der Aggression ist die Selbstbestrafung. Sie tritt auf, wenn das Kind auf Mutter oder Vater wütend ist, das aber aus Furcht vor Strafe nicht zeigt. Die Aggression wird dann gegen das eigene Ich gerichtet, und zwar in Gestalt von Anfälligkeit für Unfälle, Leichtsinn und sogar Selbstverletzungen. Das Kind beißt oder schlägt sich selbst. Ein ungelöstes Rätsel bei der Selbstbestrafung ist, warum der aus der Verletzung resultierende Schmerz nicht dazu beiträgt, dieses Verhalten zu verhindern.[20] Es ist möglich, daß das Kind den Schmerz nicht spürt, weil es zu stark erregt ist. Eine andere mögliche Erklärung ist die, daß das Kleinkind den Schmerz sogar sucht, weil es das Gefühl hat, daß es ihn verdient.

Umwandlung des Affekts. Manche Kleinkinder verwandeln ihre Angst in Verhaltensweisen, die oberflächlich gesehen wie fröhliche Erregung oder große Belustigung wirken. Sie laufen wild kreischend im Zimmer herum oder brechen in albernes Gekicher aus, das sich nicht unterbrechen läßt, oder treiben ein Spiel auf die Spitze, bis sie fast hysterisch sind. Schließlich können sie diese Überreizung nicht mehr aushalten und brechen ganz plötzlich in Tränen aus.

Diese Verhaltensweisen geben sich dadurch als Erscheinungsformen von Angst zu erkennen, daß sie den jeweiligen Umständen nicht angemessen sind. Daniel läuft zum Beispiel laut lachend herum, wenn sein Vater ihm mit einem Gürtel droht. Joshua zuckt zurück und lacht dann, wenn seine Mutter wütend einen Ball nach ihm wirft und ihn dann in die Genitalien schlägt. Teresa sieht ihre Mutter mit gekünsteltem Lächeln an und wirft dabei provozierend Spielzeug in ihre Richtung. Diese drei Kinder sind zu Hause hohem Aggressionsniveau und übermäßigen Strafen ausgesetzt und haben gelernt, ihre Angst hinter einer Maske falscher Fröhlichkeit zu verstecken.

Gehemmtheit. Manche Kleinkinder bringen Angst durch eine allgemeine Gehemmtheit bei ihren Erkundungen zum Ausdruck. Sie sträuben sich, auf Gegenstände zuzugehen, sie zu berühren und mit ihnen umzugehen, und ziehen sich vor Interaktionen mit unbekannten Menschen zurück.

Diese Kinder zeigen nicht die große Bandbreite an Emotionen, von überschwenglicher Freude bis zu Verzweiflung, die für dieses Alter so charakteristisch ist. Ihre Stimmung ist meistens ernst oder bestenfalls neutral. Manche gehemmten Kinder klammern sich an ihre Eltern und gehen ihnen nicht von der Seite, selbst wenn sie schließlich mit ihrer Umgebung vertraut sind. Andere neigen dazu, auch von Vater oder Mutter oder von beiden Eltern Abstand zu halten, können die Eltern dabei aber mit einer Mischung aus Wachsamkeit und Angst ansehen.

Kleinkinder können mit Gehemmtheit reagieren, wenn sie Angst vor dem haben, was geschehen könnte, wenn sie spontan und unbefangen wären.

Ein kleines Mädchen, Aleta, machte von dieser Reaktion in außerordentlich hohem Maß Gebrauch. Sie zeigte niemals Wut, Erregung oder Frustration. Sie zeigte wenig Neugier oder Initiative bei Erkundungen und saß über lange Zeit hinweg unbeweglich bei ihrer Mutter auf dem Schoß.

Für dieses kleine Mädchen war Gehemmtheit in bezug auf Bewegung und Gefühle die sicherste Haltung. Ihre Mutter war stark depressiv und saß lange Zeit finster da, unfähig, sich zu rühren. Diese Phasen der Erstarrung wurden häufig dadurch unterbrochen, daß sie Aleta anschrie, wenn das Kind es wagte, eine Aktivität zu beginnen, die der Mutter mißfiel. Einmal rutschte Aleta zum Beispiel vom Schoß ihrer Mutter herunter, um ein Gummiband vom Fußboden aufzuheben. Ihre Mutter schrie «Nein» und schlug dem Kind fest auf die Hand. Aleta ließ das Gummiband fallen und lehnte sich an ihre Mutter.

Manchmal wird die Gehemmtheit so stark, daß das Kind erstarrt zu sein scheint, unfähig zu Gefühlen oder Erkundungen.[20] Diese Erstarrung kann sich plötzlich lösen, indem das Kleinkind in Tränen ausbricht und untröstlich weint, während es um sich schlägt. In Aletas Fall geschah das, als die Therapeutin ihr ein Spielzeug reichte. Aleta bewegte kaum merklich die Finger, streckte aber nicht die Hand aus. Als die Therapeutin in dem Versuch, sie zum Zugreifen zu ermuntern, Aletas Hand mit dem Spielzeug berührte, brach das kleine Mädchen in Tränen aus und fiel schluchzend auf den Boden. Dieser motorische Zusammenbruch ist die andere Seite der Erstarrung. Das Kind kann seine innere Verzweiflung nicht mehr zurückhalten, und seine Bemühungen um Selbstbeherrschung gehen in einem völligen inneren Zusammenbruch unter.

Gehemmtheit sollte nicht mit Schüchternheit oder Langsamkeit im Auftauen verwechselt werden. Schüchterne oder langsam auftauende Kleinkinder sind zur vollen Bandbreite der Emotionen fähig, wozu auch Spaß am Spiel und spontane Freude gehören, wenn sie sich in ihrer Umgebung wohl fühlen. Außerdem entwickeln sie mit ebenso großer Wahrscheinlichkeit wie andere Kinder sichere emotionale Beziehungen zu ihren Eltern und Betreuern. Gehemmte Kinder scheinen dagegen immer eine wachsame Haltung einzunehmen, so als seien sie ständig bereit, vor Gefahr zu fliehen.

Frühreife Fähigkeit zur Selbstversorgung. Diese Abwehrstrategie offenbart sich in einer Umkehrung der emotionalen Rollen von Mutter und Kind, so daß das Kind routinemäßig beschützende Verhaltensweisen zeigt, die normalerweise von den Eltern geleistet werden, und ungewöhnlich besorgt um das Wohlergehen der Eltern (besonders der Mutter) ist.

Ängstliche frühreife Kleinkinder nehmen es auf sich, die Mutter um jeden Preis im Auge zu behalten, selbst auf Kosten des Spiels. Sie nehmen die Stimmungen der Mutter äußerst genau wahr und trocknen ihr möglicherweise die Tränen oder bieten ihr einen Keks an, wenn sie sehen, daß sie traurig ist. Sie können die Mutter auch fragen, ob sie die Autoschlüssel hat, wenn sie aus dem Haus gehen. In fast unheimlicher Weise übernehmen sie in der Beziehung zur Mutter die Rolle des Beschützers. Sie erleben die Mutter als verletzlich und ihrer Hilfe bedürftig.

Natürlich gibt es viele Kleinkinder, die in ihrer Fähigkeit, selbst für sich zu sorgen, sehr weit fortgeschritten sind und die die Stimmungen der Eltern sensibel wahrnehmen, ohne dabei übermäßig ängstlich zu sein. Bei aus Angst frühreifen Kleinkindern aber gibt es eine auffällige Diskrepanz zwischen der scheinbaren Reife des Kindes und anderen Verhaltensweisen, die dazu nicht passen, wie übermäßiges Daumenlutschen, sich selbst Haare ausreißen, Tics oder zwanghafte Masturbation. Die andere Seite übermäßiger Selbständigkeit kann sich auch in nächtlichem Aufwachen, Eßstörungen und einer allgemeinen Ernsthaftigkeit des Affekts zeigen, so als versuchte das Kleinkind, sich wie ein Erwachsener zu benehmen.

Soziale Werte, die Unabhängigkeit und Selbständigkeit betonen, sind in unserer Kultur so verbreitet, daß man frühreife Kinder nur zu leicht dafür lobt, daß sie so tüchtig und gut angepaßt sind, dabei aber die Angst, die manchmal hinter diesen positiven Bewältigungsstrategien steckt, übersieht. Der besorgniserregendste Aspekt dieser Art von Frühreife liegt darin, daß das Kind damit versucht, die tiefe Unsicherheit, ob die Eltern verfügbar sind, zu kompensieren. Die äußerliche Demonstration von Kompetenz verbirgt schmerzhafte innere Zweifel am eigenen Wert und der eigenen Liebens-Würdigkeit. Aus diesem Grunde kann frühreife Kompetenz zur Grundlage für ein «falsches Ich» werden, bei dem von einem imponierenden Auftreten Gebrauch gemacht wird, um die fundamentale Angst zu verbergen, daß man nicht gut genug ist.

Kann man Kleinkinder von übermäßiger Angst befreien?

Die oben beschriebenen Abwehrstrategien gegen Angst können überflüssig werden, wenn wir ihre Bedeutung für das Kind verstehen. Kinder können diese Verhaltensweisen fallenlassen, wenn sie nicht mehr als Schutzmaßnahmen gebraucht werden. Wenn Eltern die Gründe für die übermäßige Angst ihres Kindes erkennen, können sie Schritte unternehmen, um sie zu mildern und um so das Bedürfnis nach frühreifen Abwehrmechanismen, das die emotionale Spontaneität des Kindes erstickt, abzubauen.

Manchmal ist professionelle Beratung nötig, um die Faktoren zu entdecken, die im Spiel sind, und um eine harmonischere Beziehung zwischen dem Kleinkind und seiner Familie zu schaffen. Spezialisten hierfür sind Psychologen, Psychiater, Sozialarbeiter, Kinderärzte und andere Fachleute, die besonders im Hinblick auf die emotionalen Bedürfnisse von Säuglingen, Kleinkindern und ihren Familien ausgebildet sind. Ihre Dienste können sehr hilfreich sein, wenn das Kind und die Familie emotional in einer Sackgasse stecken und nicht mehr imstande sind, sich aus eigenen Kräften herauszuhelfen.[22]

Tatsächlich haben Forschungen gezeigt, daß frühe Interventionen bei Problemen mit Angst Abhilfe schaffen können. In einer Untersuchung, die die Wirksamkeit unserer Methode erforschen sollte, stellten meine Mitarbeiterinnen und ich fest, daß Kleinkinder, die vor der Behandlung ängstlich waren, sich nach der Behandlung genauso verhielten wie Kleinkinder, die von Anfang an in ihrer Beziehung zur Mutter sicher gewesen waren.[22] Insbesondere schnitten diese Kleinkinder bei einem Partnerschaftstest gut ab, der ihre Fähigkeit einschätzte, Konflikte mit der Mutter in einer für beide zufriedenstellenden Weise zu lösen. Ängstliche Kleinkinder in einer Vergleichsgruppe, die keine Behandlung erhalten hatten, zeigten keine Besserung. Das positive Ergebnis der Behandlung kam zustande, weil wir mit den Eltern daran arbeiteten, die Gründe für die Angst ihres Kindes zu verstehen und Wege zu finden, ihre Auffassung von Kindererziehung so zu verändern, daß sie besser auf die spezifischen Bedürfnisse ihres Kindes abgestimmt war.

Emotionale Sicherheit fördern

Die kürzeste Formel, wie man bei Kleinkindern emotionale Sicherheit fördern kann, lautet wohl: Sensibilität plus klare und feste Richtlinien.

Die emotionale Sicherheit des 12 Monate alten Kindes ist stark mit der mütterlichen Sensibilität für die Signale des Babys im ersten Lebensjahr verknüpft.[5] Diese Sicherheit wird Teil des Gefühls, das das Kind zu sich selbst und zur Welt entwickelt. Infolgedessen bewältigen Babys, deren Bindung an die Mutter von Sicherheit gekennzeichnet ist, die entwicklungsbedingten Aufgaben der späteren Lebensjahre leichter und kompetenter als ängstliche Babys. Zum Beispiel werden aus 12 Monate alten Babys, die sich in der Bindung geborgen fühlen,

Kleinkinder, die im Umgang mit der Mutter kooperativer sind und ausdauernder und begeisterter versuchen, eine schwierige Aufgabe zu bewältigen.[23] Als Drei- und Vierjährige haben sie harmonischere Beziehungen zu anderen Kindern und kommen, nach Einschätzung der Kindergärtnerinnen, im Kindergarten besser zurecht.[24] Als Fünfjährige zeigen sie größere Flexibilität beim Finden von Problemlösungen. Mit sechs Jahren sind sie emotional weniger befangen und haben weniger Verhaltensprobleme als ihre ängstlicheren Altersgefährten.[25, 26]

Sensibilität bleibt während der gesamten Entwicklungszeit ein wichtiger Bestandteil der Eltern-Kind-Beziehung, und sie ist in allen erfüllenden engen Beziehungen vorhanden.

Gleichzeitig ändern sich einige Komponenten der elterlichen Sensibilität mit dem Alter des Kindes. Die Signale des Säuglings werden im Laufe seiner Entwicklung vielfältiger und differenzierter, und die elterlichen Antworten müssen den veränderten Zeichen des Kindes entsprechen. Es wäre unvorstellbar, zu einem weinenden, 6 Monate alten Baby «nein» zu sagen; zu einem weinenden Zweijährigen «nein» zu sagen ist manchmal die einzige vernünftige Reaktion. Indem Kinder uns zwingen, kreativere Reaktionsformen zu entwickeln, erziehen sie uns als Eltern genauso, wie wir sie erziehen.

Wenn das Kind älter wird und die Eltern mit einer wachsenden Vielfalt von Wünschen und Forderungen konfrontiert werden, muß zu dem natürlichen Wunsch, sensibel auf die Bedürfnisse des Kindes zu reagieren, die Frage hinzukommen: auf welche Bedürfnisse?

Im zweiten Lebensjahr war eine eindeutige Antwort auf diese Frage relativ leicht, denn einjährige Kinder wollen einfache Dinge und machen nicht allzuviel Schwierigkeiten, wenn man sie von riskanten Unternehmungen, wie Erde essen, auf die Stereoanlage klettern oder die Finger in die Steckdosen stecken, ablenkt.

Das dritte Lebensjahr, in dem sich ein deutliches Gefühl von eigenem Willen ankündigt, stellt sensible Eltern vor neue

Herausforderungen. Bei der Konfrontation mit einer unnachgiebigen Zweijährigen, die auf ihren Rechten besteht (entweder verbal oder mit Hilfe des überzeugendsten aller Mittel, des Wutanfalls), müssen jeder mitfühlenden Seele Zweifel kommen, ob es klug sein kann, dem Kind seinen Wunsch wirklich abzuschlagen. Man fragt sich: Ist das ein Wettkampf der Willen? Ein Machtkampf? Bin ich genauso stur und trotzig wie mein Kind? Füge ich ihm psychischen Schaden zu, indem ich ihm etwas gegen seinen Willen aufzwinge? Soll ich einen Kompromiß aushandeln? Soll ich auf jeden Fall fest bleiben? Mache ich es ängstlich, wenn ich mich seinen Wünschen widersetze?

Bei der Auseinandersetzung mit diesen Fragen ist es nützlich, wenn man weiß, daß Frustrationen in der Kindheit keine Angst erzeugen, wenn die Eltern der tiefen Überzeugung sind, daß das, was sie tun, persönlich oder kulturell eine Bedeutung hat, die das Leid des Kindes rechtfertigt. Zum Beispiel wird eine Mutter, die weiß, daß ihre Arbeit außer Haus wichtig ist – entweder für ihre persönliche Befriedigung oder für die finanzielle Sicherheit der Familie –, in der Lage sein, ihrem Kind begreiflich zu machen, daß Mamis Arbeit wirklich wichtig ist und nicht nur Anlaß zur Frustration. Andererseits wird eine Mutter, die das Gefühl hat, das, was sie außerhalb des Hauses tut, sei unwichtig oder egoistisch, eher allzu entschuldigend reagieren, wenn das Kind gegen ihr Fortgehen protestiert. Entsprechend wird ihr Kleinkind nicht lernen, die Bedeutung ihrer Aktivitäten außerhalb des Hauses zu respektieren. Welche Bedeutung etwas hat, lernen Kleinkinder von ihren Eltern, und sie können viel besser lernen, Leid zu ertragen, wenn sie das Gefühl haben, daß es einem guten Zweck dient.

Achtes Kapitel

Der Umgang mit speziellen Problemen

Im vorigen Kapitel haben wir gesehen, daß die Grundängste des Kleinkindalters mit der Furcht zusammenhängen, die Eltern oder die Liebe der Eltern zu verlieren, und mit den Rätseln, die Beschaffenheit und Funktion des Körpers aufgeben. Dieses Kapitel wird sich nun mit einigen spezifischen Erscheinungsformen dieser Grundängste beschäftigen.

Jedes einzelne der täglichen Ereignisse, die mit Wachstum und Entwicklung verbunden sind, kann dazu führen, daß Ängste im Kleinkind wachgerufen werden. Trennungsangst, Schlafschwierigkeiten, die Weigerung, sauber zu werden, Geschwisterrivalitäten und Disziplinprobleme sind häufige Erscheinungsformen der Angst, die Eltern oder die Kontrolle über den eigenen Körper zu verlieren. Wenn man diese Kämpfe vor dem Hintergrund der Entwicklung betrachtet, bieten sich Herangehensweisen, die das Kind im gemeinsamen Bemühen, zufriedenstellende Lösungen zu finden, als Juniorpartner miteinbeziehen.

Trennungsangst

Zoë, 18 Monate alt, geht zum ersten Mal in die Kindertagesstätte. Die ersten zwanzig Minuten klammert sie sich an ihre Mutter, aber nach und nach läßt sie los. Sie krabbelt in einen Spielzeugschrank, schließt die Türen und stößt sie dann wieder auf, läuft zu ihrer Mutter und umarmt sie fest. Dieses Spiel wiederholt sie immer wieder.

Kleine Kinder bewältigen, wie wir im vorigen Kapitel gesehen haben, ihre innersten Ängste durch Taten. Sie spielen Verstekken, um sich zu vergewissern, daß die Dinge nicht verschwinden, wenn man sie nicht mehr sieht, und daß Mami wiederkommt, wenn sie weggeht. Sie verlocken die Eltern dazu, ihnen nachzujagen, um sicherzugehen, daß die Eltern sie zurückhaben wollen. Sie gehen auf Entdeckungsreise, halten aber die Mutter genau im Auge, um sicherzugehen, daß sie nicht zurückgelassen werden.

Manchmal reichen die Handlungen der Kinder nicht aus, um die Eltern so nah bei sich zu behalten, wie sie das möchten. Die Umstände können erfordern, daß eine Mutter sich verabschiedet und ihr Kind bei der Großmutter, im Kindergarten oder bei einem Babysitter läßt, manchmal nur für ein paar Stunden und manchmal tagtäglich für den größten Teil des Tages.

Wenn die Trennung für das Kind emotional zu bewältigen ist, kann es zwar mit Kummer reagieren, läßt sich aber von der Ersatzbetreuerin trösten. Selbst während das Kind die Mutter vermißt, ist es in der Lage, sich an Gleichaltrigen, Spielzeug und anderen fürsorglichen Erwachsenen zu freuen.

In schwierigeren Situationen gerät das Kind in Panik, klammert sich verzweifelt an die Mutter und weist alle Ablenkungs- oder Tröstungsversuche ab, während die Mutter fort ist. Unter noch extremeren Umständen wird die Trennungsangst so beherrschend, daß das Kind ständig überwacht, wo die Eltern sich gerade befinden, und nicht zuläßt, daß sie die Toilettentür schließen oder auch nur für ein paar Minuten außer

Sicht sind. Wenn die Mutter fort ist, verliert das Kind seine Begeisterung am Spiel und an sozialen Interaktionen. Trennungsangst tritt dann auf, wenn gewöhnlicher, erwartungsgemäßer Kummer so intensiv und allumfassend wird, daß er die gesamte Stimmung und den Tagesablauf des Kindes beeinträchtigt.

Der emotionale Preis für größere Trennungen

Tägliche Trennungen sind im Kleinkindalter eine durchaus normale Erscheinung, und die Kinder lernen, damit umzugehen, auch wenn sie ihren legitimen Protest zum Ausdruck bringen. Länger andauernde Trennungen jedoch sind in den drei ersten Lebensjahren ein bedeutender emotionaler Risikofaktor, und während der gesamten Kindheit bleiben sie ein möglicher Grund für Stress.

Welchen emotionalen Preis das Kleinkind für Trennungen zahlt, hängt von vielen verschiedenen Faktoren ab. Am schwierigsten ist eine Trennung unter folgenden Bedingungen:

- Sie dauert länger (über Nacht oder noch länger).
- Sie beginnt plötzlich, so daß das Kind nicht darauf vorbereitet ist.
- Das Kind wird in einer unbekannten Umgebung und mit unbekannten Betreuungspersonen zurückgelassen.

Jeder dieser drei Faktoren wirkt allein schon stark stresserzeugend, aber wenn sie gleichzeitig auftreten, erlebt das Kind einen potentiell traumatischen Bruch mit allem, was ihm lieb und vertraut ist. Unter solchen Bedingungen läßt selbst bei unproblematischen Kleinkindern die Fähigkeit zu vertrauen schnell nach, und sie werden wütend und verzweifelt. Diese emotionalen Reaktionen werden von unwissenden Erwachsenen oft als vorübergehend und reversibel heruntergespielt, aber es ist gut belegt, daß manche Kleinkinder als Folge solcher Erlebnisse anfälliger für langfristige Depressionen und Angst werden.[1]

Für die Fähigkeit des Kleinkindes, sich auf Trennungen einzustellen, spielt das Temperament eine wichtige Rolle. Für das eine Kind kann eine zweistündige Trennung leichten Stress bedeuten, für ein sensibleres, weniger anpassungsfähiges Kleinkind jedoch kann sie bedeutender Grund zur Angst sein. Ähnlich unterscheiden Kinder sich auch in ihrer Fähigkeit, sich von einem Menschen, den sie nicht gut kennen, trösten zu lassen. Die individuellen Unterschiede in der Reaktion auf Trennungen sind gewaltig, und Eltern müssen die persönlichen Eigenarten ihres Kindes kennen, um vorhersehen zu können, wann eine Trennung das Kind zu stark belastet.

Manchmal resultiert Trennungsangst nicht aus einem tatsächlichen Trennungserlebnis, sondern aus den Phantasien des Kindes, daß es nicht genug geliebt wird, denn sie machen ihm angst, daß es verlassen wird. Auch hier sind manche Kinder wieder anfälliger für solche Phantasien als andere. Im allgemeinen neigen Kleinkinder dazu, den hektischen Lebensstil, die starke Arbeitsbelastung und die Gereiztheit oder die angespannten Nerven ihrer Eltern als Anzeichen dafür zu deuten, daß die Eltern wütend auf das Kind sind und nicht mit ihm zusammensein wollen.

Es ist manchmal schwer für einen Erwachsenen, sich zu vergegenwärtigen, wie fein das durchschnittliche Kleinkind sich auf die Stimmungen und den Aufenthaltsort des geliebten Elternteils einstellt und wie schnell das Kind beängstigenden Phantasien zum Opfer fallen kann.

Marc wurde an diesem Tag als letzter vom Kindergarten abgeholt. Später am Abend, als er ins Bett gebracht wurde, sagte er zu seiner Mutter: «Ich dachte, du hättest mich im Kindergarten vergessen und ich müßte die ganze Nacht dableiben.» Erst da wurde seiner

Mutter bewußt, daß es wegen der Umstellung auf die Winterzeit am Abend früher als sonst dunkel geworden war. Marc hatte nicht wissen können, daß sie ihn nur ein paar Minuten später als sonst abgeholt hatte. Für ihn war es dunkel, und alle anderen Mütter hatten ihre Kinder abgeholt und waren nach Hause gegangen. Dunkelheit und Alleinsein lösten die Angst vorm Verlassenwerden aus, die Marc wieder durchlebte und über die er sprechen konnte, als die Schlafenszeit-Trennung bevorstand.

Trennungsangst lindern

Die Beschäftigung mit der Trennung hilft sowohl den Eltern als auch dem Kind, der Trennungsangst vorzubeugen. Die Eltern müssen sich selbst und das Kind auf die Trennung vorbereiten und ein gemeinsames Vertrauen aufbauen, daß das Erlebnis zu bewältigen ist und das Wiedersehen schön sein wird. Das gilt in allen Fällen, ob die Trennung nun bedeutet, daß das Kind ein paar Stunden bei einer Babysitterin bleibt, in die Kindertagesstätte geht oder daß die Eltern einige Tage verreisen.

Die Einzelheiten sind zwar von Situation zu Situation verschieden, doch die Rahmenbedingungen, die dem Kind bei einer Trennung helfen, bleiben in allen Situationen ähnlich:

- Versuchen Sie, Trennungen über Nacht zu vermeiden, bis das Kind älter ist.
- Denken Sie im voraus über die Trennung nach, damit Sie Kontakt zu Ihren eigenen Gefühlen bekommen und sie bearbeiten können.
- Sorgen Sie dafür, daß Ihr Kind mit der Ersatzperson und dem Ort, wo es sich aufhalten wird, vertraut ist und daß es sich dort wohl fühlt.
- Helfen Sie der Ersatzbetreuung, mit den persönlichen Eigenarten Ihres Kindes, seinen Vorlieben und Abneigungen, Sorgen und Ängsten und seinem normalen Tagesablauf vertraut zu werden.

- Lassen Sie dem Kind greifbare Erinnerungen an Ihre Liebe zurück: eine Kassette, auf der Sie zu ihm sprechen, ihm etwas vorsingen und ihm seine Lieblingsgeschichte erzählen; Fotos, auf denen Sie zusammen sind; ein geliebtes Spielzeug, das als Übergangsobjekt dienen kann. Diese Maßnahmen sind besonders bei jüngeren Kleinkindern nützlich, weil solche Gegenstände konkrete Erinnerungen an die Gegenwart der Eltern sind und nicht vom Gedächtnis oder den verbalen Fähigkeiten des Kindes abhängen.
- Bei größeren Trennungen, wie dem Beginn der ganztägigen Betreuung in der Kindertagesstätte oder bei der Tagesmutter, sagen Sie Ihrem Kind mindestens ein paar Tage im voraus, was geschehen wird. Wählen Sie eine einfache, direkte Sprache, und gebrauchen Sie einen positiven Tonfall. Geben Sie dem Kind Raum, Fragen zu stellen und Bedenken zu äußern. Sagen Sie ihm, was es tun wird, während Sie getrennt sind. Versichern Sie ihm, daß Sie in Gedanken bei ihm sein werden, und lehren Sie es, daß es während der Trennung an Sie denken kann. Diese Vorbereitungen führen besonders bei älteren, sprachlich fortgeschritteneren Kleinkindern zu einem guten Ergebnis, doch auch jüngere Kinder können einfachere Erklärungen und einen beruhigenden, liebevollen Tonfall verstehen.
- Heben Sie hervor, was Sie tun werden, wenn Sie wieder zusammen sind. «Und dann komme ich wieder, und wir drükken uns, und ich mache dir deine Lieblingspfannkuchen zum Abendbrot, und wir spielen Pferdchen.» Konkrete Beispiele haben größere emotionale Wirkung als allgemeine Aussagen.
- Regen Sie die Ersatzbetreuerin an, während der Trennung mit dem Kind über Sie zu sprechen. Wenn es traurig ist und nach Ihnen ruft, kann sie ihm zum Beispiel sagen, daß es in Ordnung ist, daß es Sie vermißt, und ihm versichern, daß Sie wiederkommen werden.

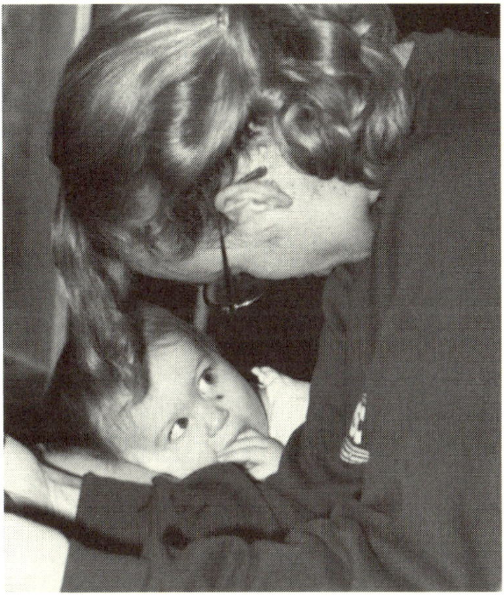

Dem Aufmerksamkeit zu schenken, was nach dem Wiedersehen geschieht, ist für das Kind genauso hilfreich wie die sorgfältige Vorbereitung auf den Abschied. Das Trennungserlebnis wirkt noch nach, wenn Eltern und Kind schon längst wieder zusammen sind. Im folgenden einige nützliche Hinweise:

- Seien Sie nach dem Wiedersehen auf Anzeichen für Ambivalenz bei Ihrem Kind gefaßt. Manche Kleinkinder begrüßen ihre Eltern voller Freude, aber andere vermeiden es, sie anzusehen, sind eher kühl und distanziert oder zeigen offen Wut. Das sind Verhaltensweisen, mit denen man rechnen muß und die zeigen, daß das Kind sich bemüht, sein Gefühl, verlassen worden zu sein, zu beherrschen, indem es sich von dem wiederkehrenden Elternteil emotional ein wenig auf Distanz hält. Fühlen Sie sich in diesem Fall nicht beleidigt, und ziehen Sie sich nicht zurück. Auf diese anfängliche Ambivalenz beim Wiedersehen folgen häufig ängstliches Anklammern und die Weigerung, Vater oder Mutter aus den Augen zu lassen.

- Sagen Sie dem Kind, wie glücklich Sie sind, daß Sie wieder bei ihm sind, und finden Sie Gelegenheiten, über die Zeit der Trennung zu sprechen und dem Kind zu sagen, daß Sie es vermißt haben.
- Seien Sie darauf gefaßt, daß die Angst Ihres Kindes vor einer weiteren Trennung sich in Verhaltensweisen wie nächtlichem Aufwachen, Rückfällen in der Sauberkeitserziehung, plötzlichen Wutanfällen und einer niedrigen Frustrationstoleranz äußert. Angst nimmt viele unerwartete Formen an, und Kinder drücken ihre Befürchtungen auf verschiedene Weisen aus. Ein kleiner Junge, dessen Vater auf einer langen Reise war, schlug seine Mutter ziemlich hart mit einem Spielzeughammer. Nachdem die Mutter ihn daraufhin angeschrien hatte, dachte sie an die Abwesenheit des Vaters und sagte: «Ich glaube, du bist böse auf mich, weil der Papa weggefahren ist.» Das Kind schrie: «Das hast du gemacht!» Seiner Auffassung nach war seine allmächtige Mutter für die Abwesenheit des Vaters verantwortlich, und seine Sehnsucht nach ihm wurde natürlicherweise in Zorn auf die vermeintliche Übeltäterin umgesetzt.
- Beschäftigen Sie Ihr Kind mit Spielen, die ihm helfen, Trennungsprobleme zu meistern, wie Guck-Guck und Verstekken. Geben Sie ihm Raum, das Trennungserlebnis im Spiel mit Puppen oder anderem Spielzeug noch einmal darzustellen. Im Spiel können Kinder Gefühle ausdrücken, die sonst sorgsam geheimgehalten werden. Ein sehr artiges kleines Mädchen, das selten Schwierigkeiten machte, schimpfte mit seiner Puppe: «Du böses Mädchen! Ich geh weg und laß dich allein!» Das Kind gab seiner Angst Ausdruck, daß es selbst so behandelt werden würde, wenn es sich schlecht benähme.

Aber noch weit wichtiger, als vor und nach einer Trennung auf die Gefühle des Kindes zu achten, ist, daß man dem Kind niemals mit Fortgehen oder Liebesentzug droht, wenn man sein Verhalten kontrollieren will. Kinder glauben den Versicherungen ihrer Eltern wie «... dann schicke ich dich weg», «... dann hab ich dich nicht mehr lieb» oder «... dann geh ich weg» und haben mit gutem Grund große Angst. Einem Kind Angst einzujagen ist eine sehr schlechte Methode, es zu disziplinieren, und kann lebenslange Angst verursachen.

Auf einer Ebene wird Getrenntsein vom Kind immer gleichbedeutend mit Verlassensein erlebt. Es hat den unausgesprochenen Glauben: «Wenn du mich mehr lieben würdest als alles andere, wenn ich das Wichtigste in deinem Leben wäre, würdest du mich nie verlassen.» Die einzige Möglichkeit, das Kind von dieser scheinbar unerschütterlichen Überzeugung abzubringen, besteht darin, daß Sie ihm durch Ihre emotionale Verfügbarkeit und Ihre Zuwendung reichlich Beweise dafür liefern, daß es nicht das einzig Wichtige in Ihrem Leben zu sein braucht, damit Sie es stark genug lieben.

Die Erfahrung der Sauberkeitserziehung

Im Laufe des zweiten Lebensjahres lernen Kleinkinder, feinere Empfindungen in der Anal- und der Urethralgegend zu erkennen. Außerdem lernen sie, die Muskeln, die für das Halten und Loslassen von Stuhl und Urin zuständig sind, zusammenzuziehen und zu entspannen. Diese verstärkte Fähigkeit, Empfindungen wahrzunehmen und die Muskeln zu beherrschen, zeigt an, daß das Kind bald für die Sauberkeitserziehung bereit ist.

Diese Bereitschaft des Kindes wird auch noch von anderen Faktoren beeinflußt. Die wichtigsten sind die konstitutionelle

Regelmäßigkeit oder Unregelmäßigkeit im Verdauungszyklus, die Toleranz der Eltern für das individuelle Tempo des Kindes und das Niveau der Partnerschaft, das Eltern und Kleinkinder bei der Bewältigung früherer entwicklungsbedingter Probleme bereits erreicht haben. Je nachdem, wie es um diese Variablen steht, kann die Sauberkeitserziehung ohne Zwischenfälle verlaufen oder aber zum Schlachtfeld für Eltern und Kind werden.

Bei aller Erdverbundenheit hat der Stuhlgang eine tiefgründige symbolische Bedeutung. Keine andere Körperfunktion stellt so knapp die gegensätzlichen Erfahrungen der menschlichen Psyche dar. Der Kot ist ein kostbarer Schatz, weil er ein wesentlicher Teil des eigenen Körpers und seiner Geheimnisse ist, und gleichzeitig ist er etwas Schmutziges, Stinkendes, Ekliges. Man muß ihn sowohl feiern als auch wegwerfen.

Rafi, zwei Jahre alt, betrachtete skeptisch das Töpfchen, das seine Mutter ihm zum ersten Mal anbot. Er setzte sich für ein paar Sekunden mit angezogener Hose darauf. Dann stand er wieder auf, legte einen goldenen Schokoladentaler ins Töpfchen, lächelte liebevoll und sagte: «Da, Mama.» Der Taler, mit seinem dunklen, süßen Inneren und seiner goldenen Verlockung, war ein perfektes Symbol dafür, was Rafi sein Kot bedeutete.

Wenn man diese beiden Bedeutungen der Ausscheidungen respektiert, kann die Sauberkeitserziehung mit Integrität vonstatten gehen. Das bedeutet, daß die Körperprodukte des Kindes zwar mit Vergnügen, aber ohne übertriebene Lobeshymnen begrüßt und sachlich, ohne besonderen Ausdruck von Abscheu oder Ekel, beseitigt werden können.[2]

Vor allem aber muß klar bleiben, daß die Ausscheidungen etwas sind, das dem Kind gehört und dessen Hervorbringung oder Zurückhaltung in seiner Macht liegt. Von daher gesehen spiegelt das Sauberwerden mit seinem Geben und Nehmen, Zurückhalten und Loslassen die Partnerschaft im kleinen wider.

Die Bereitschaft des Kindes

Der richtige Zeitpunkt für die Sauberkeitserziehung war und ist Gegenstand vieler Diskussionen, sowohl unter Eltern als auch unter Kinderpsychologen. Der derzeitige Konsens lautet, daß es am besten ist, so lange zu warten, bis das Kind so weit ist, daß es versteht, was man von ihm erwartet. Dann kann es ein bereitwilliger Partner in diesem Prozeß sein.[3] Der richtige Zeitpunkt kann von Kind zu Kind unterschiedlich sein, aber es ist unwahrscheinlich, daß er vor einem Alter von 15 bis 18 Monaten auftritt, und er kann bis zum Alter von etwa 24 bis 30 Monaten oder sogar noch länger auf sich warten lassen.

Zur Mitte des zweiten Lebensjahres hin werden Kinder sich zunehmend der Beziehung zwischen Ursache und Wirkung bewußt, und die Frage der Normen beginnt, sie sehr zu beschäftigen. Sie sind über die Konsequenzen ihrer Handlungen besorgt und sind verstört, wenn etwas nicht ganz stimmt, wenn Kleidung schmutzig oder Spielzeug kaputt ist. Kinder können ihre Eltern dafür ausschimpfen, daß sie auf den Tisch gekrümelt oder ihre Schuhe im Flur vergessen haben, und sie regen sich über sich selbst auf, wenn sie Schmutz machen. Sie internalisieren die Normen sozialen Verhaltens, die ihnen implizit oder explizit beigebracht werden.

Der Zeitpunkt für den Beginn der Sauberkeitserziehung ist dann am besten gewählt, wenn er mit dem erwachenden Interesse des Kindes an Normen zusammenfällt, weil es sich dann bemüht, ihnen gerecht zu werden. Der Wunsch, das nachzuahmen, was die Eltern und ältere Geschwister in der Toilette tun, kann dann ganz natürlich entstehen, und die Eltern brauchen das Kind nur ein wenig zu ermutigen.

Viele Kleinkinder tun selbst den ersten Schritt, indem sie die Eltern darauf aufmerksam machen, daß sie gerade Pipi oder Aa machen oder indem sie sich darüber aufregen, daß sie sich naßgepinkelt oder vollgemacht haben. Selbst dann gehen manche

Kinder aber noch recht nachlässig an die Sache heran und sehen keinen Sinn darin, sich Mühe zu geben, nun ständig die Normen einzuhalten. Sie machen ins Töpfchen, wenn sie Lust dazu haben; bei anderen Gelegenheiten machen sie seelenruhig in die Windel. Diese Kleinkinder sind so mit anderen Unternehmungen beschäftigt, daß sie Phasen haben, in denen sie sauber und trocken sind, und Phasen, in denen sie rückfällig werden. Andere Kleinkinder sind so bereit zu diesem Schritt und ihr Verdauungszyklus ist so regelmäßig, daß sie innerhalb von wenigen Wochen völlig trocken werden.

Mit der Sauberkeitserziehung zu beginnen, bevor das Kind eindeutig dazu bereit ist, ist nicht ratsam. Eben weil sie Interesse an Normen haben, sind Kinder im zweiten Lebensjahr sehr verstört, wenn sie Anforderungen von außen nicht gerecht werden können. Jerome Kagan hat gezeigt, daß Zweijährige mit unterschiedlichem kulturellem Hintergrund weinen oder protestieren, wenn ein Erwachsener von ihnen erwartet, daß sie eine Aufgabe vollbringen, die zu schwer für sie ist. Kinder im gleichen Alter reagieren mit spontaner Freude, wenn sie ein selbstgestecktes Ziel erreichen, zum Beispiel einen sechs Bauklötze hohen Turm zu bauen oder ein anspruchsvolles Puzzle fertigzustellen.[5]

Wenn wir diese Ergebnisse auf das Thema der Sauberkeitserziehung übertragen, können wir den Schluß ziehen, daß ein vorzeitiges Einleiten dieses Prozesses beim Kind zu Frustration und Trotz führen kann.

Wenn Eltern sich aber doch durch die Umstände gedrängt fühlen, relativ früh mit der Sauberkeitserziehung zu beginnen, ist es am besten, wenn sie das Kind partnerschaftlich mit einbeziehen, indem sie ihm helfen, Bescheid zu sagen, wenn es uriniert oder Stuhlgang hat. Das ist leicht: Wenn die Mutter beiläufig eine Bemerkung zum Geschehen abgibt («Mary macht Aa»), wird das Kind bald beginnen, selbst darauf zu achten, da seine Handlung das Wichtigste überhaupt nach sich zieht – das Interesse und die Aufmerksamkeit der Mutter. Wenn das Kind

der Mutter selbst sagt, daß das bemerkenswerte Ereignis gerade stattfindet, signalisiert es damit außerdem eine vermehrte Bereitschaft, zum nächsten Schritt überzugehen: ins Töpfchen zu machen.

Töpfchen sind zu Beginn der Sauberkeitserziehung und auch noch lange Zeit danach besser geeignet als normale Toiletten. Ein Töpfchen ist für die Größe eines Kleinkindpopos gemacht und bewahrt das Kind vor der Angst, ins Klo zu fallen. Es ermöglicht es dem Kind, seine Füße zum Drücken fest auf den Boden zu setzen, eine Haltung, für die moderne Toiletten anscheinend meistens nicht gemacht sind. Endlich gibt es im Töpfchen kein fließendes Wasser, vor dem manche Kinder Angst haben, weil sie die unausgesprochene Vorstellung hegen, daß sie, wie ihr Aa, weggespült werden könnten.

Wenn die Bereitschaft des Kindes kein Problem ist und trotzdem Konflikte bei der Sauberkeitserziehung auftreten, können diese meist auf eine Kombination von unregelmäßigen Rhythmen des Kindes (darunter vielleicht auch eine physiologisch begründete Tendenz zu Verstopfung oder zu weichem Stuhlgang oder zu einer Mischung von beidem) und der fälschlichen Auffassung der Eltern, daß Sauberwerden ein Prozeß ist, der vom Erwachsenen kontrolliert wird, zurückgeführt werden. Jeder dieser beiden Faktoren bedroht den Aufbau von Partnerschaft bei der Sauberkeitserziehung.

Physiologische Unregelmäßigkeiten

Das Kind kann aufgrund seiner Physiologie Anfälle von Schmerzen im Bauch oder im Mastdarm bekommen, wenn es eine Verstopfung hat und der Stuhl nicht problemlos ausgeschieden werden kann. Es hält ihn dann vielleicht zurück, um den Schmerz zu vermeiden, und macht die Verstopfung damit noch schlimmer. Andererseits machen häufige Durchfälle oder weicher Stuhlgang es für Kleinkinder schwierig, Stuhl zurückzuhalten, und sie können ihre Versuche einstellen und aufgeben. Sowohl bei Verstopfung als auch bei Durchfall wird die Zuversicht des Kindes, daß es seinen Stuhlgang beherrschen kann, untergraben.

Am besten konsultieren Eltern ihren Kinderarzt, wenn sie vermuten, daß mit der Verdauung des Kindes etwas nicht stimmt. Nötigenfalls können eine besondere Diät und Mittel, die den Stuhl weicher machen, verschrieben werden. Mit Zäpfchen, Klistieren und anderen eindringenden Maßnahmen dagegen wendet man Gewalt an. Sie schaden dem Kind psychisch und sollten vermieden werden.[3]

Viele gesunde Kinder haben unregelmäßige physiologische Rhythmen und müssen zu unvorhersehbaren Zeiten ausscheiden. Das ist eine konstitutionelle Eigenart, und Erwachsene sollten das Kind nicht drängen, denn für das Kind wäre es unnatürlich, jeden Tag zur gleichen Zeit aufs Töpfchen zu gehen, nur weil es für die Erwachsenen so bequem ist. Ein tragbares Töpfchen ist für Kinder mit unberechenbaren Ausscheidungsrhythmen sehr praktisch, weil es zuverlässig zur Hand ist, wenn es gebraucht wird.

Ist Sauberkeitserziehung wirklich Erziehung?

Der heimliche Glaube, daß ein Kind dazu erzogen wird, nicht mehr in die Windel zu machen, und daß die Erwachsenen für diese Erziehung zuständig sind, kann sich unerwarteterweise selbst bei Eltern einschleichen, die bewußt anders denken. Eltern kann es peinlich sein, wenn ihr Kind das einzige in der Spielgruppe ist, das überhaupt kein Interesse daran zeigt, den Prozeß auch nur zu beginnen. Andere Eltern sehnen sich nach Befreiung von stinkender Wäsche oder ansehnlichen Rechnungen für Papierwindeln. Wieder andere fühlen sich von Freunden und Familie gedrängt, das Kind nicht mehr «wie ein Wickelkind» zu behandeln und ihm zu helfen, erwachsen zu werden. Manchmal machen sehr nachdenkliche Eltern sich Gedanken, welche Motive sie selbst haben könnten, ihr Kind nicht trocken zu machen (den Wunsch, daß es ewig ein Baby bleibt? die Angst, nicht zu wissen, wie man das macht?).

Es gibt immer Raum, das eigene Verhalten zu überprüfen, aber wenn das Kind noch kein Interesse an Sauberkeit, Ordnung, Normen, Klos oder Stuhlgang gezeigt hat, dann ist es wahrscheinlich einfach noch nicht soweit.

Wenn das Kind andererseits anscheinend bereit ist, ist es angezeigt, daß die Eltern folgen, ohne das Kind zögernd um Erlaubnis zu fragen, sondern mit ruhiger Zuversicht, daß es der richtige Zeitpunkt ist. Das Kind selbst kann uns wissen lassen, ob wir seine Zeichen richtig gedeutet haben.

Max, zwei Jahre alt, zeigte trotz der flehentlichen Bitten seiner Mutter kein Interesse am Trockenwerden. Da die Mutter trotzdem beginnen wollte, kaufte sie ein paar Puppenmöbel, darunter auch eine Spielzeugtoilette, und ermunterte Max, nicht allzu zaghaft, damit zu spielen. Max gehorchte, indem er die Mutterpuppe in das Spielzeugklo steckte – mit dem Kopf voran.

Sauberwerden hat vom Rhythmus her auffällige Ähnlichkeiten mit dem Sicherheitsverhalten. Beide basieren auf abwechselndem Festhalten und Loslassen, Geben und Verweigern, Öffnen und Verschließen. Bei beiden Prozessen wird das Wohlbehagen des Kindes im Zusammensein mit der Mutter von seinem Vertrauen zu seinem Körper und zu sich selbst reflektiert und schließlich internalisiert.

Nächtliche Schwierigkeiten

Schlafprobleme gehören zu den häufigsten Schwierigkeiten im Kleinkindalter. Sie sind so häufig, daß mehrere Untersuchungen sich damit beschäftigt haben, wie Schlafstörungen zu definieren sind und welche Faktoren dazu beitragen.[5, 6, 7]

Zu den Schlafstörungen zählen Einschlafschwierigkeiten, häufiges Aufwachen während der Nacht, Nachtangst und Kombinationen dieser drei. In vielen Fällen sind bei Kindern mit Schlafstörungen schon früher körperliche Komplikationen aufgetreten. Zum Beispiel waren sie Frühgeburten oder brauchten aus anderen Gründen nach der Geburt spezielle Betreuung, oder aber sie litten länger als drei Monate an Kolik. Solche Kinder schlafen oft von Geburt an nicht gut. Andererseits können andere Kleinkinder im zweiten Lebensjahr Einschlafprobleme bekommen. Der Grund dafür kann sein, daß tagsüber erlebte Ängste nachts, wenn das Kind allein ist und die

Lichter aus sind, sehr lebendig wieder auftauchen. Es kann aber auch einfach sein, daß das Kind nie einen zuverlässigen Schlafrhythmus angenommen hat.

Unregelmäßiger Schlaf

Manche Kinder bekommen, obwohl sie nachts aufwachen, den Schlaf, den sie brauchen – ihre Eltern allerdings nicht. Das Mißverhältnis zwischen dem Schlafbedürfnis des Kleinkindes und dem der Eltern führt zu einer angespannten Situation, in der die Eltern erschöpft, frustriert und hilflos sind. Sie werden inkonsequent und wütend auf das Kind, und das Kind wird als Reaktion darauf ängstlich, wütend und trotzig.

Unter solchen Umständen kann es hilfreich sein, wenn man sich klarmacht, daß Kleinkinder wenig Kontrolle über ihr nächtliches Aufwachen haben. Die Lösung besteht nicht darin, sie zu ermahnen «weiterzuschlafen» – das können sie oft nicht –, sondern ihnen erkennen zu helfen, was sie tun dürfen und was nicht, während sie wach sind.

Man sollte Kleinkinder ermuntern, sich selbst zu beruhigen, wenn sie nachts aufwachen. Je nach Alter kann ein Kleinkind sein Kissen oder seinen Teddy in die Arme nehmen, sich leise etwas vorsingen oder Selbstgespräche darüber führen, was es tun wird, wenn es Zeit zum Aufstehen ist. Ein klingendes Mobile mit einem beruhigenden Schlaflied hat auf manche sehr junge Kleinkinder eine gute Wirkung. Unabhängig von den im einzelnen angebotenen Alternativen muß das Kind verstehen, daß es nicht aufstehen und ins Elternschlafzimmer gehen darf, weil Mama und Papa ihren Schlaf brauchen. Zu diesen Lösungen sind selbst sehr kleine Kinder fähig, wenn die Eltern entschlossen sind, sie durchzusetzen.

Wenn Eltern und Kind nicht harmonieren

Ungleiche Schlafbedürfnisse von Eltern und Kind können sich darin bemerkbar machen, daß das Kind Frühaufsteher ist und die Eltern das nicht sind. Kleinkinder können lernen, diesen Unterschied im Rhythmus zu akzeptieren und sich selbst zu beschäftigen, wenn die Eltern ihnen vergnügt und ohne schlechtes Gewissen vermitteln, daß es so und nicht anders gemacht wird.

Eine Mutter half ihrem 11 Monate alten Sohn Mike, ihr Bedürfnis nach Schlaf am frühen Morgen zu akzeptieren, indem sie abends sehr verlockende Spielsachen neben ihr Bett legte. Wenn Mike um sechs Uhr morgens erwachte, nahm sie ihn auf, liebkoste ihn und sprach mit ihm, nahm ihn dann mit in ihr Schlafzimmer, setzte ihn neben ihr Bett und sagte ihm, daß Mami noch etwas schlafen werde und daß er mit dem Spielzeug spielen könne. Ab und zu sprach Mike seine Mutter an oder zog sich an ihrem Bett hoch. Jedesmal brummte die Mutter beruhigend und strich ihm über den Kopf, und das Kind spielte weiter. Das ist eine frühe Demonstration von Sicherheitsverhalten unter ungewöhnlichen Bedingungen!

Einer anderen Mutter fiel eine andere Variante der gleichen Lösung für ihren Zweijährigen ein. Sie stellte einen Kindertisch und ein Stühlchen vor das Fernsehgerät. Jeden Abend legte sie ein Stück Banane und ein paar andere Stücke, die das Kind gut mit den Fingern essen konnte, auf den Tisch und stellte das Fernsehgerät auf einen Kanal mit einem guten Kinderprogramm ein. Sie brachte ihrem Sohn Logan bei, nach dem Aufwachen ins Elternschlafzimmer zu kommen und seinen Imbiß zu sich zu nehmen, während er das Kinderprogramm guckte. Logan ist jetzt neun Jahre alt und ein ungewöhnlich selbstbewußter kleiner Bursche, was zum Teil an dem hilfreichen Vertrauen seiner Mutter in seine Fähigkeit liegt, bei seiner Versorgung selbst mitzuhelfen.

Wenn nächtliches Aufwachen zum Problem wird

Schlafunregelmäßigkeiten sind konstitutionell begründet. Sie werden zu Schlafproblemen, wenn das nächtliche Aufwachen mit starker emotionaler Bedeutung für Eltern und Kind beladen wird. In dieser Situation verhindert die Angst, die mit dem Aufwachen verbunden ist, oft eine Lösungsfindung.

Die Angst, die bei nächtlichem Erwachen im Kleinkindalter am häufigsten auftritt, ist die Trennungsangst. Diese Angst existiert sowohl in den Eltern als auch im Kind. Die Nacht bringt eine Unterbrechung der Muster des Sicherheitsverhaltens mit sich, die tagsüber zur Verfügung stehen. Statt daß die Mutter, wie am Tage, leicht erreichbar ist, stellen sich jetzt Dunkelheit, Schlafzimmerwände und Bettchenwände als Hindernisse zwischen Eltern und Kind.

Nacht, Dunkelheit und physische Distanz sind archetypische Auslöser von Befürchtungen und Angst. Aus diesem Grund ermöglichen viele Kulturen, die weniger Wert auf persönliche und eheliche Privatheit legen, es Mutter und Kind, solange das Kind im Baby- und im Kleinkindalter ist, beieinander zu schlafen. Selbst in technologisch geprägten Kulturen ruft der nächtliche Schrei des kleinen Kindes in den Eltern eine uralte Furcht wach, daß sein Wohlbefinden und vielleicht sogar sein Leben auf dem Spiel stehen könnten. Der unmittelbare Impuls ist, zum Kind zu gehen und für Beruhigung und Schutz zu sorgen. Dieser Impuls widerspricht dem eher rationalen Wissen der Eltern, daß das Kind gesund und die Wohnung sicher ist und sie ruhig weiterschlafen können.

Einige Untersuchungen haben herausgefunden, daß nächtliches Aufwachen bei Kleinkindern mit der Trennungsangst der Mutter und mütterlichen Depressionen zusammenhängt. Viele Mütter, deren Kleinkinder Schlafschwierigkeiten haben, berichten, daß sie als Kinder nicht gut betreut wurden. Sie wollen ihren eigenen Kindern die Ängste ersparen, die sie selbst in der Kindheit durchmachen mußten, und sie reagieren auf nächtliches Erwachen des Kindes, indem sie es mit in ihr Bett nehmen oder zu seinem Bettchen gehen. Das tun natürlich alle Eltern gelegentlich. Wenn diese Reaktion aber zur Regel wird, führt sie zu Problemen, weil sie die eheliche Beziehung stört und dem Kind die Botschaft übermittelt, daß seine Ängste ohne die ständige Gegenwart der Eltern nicht zu bewältigen sind.

Klaus Minde und seine Mitarbeiter berichten von einem erfolgreichen Programm, das Kleinkindern helfen sollte, sich selbst soweit zu beruhigen, daß sie wieder einschliefen, wenn sie nachts aufwachten.[7] Dieses Programm, das durch eine gehörige Portion gesunden Menschenverstand gekennzeichnet ist, hilft Eltern, mit eigenen Ängsten fertig zu werden, die daraus entstehen, daß sie das Kind während des nächtlichen Erwachens nicht aus seiner Angst «retten». Das Programm enthält folgende Schritte:

1. Eine Besprechung mit den Eltern, worin die Schlafstörungen bestehen – Schwierigkeiten beim Einschlafen, wiederholtes nächtliches Erwachen oder beides. Auch der übliche Tagesablauf wird besprochen.
2. Wenn das Kleinkind keinen regelmäßigen Tagesablauf hat, hilft man den Eltern zu verstehen, daß Kleinkinder ein Gefühl von beruhigender Selbstbeherrschung erleben, wenn sie in der Lage sind vorherzusehen, was als nächstes geschehen wird. Die Eltern werden ermuntert, einen Tagesablauf zu entwickeln, bei dem Mahlzeiten, Baden, Schlafen und andere Ereignisse etwa zur gleichen Zeit am gleichen Ort stattfinden.
3. Wenn ein regelmäßiger Tagesablauf eingeführt worden ist, ermuntert man die Eltern, sich auf einen Ablauf beim Schlafengehen zu konzentrieren, der keine Mahlzeit enthält, sondern aus ruhigen Aktivitäten wie Vorlesen, Schlaflieder singen oder Beten besteht.
4. Als nächstes wird die Schlafstörung angegangen. Die beiden Haupttechniken werden empfohlen. Eine heißt «Nach-

> sehen». Vater und Mutter sehen in regelmäßigen Abständen, die für den Elternteil erträglich sind (fünf oder zehn Minuten) nach dem weinenden Kind, streicheln es oder reden ihm ermutigend zu, erwarten aber von ihm, daß es im Bett bleibt. Dieses «Nachsehen» wird fortgeführt, bis das Kind einschläft. Wenn das Weinen des Kindes den Elternteil zu sehr belastet, wird eine alternative «Formungs»-Methode empfohlen. Sie besteht in einem schrittweisen Vorgehen. Wenn das Kind bislang bei der Mutter im Bett geschlafen hat, legt sich die Mutter in der ersten Nacht zum Kind ins Bett, der nächste Schritt, in der zweiten Nacht, besteht darin, sich auf sein Bett zu setzen, in der dritten Nacht setzt sie sich auf einen Stuhl daneben und so weiter.

Es wurde festgestellt, daß mit dieser Methode die Schlafgewohnheiten von 85 Prozent der 28 Kleinkinder, an denen sie ausprobiert wurde, verbessert werden konnten. Interessanterweise empfehlen Minde und seine Mitarbeiter, daß, wann immer möglich, die Väter dieses Projekt durchführen, weil es ihnen meist weniger Konflikte bereitet, es durchzuziehen. Umgekehrt haben die Interventionen meistens keinen Erfolg, wenn der Vater nicht gewillt ist, bei der Neustrukturierung der elterlichen Reaktion auf die Schlafstörungen des Kindes mitzuwirken. Ein großer Vorteil des Programms ist, daß die Lösung des Schlafproblems Eltern und Kind meistens die Fertigkeit vermittelt, auch mit anderen Bereichen, in denen es Auseinandersetzungen gibt, besser umzugehen.

Das Kind in die Lösungsfindung einbeziehen

Der Plan, den Minde und seine Mitarbeiter für den Umgang mit Schlafstörungen entwickelt haben, kann noch dadurch erweitert werden, daß man das Kind im voraus über das Projekt informiert und ihm hilft, sich Alternativen zum Weinen und zum Rufen nach den Eltern auszudenken. Das kann besonders gut bei älteren, sprachgewandteren Kleinkindern funktionieren.

So ein Gemeinschaftsunternehmen von Eltern und Kind lehrt das Kind, daß sein Wunsch – sich sicher und behütet zu fühlen – erfüllt werden kann, ohne daß das Bedürfnis der Eltern – weiterzuschlafen – gestört wird.

Man könnte bei dieser Vorgehensweise etwa zu dem Kleinkind sagen:

«Danny, du weißt ja, wie du nachts immer aufwachst und nach Mami rufst.» (Warten Sie auf eine Antwort.)

«Ja, und Mami ist so müde, daß sie ganz ärgerlich wird und dich anschreit, daß du weiterschlafen sollst.» (Warten Sie auf Antwort. Sie kann einfach in einem ernsten Gesicht oder einem bedeutsamen Blick bestehen.)

«Weißt du, Mami mag das gar nicht, wenn sie so ärgerlich auf dich wird. Aber ich bin nachts so müde, und wenn ich müde bin, werde ich ärgerlich, und darum schreie ich dann.» (Warten Sie auf eine Reaktion. Sie braucht nicht verbal zu sein.)

«Es ist für Mamis und Papis schwer, mitten in der Nacht aufzuwachen. Ich habe überlegt, was du tun könntest, damit es dir bessergeht, wenn du nachts aufwachst.» (Sprechen Sie mit dem Kind verschiedene Möglichkeiten durch.)

«Heute nacht wollen wir das mal versuchen. Wenn du aufwachst, sagst du zu dir: Mami schläft. Ich nehme jetzt meinen Teddy in die Arme und rede mit ihm (oder auf was immer Sie sich geeinigt haben). Heute abend, bevor du ins Bett gehst, erinnere ich dich noch mal daran. Dann kriegt Mami ihren Schlaf, und du kannst dir selbst helfen, indem du mit dem Teddy redest, und wir werden nicht ärgerlich aufeinander.»

Es lohnt sich, dieses Gespräch am Tag zu führen, wenn Mutter und Kind ausgeruht sind, und nicht mitten in dem Konflikt, den sie gerade lösen wollen. Auf diese Weise können sowohl Eltern als auch Kind sich während des restlichen Tages den Plan durch den Kopf gehen lassen und sind dann besser darauf vorbereitet, ihn in die Tat umzusetzen, wenn es an der Zeit ist.

Für manche Eltern und Kleinkinder ist es für eine sinnvolle Kommunikation ausreichend, die Sache zu besprechen. Anderen kann es helfen, diese Unterhaltung im Rahmen eines Spiels zu führen. Die Erwachsenen können etwa eine Schlafzimmerszene aufbauen, in der das Baby aufwacht und nach den Eltern ruft, und dann kann die tatsächliche nächtliche Szene nachgespielt werden. Wenn das Kind sich ins Spiel vertieft, können die Eltern auf eine natürliche Pause warten und dann sagen: «Das passiert nachts bei uns, oder?» Das kann ein guter Ausgangspunkt für ein Gespräch und für ein Nachspielen der möglichen Lösungen werden.

Auch hier ist die Haltung wieder wichtiger als die Worte. Dem Kind muß klarwerden, daß die Eltern nicht von ihm verlangen, daß es einschläft; die Eltern helfen dem Kind, in das hineinzuwachsen, was von ihm erwartet wird.

Nachtangst

Manchmal wacht das Kind mitten in der Nacht panisch schreiend auf. Das verdient sofortige elterliche Aufmerksamkeit. Wenn das Kind sprechen kann, redet es vielleicht atemlos und zwischen Schluchzern über «den bösen Mann», «das Monster», «die Hexe» oder über irgendein anderes der vielen furchterregenden Wesen, die die Phantasie des Kindes bevölkern. Das ist ein Zeichen dafür, daß das Kind geträumt hat und daß die Träume den Charakter von Alpträumen angenommen haben.

Eine Möglichkeit, das Kind zu beruhigen, besteht darin, ihm während des Tages etwas über das Wesen der Träume zu erzählen, daß sie Bilder im Kopf sind, die nur «ausgedacht» sind und ihm nichts tun können. Die meisten Kinder machen vorübergehende Phasen durch, in denen sie Alpträume haben, vor allem in Zeiten mit ungewöhnlichem Stress, wie beim Eintritt in den Kindergarten, beim Wechsel der Betreuungsperson, nach einem schwierigen Besuch beim Doktor, einer furchterregenden Begegnung mit einem Hund oder einem anderen Tier oder einer allzu aufregenden Geschichte oder einem Film. Wenn die Alpträume nicht aufhören, ist das normalerweise ein Zeichen dafür, daß das Kind mit einer nicht geäußerten Sorge oder Angst kämpft oder größerem Leistungsdruck ausgesetzt ist, als es bequem bewältigen kann. Herauszubekommen, welche Ängste das sein könnten, öffnet normalerweise die Tür zur Lösungsfindung.

Es gibt Hinweise darauf, daß manche Fälle von Nachtangst eine biologische Komponente haben und erblich sein können.[8] Während eines Angstanfalls folgt das Verhalten des Kindes immer dem gleichen Muster, welches einschließt, daß es um sich schlägt, sehr schnell atmet, einen sehr schnellen Puls hat, schwitzt und verzweifelte Laute von sich gibt, die zu einem untröstlichen Weinen eskalieren können. Das Kind kann auf die elterlichen Versuche, es zu beruhigen, mit großer Angst, Verwirrung, Desorientiertheit und Fluchtversuchen reagieren. Manche Kinder schreien von weniger als einer Minute bis zu etwa zwanzig Minuten lang. Das Kind scheint die Bemühungen der Eltern nicht zu bemerken und kann sich am nächsten Tag oft nicht an den Vorfall erinnern. Wenn dieses Muster so häufig und so stark auftritt, daß es das Familienleben stört, sollte man mit dem Kinderarzt besprechen, ob es sinnvoll ist, das Kind auf Schlafstörungen hin zu untersuchen.

Die Bedeutung von Ritualen

Kleinkinder haben viele Gründe für Probleme mit dem Schlafen: die Angst, die Kontrolle abzugeben, indem sie sich dem Schlaf hingeben; Widerstand dagegen, den Spaß aufzugeben, den sie am Wachsein mit der übrigen Familie haben; Angst davor, ganz allein im eigenen Zimmer und im eigenen Bett zu sein; oder Phantasien darüber, was in der Dunkelheit des Hauses geschehen wird.

Die Bedeutung, die Rituale beim Schlafengehen für den Abbau dieser Ängste haben, kann gar nicht überschätzt werden. Rituale sind ein Gefäß für Unsicherheit, binden Angst und schaffen beruhigende Verbindungen zu anderen Menschen.

Die Aktivitäten vor dem Schlafengehen zu strukturieren kann dem Kind helfen, ein Gefühl der Zugehörigkeit zu entwickeln, das es in den Schlaf entführen wird. Ungestörtes Abendessen mit der Familie (ohne Unterbrechung durch das Telefon oder andere Ablenkungen), eine Zeit für ruhiges Spielen und dann die Zeremonien, den Schlafanzug anzuziehen und die Zähne zu putzen, die Ereignisse des Tages durchzugehen, zu besprechen, was morgen geschehen wird, eine Geschichte vorzulesen, ein Schlaflied zu singen, ein Gebet zu sprechen – diese Handlungen können in ein Familienritual eingewoben werden, das mit Gefühlen von Sicherheit und Schutz assoziiert wird, an die das Kind sich halten kann, wenn das Licht ausgeht.

Wenn das Ritual zur Schlafenszeit mit ruhiger Zuversicht durchgeführt wird, besteht keine Notwendigkeit, bei dem Kind zu bleiben, bis es einschläft. Eine beruhigende Bemerkung aus dem Wohnzimmer wie «Ich bin hier, und es ist alles in Ordnung» wird ausreichen, um dem Kind die Botschaft zu übermitteln, daß jede Angst, die es vielleicht haben könnte, wenn es so allein im Bett liegt, zu bewältigen ist und daß die Eltern mit Recht von ihm erwarten, daß es damit allein fertig wird. Kleinkinder werden stärker, wenn sie diese Erfahrung mit Erfolg hinter sich bringen.

Geschwisterrivalität

Ein neues Geschwisterchen

Die Geburt eines kleinen Brüderchens oder Schwesterchens ist ein tiefer Schock für ein Kleinkind. Das bedeutet nicht, daß das Erlebnis ihm psychischen Schaden zufügt. Im Gegenteil, es kann zu vielen wichtigen Lernerfahrungen führen und bietet die Möglichkeit einer lebenslangen emotionalen Verbindung mit Bruder oder Schwester. Doch das Erlebnis selbst wirkt tief verstörend, weil das Kind sich zurückgesetzt und aus seiner angestammten Rolle in der Familie herausgerissen fühlt. Es ist nicht mehr das eine und einzige Kind im Leben der Eltern – wenn es bis dahin keine Geschwister hatte – oder das Nesthäkchen in der Familie – wenn es das jüngste Kind war.

Je nach Alter, Temperament und Entwicklungsstand drükken Kleinkinder ihren Kummer auf verschiedene Weise aus.

Susanna, 15 Monate alt, versucht, das Baby vom Schoß ihrer Mutter herunterzuschieben, und möchte die Brust haben, obwohl sie schon seit Monaten abgestillt ist. Sie beißt das Baby, wann immer sie die Möglichkeit hat. Sie wird zu einem kleinen Biest, rast durch das Haus, obwohl sie erst kürzlich Laufen gelernt hat. Tagsüber ist sie aggressiv und überaktiv, aber nachts regrediert sie wieder zu einem kleinen Baby, wacht oft auf und fragt nach der Brust oder der Alternative dazu, einem Fläschchen. Sie hängt an ihrem Schnuller und ist ganz verzweifelt, wenn sie ihn nicht sieht.

Benjamin, ebenfalls 15 Monate, reagiert ganz anders. Er zieht sich zurück, sein Verhalten ist gedämpft, und sein Gesichtsausdruck ist traurig und bekümmert. Er bricht bei der kleinsten Frustration in Tränen aus. Er scheint das Lächeln verlernt zu haben, und seinen Bewegungen fehlen Begeisterung und Vitalität. Er wird seiner Mutter gegenüber sehr ablehnend, klammert sich aber an seinen Vater.

Nancy, 24 Monate alt, drückt ihr kleines Brüderchen so fest an sich, daß es rot anläuft. Als die Mutter ihm zu Hilfe kommt, jammert

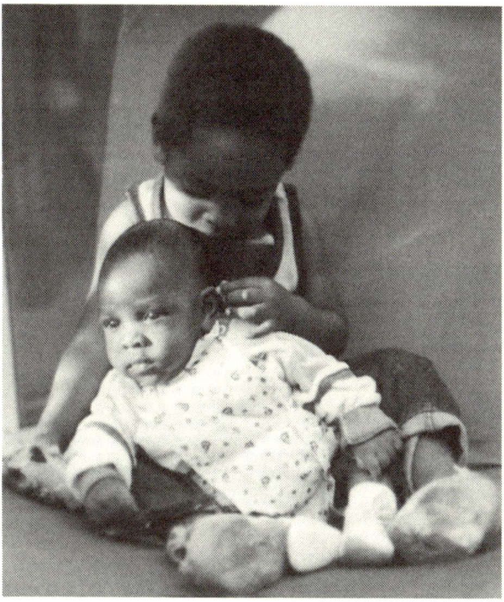

Nancy. Sie will den Bruder ständig in den Armen halten, findet aber immer eine Möglichkeit, ihn zum Weinen zu bringen.

Rebecca, 28 Monate alt, wird gesehen, wie sie mit einer Seidenschleife und einem Hammer herumläuft. Ihr Vater fragt, was sie vorhabe. «Eine Schleife für ihren Kopf», sagte Rebecca und deutet auf das völlig kahle Köpfchen ihrer 3 Monate alten Schwester.

Peter, 30 Monate alt, sieht sein eine Woche altes Brüderchen an und sagt: «Gut, jetzt kann er wieder gehen.» Bei anderen Gelegenheiten fragt er: «Können wir ihn in den Backofen tun? Können wir ihn essen? Er ist bestimmt lecker!»

Der gleiche Peter, jetzt dreieinhalb, sieht zu, wie sein Brüderchen versucht, seine erste Geburtstagskerze auszupusten. Peter sagt: «Er ist sehr süß, nicht? Wir machen ihn doch nicht tot, oder?»

Janice, 4 Jahre alt, hat einen 5 Monate alten Bruder. Sie vertraut einer kleinen Freundin an: «Warte nur, bis du auch einen hast. Du wirst so wütend werden, wenn deine Mama ihn füttert.» Sie dreht den Gästen, die das neue Baby bewundern, den Rücken zu und sieht sie vorwurfsvoll an, wenn sie versuchen, sie ebenfalls zu bewundern.

Diese Szenen zeigen, wie sich der Ausdruck von Wut und Ambivalenz darüber, daß ein Geschwisterchen da ist, entwickelt. Susanna und Benjamin mit ihren 15 Monaten drücken ihre Gefühle einfach und direkt ihrem jeweiligen Temperament entsprechend aus – Susanna schlägt zu, Benjamin zieht sich zurück. Die Reaktionen der anderen Kinder sind komplexer. Sie kämpfen darum, ihre aggressiven Impulse zurückzuhalten und zu beherrschen und sie mit ihren liebevollen Gefühlen zu verbinden. Rebecca, die mit Vorliebe Bänder in ihrem üppigen Haar trägt, möchte dieses Vergnügen angeblich mit ihrem kahlköpfigen Schwesterchen teilen und findet dazu keine bessere Methode, als die Schleife aufzuhämmern. Peter ringt zuerst mit widersprüchlichen Wünschen, nämlich den Bruder wieder wegzuschicken und ihn zu einem Teil von sich selbst zu machen, indem er ihn ißt; als er dann dreieinhalb ist, siegt die Seite, die den Bruder liebt, über die, die ihn töten will. Im reifen Alter von vier Jahren kann ein Kind wie Janice über seine Wutgefühle als einen inneren Zustand reflektieren, der nicht in destruktiven Handlungen zum Ausdruck kommen wird.

Die Angst des Kleinkindes, die Liebe der Eltern zu verlieren, bekommt mit der Geburt eines neuen Babys machtvollen Auftrieb. Der Anblick der eigenen Mutter, die liebevoll ein anderes Kind hält und versorgt, muß für ein Kleinkind der überzeugende Beweis sein, daß seine Befürchtungen Wirklichkeit geworden sind. Und, als wäre das nicht genug, auch der Vater ist ganz mit dem neuen Ankömmling beschäftigt, und jeder Gast schenkt zuerst dem Baby Beachtung. Die Angst, von jemand Besserem ersetzt zu werden – eine Angst, die viele Erwachsene verfolgt –, hat in dieser Erfahrung eine ihrer frühkindlichen Wurzeln.

Ein neues Baby bringt viele ganz konkrete Veränderungen in der Alltagserfahrung des Kleinkindes mit sich. Es muß jetzt häufiger und länger als jemals zuvor auf Dinge warten, die es möchte oder braucht. Es verbringt mehr Zeit allein. Es wird häufiger ausgeschimpft oder korrigiert, weil die Eltern versuchen, ihm beizubringen, was es mit dem Baby tun darf und was nicht. Einige Lieblingsbeschäftigungen – schwimmen gehen, zum Spielplatz gehen, ein Lieblingsspiel spielen – müssen wegen der Bedürfnisse des Babys oft abgekürzt oder verschoben werden. Man kann nichts mehr spontan machen, weil der Zeitplan des Babys berücksichtigt werden muß, und die Zeit, die es dauert, die Babytasche fertigzumachen, scheint unendlich.

Das sind wichtige Verluste für das Kleinkind. Das folgende Beispiel zeigt, wie stark ein Kleinkind sie empfindet.

Sammy, 28 Monate alt, hat nach der Geburt des Babys angefangen, sein Gesicht in den Händen zu vergraben und tief zu seufzen. Sein Vater fragt: «Warum machst du das?» Sammy antwortet: «Ich bin traurig.» Sein Vater fragt ihn nach dem Grund. Sammy sieht ihn traurig an und sagt: «Ich will meine Mami wiederhaben.»

Diese Gefühle sind auch dann vorhanden, wenn die Eltern ihrem Kleinkind geduldig und sensibel durch diese Phase hindurchhelfen. Konkurrenzgefühle einem neuen Baby gegenüber können für das Kleinkind zu den ersten länger andauernden Erfahrungen von Eifersucht, Neid, Scham und Schuldgefühlen führen.

Selbst ohne ein neues Geschwisterchen fühlen Kleinkinder sich manchmal jünger und manchmal älter, als sie tatsächlich sind. Wie Linda es formulierte: «Ich bin ein Baby und auch ein großes Mädchen.» Tag für Tag ein Baby ertragen zu müssen kann die Wünsche des Kleinkindes, selbst wieder Baby zu sein, sehr verstärken. Kleinkinder zeigen das, indem sie ein Fläschchen verlangen, Rückschritte in der Sauberkeitserziehung machen oder Babysprache verwenden. Andererseits fühlen sie sich stolz und überlegen, wenn sie erkennen, daß sie vieles können, was das Baby nicht kann.

Eltern tun gut daran, momentanen Wünschen des Kleinkindes, ein Baby zu sein, nachzugeben. Ihm ein Fläschchen oder einen Schnuller geben, es in sein Zimmer tragen, mit ihm kuscheln und Babysprache sprechen – diese kurzen Rückfälle in die Verhaltensweisen eines früheren Alters können dem Kleinkind versichern, daß seine Babyseite immer noch Beachtung bekommt, wenn sie das braucht. Mit diesem sicheren Wissen kann das Kind sich weiter an seinen vermehrten Fähigkeiten freuen.

Das Vermögen des Kleinkindes, etwas besser zu können als das Baby, kann ein gutes Gegenmittel gegen Eifersuchtsgefühle sein. Wenn Eltern eine bewundernde Bemerkung über eine Fertigkeit des Kleinkindes machen oder darauf hinweisen, daß das Baby dieses tolle Kunststück noch nicht beherrscht, bekommt das Kleinkind das beruhigende Gefühl, daß es immer noch etwas Besonderes ist und bewundert wird.

Am wichtigsten bei alldem ist aber wohl die Botschaft, daß Mutters oder Vaters Schoß so groß ist, daß Baby und Kleinkind gemeinsam darin Platz haben. Wenn ein Kleinkind vom Schoß der Mutter heruntergeschoben wird, weil das Baby gefüttert werden muß, kann sich dieses Erlebnis für das Kind wie ein Stich ins Herz anfühlen. Die Gewohnheit des Vaters, zuerst nach dem Baby zu fragen, wenn er von der Arbeit kommt, kann dem Kleinkind jede Hoffnung nehmen, daß es jemals wieder irgend jemandem wichtiger sein wird als jeder andere. Selbst auf das Risko hin, etwas an Spontaneität einzubüßen, werden Eltern ihrem Kleinkind einen großen Dienst erweisen, wenn sie sich vor Augen halten, wie es sich wohl fühlt, wenn es sie mit dem Baby beobachtet. Während der schwierigen ersten Zeit der Anpassung hilft man dem Kleinkind, das Baby zu dulden, wenn man es einbezieht und ihm sogar, wann immer möglich, Vorrang gegenüber dem Baby einräumt; und, mehr noch, dieses Verhalten gibt dem Kleinkind die Möglichkeit, Liebe zu dem kleinen Geschwisterchen zu entwickeln.

Wenn das Kleinkind das Baby in der Familie ist

Sarah, 4 Jahre alt, spielt in ihrem Zimmer Verkleiden. Eine Schachtel mit ihrer hochgeschätzten Sammlung von Haarschmuck steht neben ihr auf dem Fußboden. Ihre Schwester Robyn, 15 Monate, kommt herein, geht direkt auf die Schachtel zu, steckt eine von Sarahs Schleifen in den Mund und sabbert sie voll. Sarah schreit und schlägt Robyn. Robyn heult.

Mario, 6 Jahre alt, spielt mit einem Freund Ball. Ronnie, 24 Monate, möchte mitspielen. «Ich auch! Ich auch!» schreit er.

Ayana, 3 1/2 Jahre alt, hat darauf gewartet, daß ihre Mutter ihr eine Geschichte vorliest. Als sie und ihre Mutter sich gemütlich niedergelassen haben und gerade anfangen wollen, wimmert Omar, 18 Monate, daß er Hunger habe. Das Vorlesen ist zu Ende, noch bevor es angefangen hat.

Rachel, 4 Jahre, und Armon, 2 1/2 Jahre, kämpfen wütend darum, wer beim Fernsehgucken neben Papa sitzen darf.

Diese durchaus alltäglichen Szenen veranschaulichen die Macht von Kleinkindern, störend in das Leben älterer Geschwister einzugreifen. Sie sind noch klein, und meistens wissen sie es nicht besser. Noch dazu weinen sie oft als Reaktion auf Frustrationen, und dann wirken sie so traurig und hilflos, daß es fast unmöglich ist, sich nicht auf ihre Seite zu stellen.

Der häufigste Fehler, den Eltern im Umgang mit Geschwisterbeziehungen machen, ist vielleicht der, daß sie das jüngere Kind zu sehr bevorzugen. Häufig geschieht das, weil jüngere Kinder so verletzlich und bedürftig wirken. Ein weiterer häufiger Fehler besteht darin, entweder eins der Kinder oder alle beide zu bestrafen, ohne zuerst in Erfahrung zu bringen, was eigentlich geschehen ist.

Eltern dürfen ruhig ab und zu wohlwollend ein Auge zudrücken, wenn es um Geschwisterbeziehungen geht. Für Kinder aller Altersstufen ist es eine wertvolle Erfahrung, wenn man sie ihre Uneinigkeiten selbst klären läßt. Das läuft nicht immer ohne Zwischenfälle ab, und das stärkere Kind kann vielleicht, wenn man es ganz genau nimmt, häufiger gewinnen, als gerecht ist. Das Problem ist aber, daß elterliche Intervention auch keine Gerechtigkeit garantiert; sie bringt nur einen noch stärkeren Beteiligten in den Konflikt hinein, dessen Wort endgültig ist, ohne Rücksicht auf die Tatsachen. So kann es zu einer Situation kommen, in der Vater oder Mutter dem älteren Geschwisterkind die gleiche Art willkürlicher Macht aufzwingen, die das ältere Geschwisterkind dem jüngeren aufzuzwingen versucht. Das elterliche Vorgehen, das dazu dienen soll, der Macht des stärkeren Kindes Einhalt zu gebieten, kann die Botschaft übermitteln: Tu, was ich dir sage, aber nicht, was ich tue.

Kinder müssen mit ihren Beziehungen allein zurechtkommen. Eltern können sie dabei allerdings fördern oder behindern. Eine der elterlichen Rollen besteht darin, dafür zu sorgen, daß jedes Kind genügend elterliche Beachtung und Fürsorge bekommt, so daß es nicht nötig ist, mit den Geschwistern um ein Plätzchen an der Sonne zu konkurrieren. Der Fall von Tobias und Andy, der in Kapitel 6 geschildert wurde, zeigt, welche emotionalen Auswirkungen übermäßige oder einseitige Interventionen seitens der Eltern haben können. Das bevorzugte Kind kann zu einem selbstgerechten kleinen Tyrannen werden, der stets zuversichtlich ist, daß die Eltern ihn verteidigen werden. Das zurückgesetzte Kind wird entweder ein heimlicher Tyrann, der alles probiert, wenn die Eltern nicht da sind, oder es wird seine Wut und seinen Groll auf eine Weise unterdrücken, die seine emotionale Spontaneität und seine Unbefangenheit beeinträchtigt.

Natürlich gibt es Situationen, bei denen Eltern intervenieren müssen. In der ersten Szene, in der Sarah Robyn schlug, handelte ihr Vater richtig, als er Sarah mit ernster Stimme erklärte, sie dürfe wütend sein und mit Robyn schimpfen, aber sie dürfe die kleine Schwester nicht schlagen. Dann erklärte er Robyn, daß sie Sarah allein spielen lassen müsse, und ent-

fernte sie aus Sarahs Zimmer. Diese Intervention war knapp, sachbezogen und sprach beide Kinder auf ihrem jeweiligen Entwicklungsstand an. Beide lernten etwas daraus.

Elterliche Intervention spart man sich am besten für Gelegenheiten auf, wenn die Streitereien zu einem Großfeuer zu eskalieren drohen, das zu unbeherrschtem Geschrei oder körperlichen Auseinandersetzungen führen kann. Wenn Eltern dann ruhig, maßvoll und knapp intervenieren, sind sie wichtige Vorbilder für die Konfliktlösung. Die Kinder lernen, daß sie ihre negativeren Emotionen beherrschen können, und suchen nach einer Lösung, die für alle gekränkten Beteiligten recht und billig ist. Zuerst müssen Vater oder Mutter die Rolle des Schlichters übernehmen. Nach und nach werden die Kinder diese Rolle internalisieren und lernen, sie selbst zu spielen.

Ehestreitigkeiten

Kleinkinder bekommen Angst, wenn ihre Eltern sich in ihrer Gegenwart streiten. Heißt das, daß Mann und Frau ihre Streitigkeiten austragen sollten, wenn sie unter sich sind? Sollten Eltern versuchen, ihren Kindern den Kummer, sie zanken zu sehen, zu ersparen?

Manchmal können Kinder selbst am besten einschätzen, was gut für sie ist, und ich fragte ein fünfjähriges Mädchen nach seiner Meinung. Der Zufall wollte es, daß die Eltern gerade einen sehr gereizten Tag hinter sich hatten, so daß das Thema für Lydia ganz aktuell war. Sie nahm die Frage sehr ernst, überlegte eine Weile und sagte dann mit großer Überzeugung: «Es ist besser, wenn sie sich zanken, wenn ich dabei bin. Dann krieg ich nicht soviel Angst, weil wir darüber reden können.»

Lydias Antwort zeigt, welches Vertrauen sie darein setzt, über ihre Befürchtungen zu sprechen. Für sie bedeutet Sprechen Beruhigung. Selbst wenn jemand die Beherrschung verliert, erleichtert es sie, daß man ihr anschließend sagt, worum es bei dem Streit ging und, wenn er vorbei ist, daß ihre Eltern sich wieder versöhnt haben.

Reagieren wesentlich jüngere Kleinkinder genauso wie Lydia? Sie sind zwar nicht in der Lage, es zu formulieren, aber vermutlich würden sie grundsätzlich zustimmen. Kleinkinder nehmen sehr genau kaltes Schweigen, sarkastischen Tonfall und unausgesprochene Spannungen wahr. Sie spüren, daß etwas nicht stimmt, aber sie wissen nicht, was es ist. Manchmal werden Kleinkinder selbst schlecht gelaunt und allzu fordernd, wenn ihre Eltern zornig aufeinander sind, dabei aber versuchen, das nicht zu zeigen. Das Kind agiert die Spannung aus, die es spürt, aber nicht versteht.

Wenn eheliche Streitigkeiten nicht außer Kontrolle geraten, ist es recht lehrreich für Kleinkinder, zuzusehen, wie die Eltern sich streiten und sich dann wieder vertragen, weil die Kinder etwas über den Zyklus von Wut und Versöhnung lernen, während die beiden wichtigsten Erwachsenen in ihrem Leben diesen Prozeß durchmachen. Diese Erfahrung rückt die Gelegenheiten, wenn sie selbst wütend auf die Eltern werden und sich dann wieder mit ihnen versöhnen, ins rechte Licht.

Es gibt jedoch Ehestreitigkeiten, die so bitter und langwierig sind, daß ein Kleinkind nicht dafür gerüstet ist, sie mitzuerleben, ohne daß sein Vertrauen in die Eltern ernsthaft erschüttert wird. Diese Art des Streitens erschreckt Kleinkinder sehr. Sie haben nicht nur Angst, daß die Eltern einander nicht mehr lieben, sondern sie sehen die Eltern auch in ihrer schlimmsten Verfassung: Sie sind von ihrem Zorn überwältigt, nehmen das Kind nicht mehr wahr und stehen für seine Bedürfnisse nicht mehr zur Verfügung. Das Bild der Eltern, wie sie unbeherrscht schreien oder Schlimmeres tun, erweckt im Kind die tiefsten Ängste vor Verlassenwerden und Liebesverlust. In der Erinnerung vieler Erwachsener sind die lauten, unbeherrschten Auseinandersetzungen ihrer Eltern die Kindheitserlebnisse, die sie am meisten geängstigt haben.

Allein die Existenz des Kindes verlangt von den Eltern, daß sie sich vornehmen, ihre Meinungsverschiedenheiten auf konstruktive, nicht auf destruktive Weise zu klären. Streiten, das zu Zerwürfnissen führt, stellt diese Absicht in Frage. Zu einer gewissenhaften Kindererziehung gehört auch ein Bewußtsein dafür, wie der Umgang der Eltern miteinander das Kind beeinflußt, und die Bemühung, heftige Emotionen um des Kindes willen zu beherrschen.

Wenn diese Bemühung fehlschlägt (was manchmal der Fall ist), müssen die Eltern auf die Nachwirkungen ihres Streits achten. Die Angst anzuerkennen, Beruhigung anzubieten, vielleicht sogar zu sagen «Es tut uns leid» und sich mit der ganzen Familie zu umarmen – alle diese Schritte können helfen, den Schaden zu begrenzen, den ein Vorfall angerichtet hat, den man am liebsten ungeschehen machen würde.

Disziplinierung: Ist sie wirklich nötig?

Diese Frage wird von Eltern, die Kleinkinder haben, am häufigsten gestellt. Oft steht dahinter der heimliche Wunsch zu hören, daß man Kinder, wenn man sie liebt, versteht und einfühlsam für sie sorgt, nicht disziplinieren muß, weil sie von Natur aus liebevoll sein und auf die Wünsche der Eltern eingehen werden.

Leider ist es nicht ganz so einfach, ein Mensch zu sein. Kleinkinder sind keine Ableger der Eltern, und sie haben ihre eigenen Wünsche, Bedürfnisse und Pläne. Manchmal stehen diese nicht im Widerspruch zu den allgemeinen Interessen der Familie, in vielen Fällen aber wohl. Das Kleinkind muß aus der Reaktion der Eltern lernen, wann ein bestimmtes Verhalten nicht akzeptabel ist und nicht erlaubt werden kann.

Im besten Fall ist Disziplinierung eine Methode, Selbstbeherrschung zu lehren. Die Techniken dazu verändern sich mit dem Entwicklungsstand des Kleinkindes. Das Kind, das noch gar nicht oder kaum sprechen kann, kann Sprache zwar verstehen, aber am besten helfen die Eltern ihm, wenn sie gleichzeitig zur Tat greifen, um sein Verhalten zu unterbinden oder umzulenken. Das ältere Kleinkind, das sprechen kann, hat bereits mehr Selbstbeherrschung entwickelt, und ihm kann man sagen, was es tun soll und was nicht. Doch selbst ältere Kleinkinder (wie auch viel ältere Kinder) können die Grenzen bis zu einem Punkt austesten, an dem direktes und entschiedenes Eingreifen nötig wird, um sie zu lehren, daß sie zu weit gegangen sind.

Die folgenden Szenen veranschaulichen verschiedene Formen von Disziplinierung, die den entwicklungsbedingten Bedürfnissen von Kindern zwischen 14 und 40 Monaten entsprechen.

Greg, 14 Monate, ist ein aktives Kleinkind, das unbedingt alles erforschen muß, was sich auf seiner Augenhöhe befindet. Er ißt die Erde aus den Blumentöpfen im Wohnzimmer; er steckt die Finger in die Steckdosen; er öffnet die Tür unter der Spüle und durchwühlt den Mülleimer; er hebt jeden kleinen Fussel oder andere Stückchen vom Boden auf, betrachtet sie staunend und steckt sie in den Mund.

An dem, was Greg da tut, ist moralisch gesehen nichts verkehrt, aber seine Handlungen machen Schmutz, sind gefährlich und stören. Seine Eltern haben im Haus alles, was ihnen nur einfiel, kindersicher gemacht, aber Greg findet immer etwas, woran sie nicht gedacht haben. Diese Phase ist für die meisten Eltern sehr ermüdend. Wieder und wieder müssen sie «nein» sagen und die Aufmerksamkeit des Kindes auf akzeptable Unternehmungen richten.

Manchmal sieht es so aus, als würde das Kind nichts dazulernen, aber jede Kleinigkeit hilft weiter. Bald beginnt Greg zu zögern, bevor er sich dem verbotenen Ziel nähert. Dann fängt er an, kurz Mutters oder Vaters Gesichtsausdruck zu prüfen, bevor er weitermacht. Diese Verhaltensweisen zeigen an, daß die Erinnerung an die Verbote und Ablenkungsmanöver der Eltern mit Gregs unbezwingbarem Impuls, das zu tun, was er will, zu konkurrieren beginnt.

Dieser Prozeß wird zwar noch lange weitergehen, aber Greg fängt an, die Grundlage dessen zu erwerben, was schließlich ein Gewissen werden wird. Der Prozeß beginnt für ihn damit, daß er äußeren Weisungen von richtig und falsch gehorchen muß, die sein Verhalten steuern.

Joel, 2 Jahre alt, beißt seine Eltern und Freunde, wenn er auf sie wütend ist. Das hat zu Spannungen zwischen Joels Eltern und den anderen Eltern geführt, die die Spuren von Joels Zähnen auf den Gesichtern und Armen ihrer Kinder nicht besonders schön finden. Manche Kinder sträuben sich jetzt, mit Joel zu spielen, selbst wenn er nicht wütend ist. Joels Eltern fühlen sich manchmal selbst nicht wohl, wenn sie ihm zu nahe kommen, weil sie Angst vor seinen Bissen haben.

Joel ist ein kleiner Junge, der immer mit Vergnügen gesaugt und die Mutterbrust und das Fläschchen nur sehr widerstrebend aufgegeben hat. Seine Wut darüber, daß er auf diese Freuden verzichten mußte, drückt sich in seinem Beißdrang aus, der auftritt, wenn seine Gefühle so schwierig werden, daß er sie nicht mehr beherrschen kann. Der Mund, dieser Freudenspender, wird jetzt ein praktisches Werkzeug, um Rache zu nehmen.

Joel zu verstehen heißt nicht, sein Tun zu billigen. Seine Eltern sagen ihm natürlich, daß er nicht beißen darf, und entfernen ihn aus der Situation, wenn er es doch tut. Als Reaktion darauf beginnt Joel aber, sich selbst zu beißen. Sein Verhalten sagt uns, daß er die Mißbilligung seiner Eltern zwar versteht und versucht, sich danach zu richten, daß seine Impulse aber für seine noch schwachen inneren Mechanismen der Selbstbeherrschung zu stark sind.

Wenn ein Kleinkind, das noch kaum sprechen kann, von Emotionen überflutet wird, können wir ihm helfen, indem wir ihm einen alternativen Weg bieten, seinen Drang zu beißen oder zuzuschlagen zu kanalisieren. Die Eltern gaben Joel einen Beißring und sagten ihm, darauf dürfte er beißen. Joel brauchte eine Weile für den Übergang, aber nach etwa einer Woche biß er mit Genuß auf seinem Beißring herum. Es funktionierte: Er hörte auf, sich selbst zu beißen, und biß auch andere nicht mehr.

Daß seine Selbstbeherrschung sich weiterentwickelte, wurde ein Jahr später deutlich, als Joel, der jetzt 36 Monate alt war und sprechen konnte, seinen neugeborenen Bruder ansah und sagte: «Mami, stimmt das, ich darf doch beißen *wollen*, aber ich darf nicht beißen, oder?» Joels Wunsch zu beißen lauert immer noch im Hintergrund, aber jetzt kann der Junge sich selbst davon abhalten, etwas zu tun, von dem er weiß, daß es verkehrt ist. Er erwirbt allmählich ein internalisiertes Gefühl für richtig und falsch – eben ein Gewissen.

Sonya, 2 1/2 Jahre alt, sitzt mit ihren Eltern und vier Gästen beim Abendessen. Sie fängt an, laut zu singen, so daß die Erwachsenen sich kaum weiter unterhalten können. Ihre Mutter läßt ihr ihren Willen, wendet sich von den Gästen ab und singt ein paar Minuten lang mit. Als die Mutter wieder mit den Erwachsenen sprechen möchte, kreischt Sonya: «Sing mit mir!» Betroffen fängt die Mutter wieder an zu singen. Der Vater sagt: «Singt nicht so laut», aber er hört weiter zu. Sonya steht im Mittelpunkt. Das bleibt auch die nächste halbe Stunde so. Sonya protestiert laut, wenn die Eltern versuchen, wieder ein Gespräch mit den Erwachsenen zu beginnen, und jedesmal, wenn das Kind protestiert, singt die Mutter mit ihm weiter. Die Gäste beenden ihr Abendessen mit verstimmten Mägen.

Was stimmt an dieser Szene nicht? Sollten Erwachsene kleinen Kindern, die Beachtung verlangen, denn nicht nachgeben? Ist es nicht unrealistisch von den Gästen, zu erwarten, daß sie in Gegenwart einer Zweijährigen ein Gespräch unter Erwachsenen führen können?

Es ist nie zu früh, damit zu beginnen, Kinder zu lehren, daß jeder einmal an der Reihe ist und daß niemand die Aufmerksamkeit aller gegen ihren Willen in Anspruch nehmen darf. Wenn die Eltern bei der ersten lauten Unterbrechung zu Sonya gesagt hätten, sie solle leiser singen, weil sie den anderen damit in den Ohren weh tue, wenn sie ein paar Minuten mit ihr gesungen, sich aber dann wieder ihren Gästen zugewandt hätten, hätte Sonya daraus gelernt, daß sie an einer gesellschaftlichen Situation *beteiligt*, aber nicht die einzige war.

Die Eltern hätten Sonya auf ihre Proteste hin mit Bestimmtheit erklären müssen, daß sie nun an der Reihe gewesen sei und jetzt wieder die anderen drankämen. Wenn ihr Protest eskaliert wäre, hätten sie sie in ihr Zimmer bringen und unter vier Augen mit ihr darüber sprechen können, wie wichtig es ist, auch andere Leute zu Wort kommen zu lassen. Anschließend hätte man sie fragen können, ob sie bereit sei, wieder zurückzukehren.

Natürlich wissen die meisten Mütter, daß sie bei vielen gesellschaftlichen Anlässen ihre Aufmerksamkeit teilen müssen – ein Ohr und ein Auge für das Kleinkind, das andere Auge und das andere Ohr für die Gesellschaft. Das ist einer der anstregendsten Aspekte, wenn man ein Kleinkind hat. Doch so sehr sie auch ermüden mag, diese geteilte elterliche Aufmerksamkeit ist nötig, um Kleinkinder zu lehren, bei sozialen Anlässen Partner und nicht Tyrannen zu werden.

Cynthia, 40 Monate, hat einen schlechten Nachmittag. Sie hat gerade erfahren, daß ihre Eltern abends weggehen wollen. Obwohl ein junges Mädchen bei ihr bleibt, das sie kennt und mag, faßt Cynthia das Fortgehen ihrer Eltern als persönliche Beleidigung auf. Statt die Ankündigung dazu zu benutzen, sich auf den Abschied vorzubereiten, unternimmt sie einen großangelegten Guerilla-Angriff, um ihre Mutter zu überreden, nicht zu gehen. Etwa alle zwanzig Minuten schluchzt sie: «Ich will nicht, daß du weggehst.» Da sie eine ungewöhnliche Begabung hat, Gefühle in Worte zu fassen, schmückt sie ihre innere Verfassung aus: «Du wirst mir so sehr fehlen»; «Warum gehst du ohne mich weg?»; «Ich werde so traurig sein.»

Cynthias Mutter ist über die Verfassung ihrer Tochter betrübt, aber sie fühlt sich auch von der frühreifen Fähigkeit des Kindes manipuliert, ihr ein schlechtes Gewissen einzureden, indem es so detailliert beschreibt, wie schlecht es sich fühlt. Zwischen diesen beiden Gefühlen hin und her gerissen, wechselt die Mutter zwischen fröhlichen Versicherungen, daß es Cynthia gutgehen werde, Ermahnungen, daß sie sich zusammennehmen und mit dem Gejammer aufhören solle, und Drohungen (die nicht ausgeführt werden), daß Cynthia in ihr Zimmer geschickt werde, wenn sie ihre Klagen fortsetze. Cynthias Protest hält unvermindert an und eskaliert, als die Babysitterin kommt und die Eltern sich zum Gehen fertigmachen. Das Kind klammert sich an die Mutter und schreit: «Geh nicht weg!»

Cynthias Mutter unterstützt ihre Tochter unabsichtlich in ihrer Unfähigkeit, ihre Angst zu beherrschen. Die Nachsicht und das Widerstreben der Mutter, den Klagen der Tochter mit Bestimmtheit Einhalt zu gebieten, werden von dem Kind als Zustimmung interpretiert: Es hat das Recht, seine Gefühle nicht nur auszudrücken, sondern die Mutter damit verrückt zu machen.

Cynthia wäre mit einer weniger geduldigen Reaktion besser gedient. Sie muß klar gesagt bekommen, daß ihr Verhalten unfair ist und daß sie die Zeit, die sie und ihre Mutter an diesem Tag miteinander verbringen, verdirbt. Dies ist eine Situation, die den Entzug von Zuneigung und Bestätigung verlangt, um dem Kind zu helfen, Selbstbeherrschung zu lernen.

Man mag sich fragen, ob Cynthia nicht ein schlechtes Gewissen bekommen würde, wenn man ihr sagte, daß sie sich schlecht benimmt. Wenn das der Fall wäre, spräche ihre Fähigkeit, Schuldgefühle zu haben, für ihren emotionalen Entwicklungsstand. Kinder müssen (wie Erwachsene) lernen, Reue zu spüren, wenn sie etwas falsch machen. Schuldgefühle sind nützliche Emotionen, wenn sie als Reaktion auf ein bestimmtes Verhalten empfunden werden. Sie sind nur dann ungesund, wenn sie immer vorhanden sind, so wie im Fall von Kindern, die ständig Angst haben, etwas falsch zu machen, und Hemmungen bekommen, sich durchzusetzen.

Gleichaltrige und ältere Geschwister sind in dieser Hinsicht manchmal bessere Lehrer als Eltern. Sie zeigen sehr deutlich, daß ihnen nicht paßt, was das Kind gerade tut, und das Kind lernt aus dieser Reaktion. Eltern befürchten zu oft, sie könnten Schuldgefühle erzeugen oder dem Kind das Gefühl geben, daß es nicht mehr geliebt wird, wenn sie ihre Mißbilligung zum Ausdruck bringen oder ihre Zuneigung entziehen. Sie zwingen sich, so zu handeln, als wären ihre Gefühle für das Kind immer gleich liebevoll, ganz egal, wie es sich verhält. Das kann nicht stimmen, und weder die Eltern noch das Kind glauben es wirklich. Angesichts von unausstehlichem Verhalten weiterhin Wohlwollen und Zuneigung vorzutäuschen ist sogar recht schädlich, da dieses Verhalten nicht echt ist und Kleinkinder es durchschauen. Echte Gefühle sind ein wichtiges Element, wenn man Kindern helfen will, Selbstbeherrschung aufzubauen und zu verstehen, wie ihre Handlungen sich auf andere auswirken.

Zusammenfassend ist zu sagen, daß Kleinkinder keine sozial anerkannten und emotional gesunden Mitmenschen werden können, wenn ihre Eltern ihnen nicht helfen, ihre negativen Emotionen zu dämpfen, zurückzuhalten und sie auf andere Arten zu kanalisieren. Kleinkinder, die noch nicht sprechen können, müssen ihre Impulse zu schlagen und zu beißen auf Aktivitäten hin umlenken, die andere nicht verletzen – sie können auf einer Spielzeugbank herumhämmern, statt auf einem Baby, und einen Beißring beißen, statt einen Spielkameraden. Je besser das Kind dann sprechen kann, desto höhere Erwartungen können die Eltern an sein Verhalten stellen. Man kann von ihm erwarten, daß es Gefühle zunehmend in Worte faßt, statt sie auszuagieren, und die Eltern können ihre Mißbilligung äußern, wenn das Kind in dieser Hinsicht versagt. Selbst bei Kindern, die schon sprechen können, bedarf es jedoch gelegentlich energischen Eingreifens, um unerwünschtes Verhalten zu unterbinden. Wie der Fall von Cynthia zeigt, kann ein sehr sprachgewandtes Kind das Sprechen über Gefühle als aggressives Mittel einsetzen. Wenn Mutter oder Vater sich vom Kind verbal verprügelt fühlen, ist es genauso angebracht, diese verbale Aggression zu unterbinden, wie es sonst angebracht ist, physische Aggression zu stoppen.

Erfreulicherweise bedrohen feste Grenzen die Partnerschaft zwischen Eltern und Kind keineswegs, sondern stärken sie. Eine Partnerschaft beruht auf der Fähigkeit, die ganze Bandbreite an Gefühlen zu erleben, und auf dem Wissen, daß Harmonie durch einen ordentlichen Krach nicht zerstört wird.

Neuntes Kapitel

Wenn Eltern sich trennen

Kleinkinder werden von Familienstreitigkeiten und der Trennung ihrer Eltern tief berührt. Ich erinnere mich an einen kleinen Jungen von 18 Monaten, der sich zwischen seine streitenden Eltern stellte und sie anschrie, sie sollten aufhören. Nachdem die Eltern sich getrennt hatten, rief er tränenüberströmt immer nach dem Elternteil, der gerade nicht bei ihm war. Wenn sein Vater ihn zu seiner Mutter zurückbrachte, hängte das Kind sich an ihn und weigerte sich, ihn gehenzulassen. Nachdem der Vater es dann doch geschafft hatte, schlug der kleine Junge auf seine Mutter ein, warf sich laut weinend auf den Fußboden und wehrte wütend alle Versuche ab, ihn zu trösten. Das ging viele Wochen so. Sein Schmerz ließ erst nach, als beide Eltern ihm wieder und wieder versichert hatten, daß sie ihn weiter liebten und immer zu ihm zurückkommen würden.

Nicht alle Kleinkinder zeigen ihren Kummer so offen. Sowohl das individuelle Temperament als auch die innere Ruhe, mit der die Eltern den Ausdruck negativer Emotionen zulassen, haben starken Einfluß auf die persönliche Art des Kindes, Schmerz, Wut und Angst zu zeigen. Manchmal muß der Erwachsene die Gefühle des Kleinkindes aus den feinsten Anzeichen herauslesen.

Unabhängig davon, wie bereitwillig Kleinkinder ihren Kummer äußern, kann man ruhig annehmen, daß sie sich bei einer

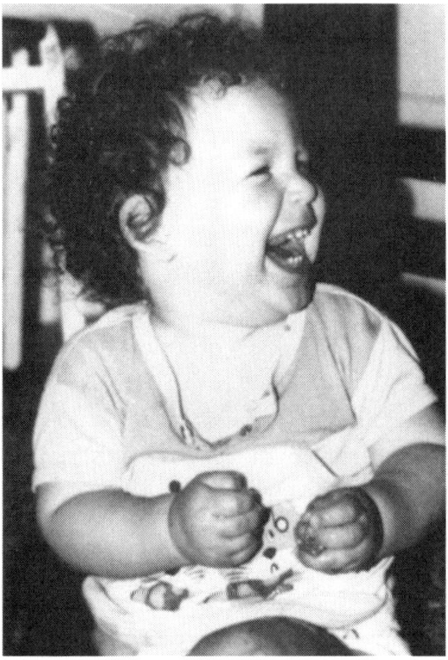

Trennung der Eltern alle bis zu einem gewissen Grad darüber Sorgen machen, was mit ihnen geschehen wird. Sie vermissen den abwesenden Elternteil und den Tagesablauf in der Familie. Sie fürchten, daß auch sie bald verlassen werden. Sie sind wütend – wenn auch aus unterschiedlichen Gründen – sowohl auf den Elternteil, der bleibt, als auch auf den, der die Familie verläßt.

Das braucht für Eltern, die sich scheiden lassen, kein Grund für lähmende Schuldgefühle zu sein, auch wenn ein gewisses Maß an Reue wohl unvermeidlich ist. Langfristig gesehen ist es gut möglich, daß es für die Kinder besser ist, wenn ihnen die tägliche Erfahrung, Zeugen von Wut, Spannung oder Distanziertheit zwischen den Eltern zu sein, erspart wird. Folgestudien lassen darauf schließen, daß die meisten Kinder von geschiedenen Eltern sich gut entwickeln, wenn die Eltern für die Reaktionen der Kinder empfänglich sind und ihnen trotz ihres eigenen Kummers weiter emotional zur Verfügung stehen.[1, 2]

Manche der Reaktionen, die Kleinkinder bei einer Scheidung zeigen, sind darauf zurückzuführen, daß sie dazu neigen, sich selbst als Mittelpunkt des Geschehens zu sehen. Ein fröhliches, gut angepaßtes kleines Mädchen, das im Zoo beobachtete, wie ein Löwe brüllte, überlegte: «Er brüllt, weil er mich zum Frühstück fressen will.» Sie konnte sich nicht vorstellen, daß der Löwe seine eigenen Gründe für das Brüllen hatte. Ihrer Meinung nach mußte eine derartig eindrucksvolle Vorführung in irgendeiner Weise etwas mit ihr zu tun haben. Piaget bezeichnete dieses Merkmal des frühen Denkens als «Egozentrismus», nicht weil Kinder egoistisch sind, sondern weil sie ein Ereignis subjektiv verstehen, aus dem Blickwinkel ihrer eigenen Reaktionen heraus.[3] Im Mittelpunkt ihres Verständnisses der Zusammenhänge zwischen Ursache und Wirkung steht ihre Fähigkeit, selbst etwas geschehen zu lassen. Infolgedessen hängt ihre Reaktion auf ein Ereignis davon ab, wie das Ereignis sie selbst betrifft. Mit anderen Worten, Kinder beziehen die realen oder vorgestellten Konsequenzen eines Ereignisses auf sich selbst.

Auf der Basis dieser rudimentären Form logischen Denkens kann man sich die unausgesprochene (und unaussprechbare) Assoziationskette, die im Fall einer Scheidung im Kleinkind abläuft, etwa so vorstellen:

- «Wenn Papa weggegangen ist, können alle Leute weggehen, und wenn das so ist, wird Mama mich vielleicht auch verlassen.»
- «Wenn Mama Papa nicht mehr liebt, liebt sie mich vielleicht bald auch nicht mehr.»
- «Wenn Mama und Papa wütend geworden sind und nicht mehr zusammenleben wollen, wollen sie vielleicht mit mir auch nicht mehr zusammenleben, wenn sie auf mich wütend werden.»

Das sind natürlich falsche Schlußfolgerungen, doch emotional sind sie trotzdem sehr überzeugend. Ein Kleinkind, dessen Eltern sich scheiden lassen, entdeckt – viel zu früh – die bittere Wahrheit, daß menschliche Beziehungen zerbrechlich sein können und daß die Bande der Zuneigung und des verbindlichen Versprechens nicht immer halten.

Wenn das Grundvertrauen des Kleinkindes, daß Mutter und Vater immer dasein werden, einmal erschüttert ist, folgen andere Ängste. Die erwachende Fähigkeit, Phantasievorstellungen zu entwickeln, versetzt das Kleinkind sogar in die Lage, sich Szenen vorzustellen, die es mehr ängstigen als die tatsächliche Wirklichkeit, die es erlebt. Ein Kind, das vor den Auseinandersetzungen seiner Eltern Angst hatte, phantasierte, daß es von wilden Tieren angegriffen würde; ein anderes Kind, das sich mitten in einem Kampf um das Sorgerecht befand, entwickelte Ängste, daß es von einem Fremden entführt würde. Die Herausforderung für Eltern, die sich scheiden lassen, liegt darin, ihrem Kind auch in ihrer persönlichen Not zu vermitteln, daß sie es weiterhin lieben und versorgen werden und daß Mütter und Väter sich zwar verlassen können, daß sie dem Kind aber ihre Liebe nie entziehen werden.

Am besten beginnen die Eltern mit einer ruhigen Erklärung, daß Mama und Papa nicht mehr zusammenwohnen werden, und schildern dann auf einfache Weise die Pläne, die sie im einzelnen haben, und versichern, daß sie sich weiter um das Kind kümmern werden. Manche Kleinkinder stellen viele Fragen, nachdem sie einmal diese grundlegenden Informationen bekommen haben. Andere sind zu klein oder zu verängstigt, um zu fragen. Wenn die Eltern für ausgesprochene und unausgesprochene Fragen empfänglich sind, und zwar sowohl unmittelbar nach der Trennung als auch später, wenn die Fragen sich im Laufe der Entwicklung ändern, wird das Kind lernen, daß das Thema nicht tabu ist und daß es ein Recht darauf hat, sich zu bemühen, es so gut es kann zu verstehen.

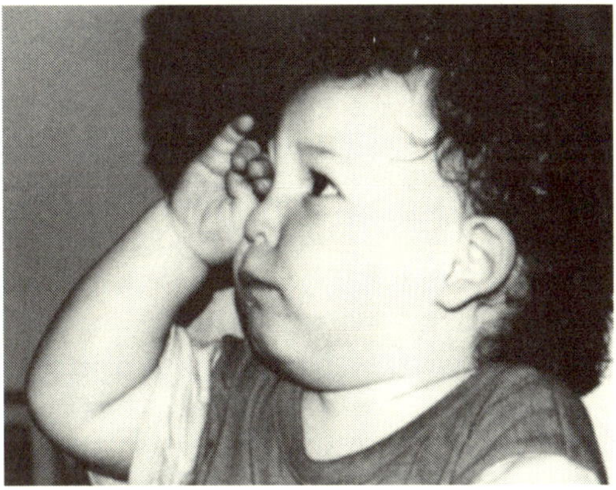

Scheidung als Zerstörung der sicheren Basis

Scheidung kann als Verlust der sicheren Basis, welche die Familienkonstellation für das Kleinkind darstellte, betrachtet werden. Das liegt daran, daß Kleinkinder nicht nur ihre Mütter und Väter als Quelle der Sicherheit benutzen, sondern auch ein Gefühl für die Familie als Versorgungseinheit gewinnen und gleichermaßen intensive, qualitativ aber unterschiedliche Beziehungen zu jedem Familienmitglied entwickeln.

Das heißt, daß Kleinkinder unter normalen Umständen lernen, sich mit mehr als einem Menschen gleichzeitig zu beschäftigen, Beachtung mit anderen zu teilen und bei Interaktionen in der Familie auf Ausschließlichkeit zu verzichten. Sie sind nicht nur aktiv daran beteiligt, was sich in der Familie tut, sondern beobachten auch aufmerksam aus dem Hintergrund, wie andere Familienmitglieder miteinander umgehen. Dabei lernen sie viel über ihre Eltern und Geschwister und beginnen, allgemeinere Vorstellungen über menschliche Beziehungen zu entwickeln. Wenn diese komplexen Beziehungen und Interaktionen als Folge einer Ehescheidung stark beschnitten und verändert werden, stehen Kleinkind und Eltern der Aufgabe gegenüber, eine neue sichere Basis zu schaffen, die auf die veränderten Bedingungen in der Familie abgestimmt ist.

Wie alle Veränderungen gehen Verlust und Neuaufbau einer sicheren Basis selten ohne Zwischenfälle vonstatten. Kummer und Wut sind mit Familienauflösungen, genauso wie mit jeder anderen Form von Verlust, untrennbar verknüpft. Man kann das Kleinkind nicht vor dem Erlebnis bewahren, Zeuge starker Emotionen der Eltern zu werden oder sie bei sich selbst zu erleben. Die Eltern können ihm jedoch helfen, diese schwierige Situation mit relativ geringem Schaden zu durchleben, wenn sie ihm trotz ihres eigenen Schmerzes weiterhin emotional zur Verfügung stehen.

Körperbewegungen haben psychologisch gesehen oft große Bedeutung. Vor allem kleine Kinder drücken Gefühle stärker durch Bewegungen aus als durch Worte. Im zweiten Lebensjahr steht die Erlangung des Gleichgewichts im Mittelpunkt der Bewegungen, und der mögliche Verlust dieses Gleichgewichts wird zu einer Hauptsorge. Physisches Gleichgewicht ist sowohl im kindlichen Spiel als auch in der Bildwelt der Erwachsenen ein Symbol für emotionales Gleichgewicht. So wie Kleinkinder endlose Stunden lang versuchen, die Angst vor dem Fallen zu bezwingen, schaffen sie oft Situationen, in denen das Gleichgewicht gefährdet ist, um so ihre Unsicherheit auszudrücken und die damit einhergehende Angst zu meistern. Zwei Kinder, die während der Scheidung ihrer Eltern an uns überwiesen wurden, machten recht anschaulich von dieser Ausdrucksweise Gebrauch.

Barbara ist mit ihren Eltern in der Praxis der Therapeutin und spielt mit Spielzeug. Das Gespräch kommt auf die entgegengesetzten Wünsche der Eltern bezüglich des Sorgerechts für Barbara. Barbara hört auf zu spielen und bittet ihre Mutter, sie hochzuheben und auf das Kaminsims zu setzen. Ihre Mutter gehorcht und bleibt dann neben ihr stehen. Das Mädchen verbringt den Rest der Sitzung auf dem Kaminsims. Sie hat eindeutig Angst, herunterzufallen, weigert sich aber, das Kaminsims zu verlassen.

Terrys Vater möchte eine bessere Beziehung zu seinem Sohn aufbauen und hofft, daß die Therapeutin ihm dabei hilft. Er ist jedoch so wütend auf seine Frau, die ihn verlassen hat, daß er nicht aufhören kann, sie zu verfluchen, selbst nicht in Gegenwart seines Sohnes. Nachdem Terry ein paar Minuten zugehört hat, geht er schweigend zur Spieltreppe, klettert hinauf und hockt sich gefährlich wacklig auf die oberste Stufe. Er scheint sowohl Angst vor dem Fallen zu haben als auch entschlossen zu sein zu bleiben, wo er ist. Als er schließlich wieder heruntergeklettert ist, dreht er systematisch den gesamten Inhalt des Puppenhauses (einschließlich des Puppenhauses selbst) auf den Kopf.

Diese Kinder zeigen, daß sie das Gefühl haben, ihr Gleichgewicht kaum noch halten zu können. Sie bitten Vater oder Mutter wortlos, ganz nah bei ihnen zu bleiben und ihnen zu helfen, sich sicher zu fühlen.

Manchmal sind Kinder von der Notwendigkeit, sich selbst im Gleichgewicht zu halten, überfordert und sehnen sich nach glücklicheren, einfacheren Zeiten. Am Ende einer sehr emotionalen Therapiesitzung mit seinem Vater begräbt Terry seinen Kopf in dessen Schoß und sagt: «Ich bin nur ein Baby.»

Was verstehen Kleinkinder?

Eltern, die sich scheiden lassen, hoffen oft, daß ihre Kleinen kaum wahrnehmen, was um sie herum vor sich geht, daß sie den Streit und die Meinungsverschiedenheiten und das nicht begründete Fehlen am Abendbrottisch oder im Elternschlafzimmer nicht bemerken. Doch Kleinkinder bemerken das alles sehr wohl und machen sich schon lange, bevor sie sprechen können, ihre eigenen Vorstellungen von dem, was geschieht. Der folgende Ausschnitt aus einer Therapiesitzung zeigt die Wünsche einer Mutter, ihre Tochter vor dem Wissen über das Weggehen des Vaters zu schützen, und die eigenen, sehr deutlichen Gefühle des Kindes dazu.

...das führte zu einem Gespräch über Moiras Alpträume, und (die Therapeutin) fragte, ob Moira in letzter Zeit besser schlafe. Die Mutter antwortete, daß Moira immer noch nachts aufwache und oft im Schlaf weine. Dann begann sie, über ihren Mann zu sprechen. Die Therapeutin fragte, was Moira über die Trennung erzählt bekommen habe. Die Mutter antwortete, sie habe nie mit Moira darüber gesprochen, weil das Kind zu dem Zeitpunkt erst 18 Monate alt gewesen sei. Die Mutter meinte, Moira sei noch zu klein, um das zu verstehen. Moira (jetzt 26 Monate alt) saß während dieses Gespräches neben ihrer Mutter. Die Therapeutin wandte sich an sie und sagte: «Mami und ich sprechen über deinen Papa, Moira.» Daraufhin sah Moira erst die Therapeutin, dann ihre Mutter direkt an, sprang vom Stuhl und fing an, wild vom Wohnzimmer in die angrenzende Küche, den Flur und wieder zurück zu rennen. Die Therapeutin fragte ihre Mutter, wie sie dieses Verhalten deute; die Mutter erwiderte, sie habe Moira noch nie so wild gesehen. Die Therapeutin fragte, ob Moira vielleicht Angst habe und das Bedürfnis, sich sicher zu fühlen. An diesem Punkt raste Moira gerade ins Badezimmer und fiel hin. Die Mutter hob sie auf, schmuste mit ihr und fragte nach einer Weile: «Hattest du Angst, weil wir über deinen Papa gesprochen haben?» Moira sah ihre Mutter direkt an und sagte: «Ja.» Die Mutter fuhr fort: «Tut dir das weh, daß Papa weg ist?» Moira sah zu Boden, sagte aber wieder: «Ja.» Die Mutter fragte noch einmal: «Macht es dich wütend, daß Papa weggegangen ist?» Moira sah ihre Mutter wieder direkt an und sagte: «Ja.» Dann stand sie auf und rannte ins Badezimmer. Die Mutter wandte sich an die Therapeutin und bemerkte: «Ich hätte nicht gedacht, daß sie das schon fühlen könnte. Ist es möglich, daß ein 18 Monate altes Kind das versteht? Er war doch kaum da und hat sich so wenig um sie gekümmert.» Sie redete noch weiter über ihren Mann, aber Moira kam wieder und begann, auf ihrer Mutter herumzuklettern. Die Mutter sagte: «Soll ich aufhören, über deinen Papa zu sprechen?» Moira nickte schweigend. Ihre Mutter sagte: «Moira, hör mir mal zu. Ich möchte, daß du weißt, daß ich dich lieb habe und daß ich dich niemals verlassen werde. Verstehst du das?» Moira schüttelte den Kopf und begrub ihn tief in der Schulter ihrer Mutter. Schweigend schaukelten sich beide eine Weile gegenseitig.

Dieser Ablauf zeigt deutlich, daß Kleinkinder sehr wohl merken, daß ein Elternteil das Zuhause verlassen hat, und daß sie möglicherweise trauern, ohne jemals ein Wort über ihren Verlust zu verlieren. Viele Kinder haben, so wie Moira, von einem sehr frühen Alter an heimliche Ängste. Wenn diese nicht von einem verständnisvollen Erwachsenen erkannt und gemildert werden, kehren sie in Form von Alpträumen, Trennungsangst, unerklärlichen Ängsten, häufigen und heftigen Wutanfällen, Trotz, erneutem Bettnässen oder einer Vielzahl von anderen Symptomen wieder, die sich am besten als Hilfeschrei des Kindes verstehen lassen. Diese Symptome sagen nämlich: «Paßt auf, Mama und Papa.»

Symptome können ihr Erscheinungsbild verändern. Ein ängstliches Kind kann übermäßig aggressiv werden, und Alpträume können aufhören und durch Beißen ersetzt werden. Symptome können sich verlagern, aber sie verschwinden erst, wenn das zugrundeliegende Problem gelöst wird. Wie Reginald Lourie, ein kluger Kinderarzt und Kinderanalytiker, es einmal ausdrückte: «Babys sind sehr geduldig. Sie zeigen uns das gleiche Problem immer wieder, bis wir es verstehen. Je besser wir verstehen, was Kinder brauchen, desto besser werden wir ihnen helfen können.»

Bemerkenswert ist, daß Moiras Alpträume zurückgingen, als ihre Mutter anfing, mit ihr über ihren Vater zu sprechen, sich in ihre Wut und ihren Kummer darüber, daß sie ihn verloren hatte, einzufühlen und ihr zu versichern, daß sie nicht weggehen würde. Moiras Mutter kam es zunächst recht eigenartig vor, über diese schwierigen Themen zu sprechen. Die positive Reaktion des Kindes half ihr jedoch zu erkennen, daß diese Probleme angesprochen werden mußten, und sie wurde zunehmend sicherer dabei. Außerdem stellte sie fest, daß das Sprechen darüber, wie schlimm es war, daß der Vater nicht mehr da war, paradoxerweise dazu führte, daß sowohl ihr Kind als auch sie selbst seine Abwesenheit leichter ertrugen.

Sehnsucht nach früher

Babys und Kleinkinder haben ein gut entwickeltes Gedächtnis. Sie erinnern sich an Menschen, Ereignisse und Erlebnisse, selbst wenn sie diese nicht mit Worten beschreiben können. Die frühesten Erinnerungen basieren auf Ereignissen, die durch Wahrnehmung, nicht durch Sprache, erfaßt wurden. Neugeborene sind in der Lage, den Geruch der Milch ihrer Mutter und den Klang ihrer Stimme zu erkennen.[4,5] Mit 5 bis 7 Monaten können Babys visuelle Erinnerungen speichern und auf Zeichen hin wieder hervorholen. Zum Beispiel konnten Babys, die ein Foto vom Gesicht eines Fremden weniger als eine Minute lang angesehen hatten, das Gesicht über eine Woche später wiedererkennen.[6] Überdies sind Babys in diesem Alter bereits fähig, sich an die emotionale Erfahrung zu erinnern, die mit einem Ereignis verbunden war. In einer Untersuchung lächelten Babys beim bloßen Anblick einer stummen Marionette, die eine Woche vorher aktiv mit ihnen «gespielt» und sie zum Lachen gebracht hatte.[7]

Wenn Babys das alles schon in den ersten 6 Lebensmonaten können, was können wir dann von Kleinkindern erwarten? Aus vielen Beobachtungen läßt sich schließen, daß Kleinkinder sich an emotional gefärbte Ereignisse noch viele Monate später erinnern. Mit 18 Monaten spielte Rafi, kaum daß seine Mutter ihm gesagt hatte, sie wollten zum Arzt gehen, pantomimisch genau den Ablauf seiner letzten, 6 Monate zurückliegenden Untersuchung nach. Er sprach noch nicht fließend, aber er legte sich seiner Mutter auf den Schoß, zog an seinem Ohr, öffnete mit keuchenden Geräuschen den Mund, gestikulierte mit den Händen, als würde jemand ihm in den Hals gucken und sagte: «Nein, nein.» Es war klar, daß er sich an das erinnerte, was geschehen war, und es nicht noch einmal erleben wollte.

All das zeigt, daß für Kleinkinder aus den Augen nicht aus dem Sinn bedeutet: Sie erinnern sich klar und deutlich. Diese Kontinuität der Erfahrung besteht auch, wenn ihre Eltern sich trennen. Kinder behalten den Alltag so, wie er war, als die Familie noch zusammenlebte, im Gedächtnis und können sich sehr danach sehnen, daß es wieder so sein möge wie früher.

Sammy weigert sich, aus dem Auto auszusteigen, als er mit seiner Mutter bei einem bevorzugten Restaurant ankommt. Er fängt einen richtigen Kampf an, als sie versucht, ihn zum Aussteigen zu bewegen. Ihr geht auf, daß das Restaurant ein beliebter Ausflugsort der Familie war, als die Eltern noch zusammenlebten. Sie fragt: «Vermißt du Papa, wenn wir hierherkommen?» Sammy schluchzt: «Ja.»

Tanya hängt an einem Stofftier, das ihr Vater ihr geschenkt hat, und hält es fest in den Armen, wenn sie ins Bett geht.

Sylvia weigert sich zuzuhören, als ihre Mutter ein Schlaflied singt. Sie sagt: «Das ist Papas Lied!» Ihr Vater hatte das Schlaflied gern gesungen, wenn er sie ins Bett gebracht hatte.

Cameron macht großes Theater, als ein Gast sich am Tisch auf «Papas Platz» setzt. Er will auch alle davon abhalten, im Wohnzimmer in «Papas Sessel» zu sitzen.

Gabriel legt die Mamapuppe und die Papapuppe zusammen ins Bett. Er sagt: «Jetzt ist es wieder gut.»

Marina und ihre Mutter fahren an einen Urlaubsort, wo Marina im letzten Jahr zugesehen hatte, wie ihr Vater Enten jagte. Marina sagt: «Papa, Ente, peng, peng.»

Diese kurzen Einblicke in das Innenleben der Kinder, in ihre Erinnerungen und in ihre Sehnsüchte, werden von Erwachsenen, die glauben, daß Kleinkinder nicht so intensive und authentische Erinnerungen und Gefühle haben wie sie selbst,

oft nicht in ihrer Bedeutung erkannt, oder, was noch trauriger ist, abgetan. Doch eben diese Einblicke sind es, die uns das kindliche Erleben am eindrucksvollsten zeigen. Kleinkinder halten keine Reden über ihr Innenleben (oder über irgend etwas anderes). Sie sind auf Symbole, Spiele, Gesichtsausdruck, plötzliches Schweigen, Körpersprache und halbe Sätze angewiesen, um zu vermitteln, an was sie sich erinnern und welche Gefühle sie dabei haben. Außerdem sind sie darauf angewiesen, daß Erwachsene diese Botschaften entschlüsseln und darauf reagieren.

Aus diesem Grunde ist es hilfreich, mit dem Kind beruhigend über vergangene Erlebnisse zu sprechen. Das gilt für geliebte alltägliche Gewohnheiten, die sich in der neuen Familienzusammensetzung nicht mehr aufrechterhalten lassen, ebenso wie für die weniger angenehmen Szenen, die einer Scheidung normalerweise vorangehen – Streit, Tränen und sogar körperliche Auseinandersetzungen.

Kleinkinder fühlen sich durch die Trennung der Eltern emotional zerrissen. Einerseits können sie erleichtert sein, daß es zu Hause jetzt ruhiger ist und die schwierigen Konfrontationen beendet sind. Andererseits vermissen sie die Augenblicke des Zusammenseins, die es trotzdem gab, und am meisten vermissen sie den Elternteil, der die Familie verlassen hat, haben aber gleichzeitig ein schlechtes Gewissen, daß sie mit dieser Sehnsucht auf unergründliche Weise den Elternteil, der geblieben ist, verraten. Sie befürchten, daß sie sich, indem sie den einen Elternteil lieben, den Zorn des anderen zuziehen.

All diese widersprüchlichen Gefühle gleichzeitig zu haben ist verwirrend, aber eben das ist der Stoff, aus dem das Gefühlsleben gemacht ist. Wenn man mit dem Kind darüber spricht, daß es Mutter oder Vater vermißt, wütend ist oder Angst hat, *während es diese Gefühle hat,* gibt man ihm die Möglichkeit, mit diesen heftigen Gefühlen umzugehen, ohne davon überwältigt zu werden. Sich an die guten Zeiten zu erinnern («Weißt du noch, wie Papa im Park mit dir Pferdchen gespielt hat? Wir haben so gelacht!») und die schlechten Zeiten zu erläutern («Papa und ich haben uns angeschrien. Manchmal kann ich nicht anders als schreien, wenn ich wütend bin, aber ich mag das nicht») hilft dem Kleinkind, die Vergangenheit mit der Gegenwart zu verbinden, statt sie in die unterirdischen Höhlen der kindlichen Phantasie zu verbannen.

Während das Anschneiden dieser Themen für das Kind hilfreich ist, kann es für die Eltern anstrengend sein. Sie müssen sich zwingen, ihre Wut und ihren Groll auf den früheren Partner oder die frühere Partnerin beiseite zu schieben, um die Beziehung des Kindes zu dem anderen Elternteil zu schützen. Das ist ein schwieriges Unterfangen. Es erfordert das bewußte Bemühen, zwischen dem Ex-Partner und dem anderen Elternteil des Kindes zu unterscheiden, obwohl er beides in einer Person ist. Es verlangt zudem, daß man sich bemüht, die positiven Eigenschaften des anderen Elternteils im Gedächtnis zu behalten und sich daran zu erinnern, daß diese Eigenschaften dem Kind helfen können, selbst wenn die Ehe gescheitert ist.

Im folgenden Abschnitt werden wir einige der Faktoren untersuchen, die die Fähigkeit der Eltern beeinträchtigen, ihr Kind vor dem Zorn und der Bitterkeit, die sie vielleicht einander gegenüber verspüren, zu schützen.

Die Situation der geschiedenen Mutter

Obwohl man die Lage von Frauen, die sich scheiden ließen, ihrer individuellen Verschiedenheit wegen nicht vergleichen kann, werden die Erfahrungen der meisten Frauen in irgendeiner Weise von der Situation beeinflußt, die die demographischen Daten zu Scheidungen darlegen. Die Zahlen für die Vereinigten Staaten sind ernüchternd:

- Scheidung wirkt sich auf die finanzielle Situation von Männern und Frauen unterschiedlich aus. Das Einkommen der Frauen geht zurück, während das der Männer ansteigt, zumindest in den Jahren unmittelbar nach dem Scheitern der Ehe. Die Schätzungen variieren, aber einer Untersuchung zufolge nimmt das Einkommen von Frauen um 30 Prozent ab, während das der Männer um 15 Prozent ansteigt.[8]
- Als Faustregel gilt, daß die wirtschaftliche Situation der Frauen sich langsamer verbessert, wenn sie nicht wieder heiraten.[8,10]
- Über 95 Prozent der Kinder aus geschiedenen Ehen leben bei ihren Müttern, eine Zahl, die sich seit 1960 nicht geändert hat. Gegenwärtig leben mehr als 10 Millionen amerikanische Kinder in Familien, an deren Spitze eine alleinerziehende Mutter steht, die entweder getrennt lebt oder geschieden ist.[9]
- Vierzig Prozent der Familien, deren Familienvorstand eine Frau ist, haben Einkommen unterhalb der Armutsgrenze.[12]

- Geschiedene Väter verlieren oft den Kontakt zu ihren Kindern, eine Situation, die der Mutter die alleinige Verantwortung für das Aufziehen der Kinder aufbürdet. In einer Umfrage unter 1423 Kindern aus geschiedenen Ehen, die von den National Institutes of Mental Health finanziert wurde, hatten 52 Prozent im vergangenen Jahr nicht von ihren Vätern gehört, und 35 Prozent der Kinder in dieser Gruppe hatten seit fünf Jahren keinen Kontakt zu ihren Vätern gehabt.[5]

Diese miteinander verflochtenen Fakten haben tiefgreifenden Einfluß auf das Alltagsleben und die emotionale Erfahrung von geschiedenen Müttern, unabhängig vom Alter der Kinder. Finanzielle Sorgen, größere Veränderungen im Lebensstil infolge der reduzierten wirtschaftlichen Mittel und die Hauptverantwortung für die Kinder stellen im Leben geschiedener Mütter erhebliche Belastungen dar.

Für Frauen mit Babys und Kleinkindern kann die Situation noch schwieriger sein, da Gewohnheiten und Routine in der Kinderbetreuung noch nicht gefestigt sind, alternative Möglichkeiten der Kinderbetreuung rar und teuer sind und weil sehr kleine Kinder hohe Anforderungen an die Energie und die emotionalen Kräfte der Mutter stellen. Trotz dieser Schwierigkeiten bewältigen viele Frauen die Herausforderung, eine alleinstehende Mutter für ihre kleinen Kinder zu sein, mit Erfolg.[1]

Die Situation des geschiedenen Vaters

Bei den Gefühlen, die Väter hinsichtlich ihrer Scheidung haben, stehen meist zwei Fragen im Mittelpunkt: die finanzielle Belastung durch die Unterhaltszahlungen und die psychische Belastung durch den begrenzten Zugang zum Kind. Diese

Punkte sind in Konfliktsituationen oft miteinander verknüpft. Viele Väter glauben, daß die Mutter die Zustimmung zu Besuchen versagt, um die Unterhaltszahlungen zu erzwingen, und daß die Kinder als Geiseln benutzt werden, um finanzielle Ziele zu erreichen. Eine von Vätern häufig vorgebrachte Klage ist, daß sie Überstunden machen oder sogar einen zusätzlichen Job annehmen müssen, um ihren gerichtlich festgesetzten finanziellen Verpflichtungen zur Unterstützung von Kind und früherer Ehefrau nachkommen zu können. Manche Männer argumentieren, daß die verstärkte finanzielle Belastung ihnen weniger Zeit und Energie ließe, am Leben ihrer Kinder aktiv teilzuhaben.[13]

Die statistischen Daten für die USA unterstützen diesen Eindruck der Auswirkung von Scheidung auf Männer im allgemeinen nicht. Eine kleine Gruppe geschiedener Väter ist allerdings sicherlich mit diesen Problemen konfrontiert. Sie stellen möglicherweise fest, daß sie mit einem Einkommen zwei Haushalte ernähren müssen. Ihr Zugang zu den Kindern kann eingeschränkt oder von der Mutter streng reguliert sein, entweder als Mittel, um Druck auszuüben, oder weil es Meinungsverschiedenheiten über die Kindererziehung gibt. Der Vater wird vor dem Kind vielleicht getadelt oder kritisiert, weil er seinen finanziellen oder elterlichen Verpflichtungen nicht nachkommt.

Unabhängig davon, wie gerechtfertigt diese beiderseitigen Klagen sind, kann die Bitterkeit zwischen den Eltern zu explosiven Situationen führen, in denen der Konflikt eskaliert, oft ohne Vorankündigung. Das ist nicht schwer zu verstehen. Scheidung berührt Eltern im tiefsten Inneren, sie gibt ihnen das Gefühl, einsam, verletzlich und ungeschützt zu sein. Das sind die Bedingungen, die bei Kleinkindern Wutanfälle auslösen, und eben diese gleichen Bedingungen führen auch zu wütenden Kämpfen zwischen Erwachsenen.

Scheidung kann unsere schlimmsten Seiten ans Licht bringen, und normalerweise tut sie das auch. Groll, das Gefühl, zum Opfer geworden zu sein, und Zorn gewinnen oft die Oberhand und führen zu einem Verlangen nach Rache und zu dem Bestreben, alte Rechnungen zu begleichen. Diese Impulse können die ernsthaftesten Bemühungen der Eltern, ihre Selbstbeherrschung zu bewahren, leicht zunichte machen. Manchmal liegt die einzige Hoffnung, seinen Rachegelüsten nicht nachzugeben, darin, sich zu erinnern, daß unter elterlichen Streitereien vor allem die Kinder leiden, sowohl innerhalb der Ehe als auch nach der Scheidung.

«Teilet das lebende Kind»

«Und der König sprach: Teilet das lebende Kind in zwei Teile und gebet dieser die Hälfte und jener die Hälfte.»

– 1. Buch Könige, III, 25

Konnte König Salomo vorhersehen, daß seine Aufgabe, über das Schicksal eines umkämpften Kindes zu bestimmen, eines Tages etwas Alltägliches sein würde? Wir werden das nie erfahren, aber es ist ernüchternd, sich zu überlegen, wie oft wir diesem biblischen Dilemma in modernem Gewand gegenüberstehen.

Wir können sogar zu der Überzeugung gelangen, daß die fatale Lage des großen Königs, verglichen mit heutigen Rechtsstreitigkeiten, ein Kinderspiel war. Salomo konnte mit dem habgierigen Eigeninteresse der falschen Mutter rechnen, die von ihrem eigenen Verlangen so verblendet war, daß sie einem Richterspruch zustimmte, der das Kind vernichtet hätte. Bei den heutigen Kämpfen um das Sorgerecht ist die Sachlage weniger eindeutig; beide Parteien glauben ernsthaft, daß sie versuchen, die Interessen des Kindes zu vertreten.

Die nützlichste Methode, die Weisheit Salomos auf derzeitige Umstände anzuwenden, besteht vielleicht darin, sich das biblische Drama auf psychischer Ebene vorzustellen. Jeder Elternteil, das um das Sorgerecht kämpft, verkörpert alle drei Figuren der Geschichte gleichzeitig. Jeder Elternteil trägt das Potential in sich, zur falschen Mutter zu werden, die zwischen dem Wohlergehen des Kindes und ihren eigenen Bedürfnissen nicht unterscheiden kann und die das Kind lieber vernichtet sehen würde, als auf ihren Anspruch zu verzichten. Ähnlich kann jeder Elternteil die liebevolle, wahre Mutter verkörpern, deren Wunsch, ihr Kind zu beschützen, stärker ist als ihr Eigeninteresse.

Außerdem steht jedem Elternteil im Inneren die Weisheit Salomos zur Verfügung, der den Ausgleich schafft zwischen zwei Extremen: auf der einen Seite der Bereitschaft, das Kind den eigenen Bedürfnissen zu opfern, und auf der anderen Seite der Bereitwilligkeit, um des Kindes willen auf einen legitimen persönlichen Anspruch zu verzichten. Indem Salomo einen Zusammenprall kleinlicher individueller Willen in eine Prüfung der tiefsten Beweggründe der Mütter verwandelte, konnte er eine Lösung finden, die nicht auf dem Recht zu besitzen, sondern auf der Bereitschaft zu beschützen und zu lieben beruhte.

Für Kinder ist es am besten, wenn sie Zugang zu einer Mutter und einem Vater haben, die ihren persönlichen Groll beiseite lassen und zum Wohle des Kindes zusammenarbeiten können. Das muß nicht heißen, daß sie Freunde werden oder Liebende bleiben. Es heißt auch nicht, daß sie legitime Forderungen vom Tisch wischen sollen. Es bedeutet aber, daß die Eltern erkennen, daß sie beide eine einzigartige Rolle im Leben des Kindes zu spielen haben, daß keiner von beiden die Rolle des anderen für die Entwicklung des Kindes übernehmen kann und daß kein Elternteil in der Zuneigung des Kindes den anderen ersetzen kann.

Die Beziehung des Kindes zu jedem einzelnen Elternteil muß von der Beziehung der früheren Ehepartner zueinander getrennt gehalten werden. Ein Kleinkind sollte nicht zum Verbündeten eines Elternteils gegen den anderen werden und nicht Zeuge der gegenseitigen Beschwerden und Beschuldigungen der Eltern sein müssen.

Und doch ist der häufigste Fehler, den geschiedene Eltern machen, daß sie sich gegenseitig vor dem Kind erniedrigen. Häufig haben sie an jeder Kleinigkeit im Umgang des früheren Partners mit dem Kind etwas auszusetzen. Sie werfen sich gegenseitig vor, dem Kind Junk food zu geben, es nicht sauberzuhalten, es zu vielen Reizen auszusetzen, keinen festen Zeitplan zu haben, dem Kind zuviel durchgehen zu lassen oder zu streng mit ihm zu sein. Außerdem beklagen sich beide, daß der andere Elternteil keinen genauen Bericht darüber liefert, was passiert ist, während das Kind sich in seiner Obhut befand – was sie gemacht haben, wen sie getroffen haben, wohin sie gegangen sind.

Diese Probleme führen oft zu Bemühungen, die Besuche zu verkürzen oder einzuschränken. In den meisten Fällen ist das ein schwerer Fehler. Langfristig gesehen ist es für das Wohlergehen eines Kleinkindes nicht so wichtig, ob es nun einen oder sogar vier Kekse zuviel ißt oder ob ein Mittagsschlaf ausfällt. Viel wichtiger ist, daß man ihm gestattet, zu beiden Eltern eine Beziehung aufzubauen, in der es sich wohl fühlt.

Eltern, die sich gegenseitig kritisieren, geht es dabei selten wirklich um Einzelheiten wie die Ernährung oder den Tagesablauf des Kindes. Eigentlich kämpfen sie um die alleinige Macht über das Leben ihres Kindes. Sie spielen sich unbewußt als der ideale Vater oder die ideale Mutter auf, als der Elternteil, den das Kind am meisten lieben soll.

Indem Eltern den Wert der Beziehung des Kindes zum früheren Ehepartner akzeptieren, müssen sie mit der traurigen Erkenntnis fertig werden, daß sie zu einem großen Teil des Lebens ihres Kindes keinen Zugang mehr haben. Sie werden nicht in der Lage sein zuzusehen, wie das Kind eine Beziehung zu dem anderen Elternteil aufbauen wird. Sie werden die Meilensteine in der Entwicklung des Kindes und die täglichen Freuden und Sorgen nicht mit einem Partner zusammen erleben, der sich genauso leidenschaftlich für das Kind engagiert wie sie selbst. Es wird große Bereiche der kindlichen Erfahrung geben, die sie weder verstehen noch überblicken können.

Das sind einige der schmerzhaften Konsequenzen der Scheidung. In dem Bemühen, sie zu umgehen, versuchen viele Eltern, sich selbst zum einzigen Mittelpunkt im Leben ihres Kindes zu machen und den anderen Elternteil an den Rand zu drängen. Damit machen sie, ohne es zu wissen, die emotionale Entwicklung ihres Kindes ärmer und berauben sich selbst einer wertvollen Quelle der Unterstützung – dem emotionalen Einsatz des anderen Elternteils für das Kind.

Kleinkinder sind unermeßlich erleichtert, wenn sie zusehen können, wie ihre Eltern sich um ihretwillen zusammentun. Eine Mutter, die ihr zurückkehrendes Kind mit den Worten begrüßt: «Deine Stiefel sind ja ganz voll Matsch! Du hast mit deinem Papa bestimmt ein richtiges Abenteuer erlebt!» trägt zum Seelenfrieden ihres Kindes viel mehr bei als eine Mutter, die es mit einem besorgten oder ängstlichen Kommentar über die Nachlässigkeit des Vaters in Fragen der Reinlichkeit begrüßt. Ein Vater, der verständnisvoll zu seiner Tochter sagen kann: «Mami braucht lange, um sich von dir zu verabschieden, weil sie dich so lieb hat», schützt die geistige Gesundheit des Kindes viel besser als ein anderer, der auf die gleiche Situation reagiert, indem er die Mutter anfährt: «Hör auf, dich an sie zu klammern.»

Selbst wenn ein Elternteil den anderen erzürnt, kann man die Situation so strukturieren, daß die Selbstachtung des Kindes erhalten bleibt. Eine Mutter, der es große Unannehmlichkeiten machte, daß der Vater sich beim Abholen des Kindes für das Wochenende verspätete, konnte auf die deutliche Besorgnis und das Unbehagen des Kleinkindes reagieren, indem sie sagte: «Mach dir keine Sorgen, Schätzchen. Dein Papa muß manchmal länger arbeiten. Ich bin sicher, daß er versucht, so schnell wie möglich herzukommen, weil er dich sehen möchte.» (Später, als das Kind sie nicht hören konnte, besprach sie die Situation mit dem Vater.) Eine andere Mutter reagierte in einer ähnlichen Situation weniger konstruktiv. Sie platzte heraus: «Er denkt nur an sich. Ihm ist es ganz egal, daß wir beide hier warten!»

Die erste Mutter konzentrierte sich auf das Bedürfnis des Kindes, versichert zu bekommen, daß der Vater es weiterhin (wenn auch nicht perfekt) liebe. Die zweite Mutter konnte ihre Wut darüber, daß sie sich vom Vater ihres Kindes verlassen und ausgenutzt fühlte, nicht zurückhalten. Sie war nicht in der Lage, ihrer Tochter zu gestatten, eine andere, positivere Beziehung zu ihm zu entwickeln, und brachte ihr bei, sich vom Vater ebenso ausgenutzt und ungeliebt zu fühlen wie sie selbst.

Kleinkinder brauchen die Unterstützung ihrer Eltern, um das Vertrauen aufzubauen, daß trotz der Scheidung jeder Elternteil weiterhin als sichere Basis dienen kann, auch wenn der andere nicht da ist. Wenn die Eltern sich gegenseitig unterstützen, wird das Kind ihre getrennten Beiträge in ein stimmiges Gefühl integrieren können, daß es von den beiden Menschen, die ihm am wichtigsten sind, zuverlässig geliebt und beschützt wird.

Wenn aber, im Gegensatz dazu, jeder Elternteil die Bemühungen des andern untergräbt, wird das Kind das Mißtrauen dem jeweils anderen Elternteil gegenüber internalisieren und Angst um sein eigenes Wohlergehen in der Obhut des jeweils anderen bekommen. Außerdem wird es befürchten, daß es einen Elternteil verrät, wenn es eine schöne Zeit mit dem anderen verbringt.

Solche Ängste sind für ein kleines Kind viel zu belastend. Jeder Elternteil muß dem Kind versichern – und zwar mit ehrlicher Überzeugung –, daß es richtig ist, den anderen liebzuhaben und gern mit ihm zusammen zu sein, und daß beide, Mutter und Vater, ihr Kind liebhaben und sich gegenseitig helfen werden, es zu versorgen.

Den Vater vermissen

Die meisten Kinder aus geschiedenen Ehen leben bei ihren Müttern[7] und haben unterschiedlich intensiven Kontakt zu ihren Vätern. Aus diesem Grund besteht ein wichtiger Teil ihrer Erfahrung nach der Scheidung darin, den Vater zu vermissen und darauf zu warten, daß er anruft oder zu Besuch kommt.

Zwar würden Kinder aller Altersstufen von regelmäßigen und häufigen Treffen mit ihren Vätern profitieren, für Kleinkinder jedoch ist aufgrund ihrer einzigartigen kognitiven und emotionalen Bedürfnisse eine zuverlässige Besuchsregelung besonders nötig.

Die Beziehungen des Kleinkindes sind noch nicht voll entwickelt und werden durch äußere Umstände, wie Veränderungen in der physischen und emotionalen Verfügbarkeit der Eltern, stark beeinflußt. In eine Beziehung, die schön und sicher war, kann sich ein Beigeschmack von Angst mischen, wenn ein Elternteil sich zurückzieht. Umgekehrt kann eine von Angst geprägte Beziehung deutlich besser werden, wenn der Elternteil sich emotional stärker auf das Kind einläßt.[14,15]

Ein paar Tage ohne Kontakt zu Mutter oder Vater können für ein Kleinkind viel verstörender sein als für ein älteres Kind, das ein besser internalisiertes Bild von dem jeweiligen Elternteil besitzt und dem differenziertere Bewältigungsmechanismen (einschließlich Sprache, symbolischem Spiel und der Fähigkeit, Bedürfnisbefriedigung aufzuschieben) zur Verfügung stehen sowie ein ausgedehnteres Netzwerk an Beziehungen und mehr Aktivitäten, die ihm helfen, die Trennung auszuhalten. Kleinkinder reagieren heftig auf gebrochene Versprechen und gescheiterte Besuche. Am Tag bevor Terry und sein Vater einen Termin für eine Therapiesitzung hatten, versäumte es der Vater, zu einem Besuchstermin bei seinem Sohn zu erscheinen. In der Sitzung drückte Terry seine Gefühle über diese Enttäuschung aus. Die Therapeutin berichtete folgendes:

Terry und sein Vater kamen ein paar Minuten zu spät. Es war sofort klar, daß eine starke Spannung zwischen ihnen herrschte. Terry sah seinen Vater nicht an, und Mr. F. seinerseits schien auf seinen Sohn wütend zu sein. Mr. F. begann die Sitzung damit, daß er sich beschwerte, Terry habe so ein Theater gemacht, als er ihn abholte, um mit ihm zur Therapie zu kommen. Die Therapeutin fragte, was Terry dazu veranlaßt haben könnte, Theater zu machen. Nach vielen Abschweifungen stellte sich heraus, daß Mr. F. am Vortag seinen regulären Besuch bei Terry versäumt hatte. Während Mr. F. mit der Therapeutin, nicht aber mit seinem Sohn, über die Gründe dafür sprach, ging Terry herum, kippte alle Stühle im Zimmer um und fing dann an, leicht gegen jeden einzelnen zu treten. Als sein Vater weitersprach, ohne ihn zu beachten, murmelte Terry ganz leise, wie zu sich selbst: «Arschloch!»

Die meisten Kleinkinder haben, anders als Terry, nicht die Möglichkeit, ihre Gefühle im geschützten Rahmen einer Therapie auszudrücken, wo ihr Verhalten beobachtet und verstanden wird und wo man ihnen helfen kann, ihre Gefühle zu erleben und zu bewältigen. Aber selbst unter diesen günstigen Umständen war es letzten Endes Terrys Vater, der seinem Sohn am besten helfen konnte, indem er sich stärker bewußt wurde, wie wichtig er für das Kind war, und indem er seine Termine so legte, daß seine Besuche bei Terry den Vorrang bekamen, der ihnen zustand.

Kleinkinder, die ihren Vater vermissen und keinen regelmäßigen Kontakt zu ihm haben, können eine Sehnsucht nach ihm entwickeln, die sich in Schlafstörungen und anderen Symptomen äußert. Der Kinderpsychiater James Herzog berichtet, daß er in einem Zeitraum von sechs Monaten zwölf kleine Jungen im Alter zwischen 18 und 28 Monaten untersuchte, die wegen Nachtangst in die Klinik gekommen waren. Die Kinder wachten nachts schreiend auf und riefen nach ihren Vätern. In jedem dieser Fälle hatten sich die Eltern in den vergangenen vier Monaten getrennt oder hatten sich scheiden lassen. Herzog stellte fest, daß die Mutter allein dem Kind nicht helfen konnte, daß aber die Hilfe des Vaters oder einer anderen männlichen Person tatsächlich ein Nachlassen der kindlichen Ängste bewirkte. Er schloß daraus, daß diese kleinen Jungen auf ein entwicklungsmäßig bedingtes Bedürfnis nach einer Vaterfigur reagierten, mit der sie sich identifizieren konnten und die ihnen auf dem Weg von der mutterorientierten Babywelt zu einer geschlechtsspezifischen Identität als Junge ein Vorbild war.[16]

Auch Mädchen brauchen ihre Väter, während sie lernen, daß sie weiblich sind, und üben, Beziehungen zum anderen Geschlecht herzustellen. Ihre Sehnsucht nach dem Vater kann auf weniger dramatische Weise ausgedrückt werden als bei den von Herzog beobachteten Jungen. Möglicherweise wird sie auch leichter übersehen, weil Mädchen negative Gefühle im allgemeinen eher internalisieren als Jungen und oft übermenschliche Anstrengungen unternehmen, «lieb» zu sein (was sie damit gleichsetzen, keine Forderungen zu stellen). Sie bewältigen ihre Sehnsucht nach dem Vater vielleicht, indem sie eine idealisierte Phantasie von einem ausgedachten Vater entwickeln, der perfekt ist und sie stets liebhat. Sie können auch darauf bestehen, daß ein anderer Mann in ihrer Umgebung ihr wirklicher Vater sei.

Antonia, eine aufgeweckte Zweieinhalbjährige, hatte ihren Vater zwei Monate lang weder gesehen, noch hatte sie etwas von ihm gehört. Sie wußte, daß er weit weg lebte, und küßte oft sein Foto, das sie sorgfältig neben ihr Bett gestellt hatte. Gleichzeitig entwickelte sie einen ständigen Dialog mit einem phantasierten Vater, der im Garten vor ihrem Zimmer lebte und alle ihre Geheimnisse kannte. Außerdem bestand sie darauf, daß entweder ihr liebevoller Großvater mütterlicherseits oder ihr Onkel ihre richtigen Väter seien. Sie konnte diese widersprüchlichen Überzeugungen alle gleichzeitig aufrechterhalten. Es schien, als würden ihre Bemühungen, einen anderen Vater zu finden, sie für den Verlust ihres Vaters entschädigen, denn als ihre Mutter mit ihr über «deinen Papa» sprach, wußte das Kind genau, von wem die Rede war. Als der Vater Antonia schließlich anrief, weigerte sie sich, am Telefon mit ihm zu sprechen, bat aber später darum, ihm zum Valentinstag eine Karte schicken zu dürfen. Sie mußte eine gewisse Kontrolle über sein Kommen und Gehen gewinnen. Die Initiative zu ergreifen, indem sie den Kontakt verweigerte oder akzeptierte, ermöglichte ihr diese Kontrolle.

Antonias Kummer über die schwer durchschaubare Rolle, die ihr Vater in ihrem Leben spielte, kam auch in anderen Bereichen zum Vorschein. Bei kleinen Vorfällen im Kindergarten weinte sie untröstlich, und sie wurde übermäßig ängstlich, wenn sie einen Gegenstand suchte und ihn nicht sofort finden konnte. Die Wut, die in ihrem Kummer enthalten war, äußerte sich in einem sturen Trotz gegen ihre Mutter und in dem Vergnügen, mit dem sie die Ameisen tötete, von denen es im Garten wimmelte. Wie die von Herzog beschriebenen kleinen Jungen wachte Antonia nachts weinend auf und beklagte sich über Monster, die sie angreifen wollten.

Der Mutter die Schuld geben

Antonias Trotz gegen ihre Mutter veranschaulicht ein bei Kleinkindern häufiges Phänomen: An allem, was schiefgeht, geben sie automatisch der Mutter die Schuld.

Diese unerfreuliche Tendenz ist ein folgerichtiges Nebenprodukt der zentralen Rolle, die die Mutter im emotionalen Leben des kleinen Kindes spielt. In den Augen des Babys und des Kleinkindes ist sie allmächtig, einfach aufgrund ihrer Fähigkeit, gute und schlimme Gefühle hervorzurufen. Schmerzen kann sie mit einem Kuß verschwinden lassen, und mit einem einzigen Blick bringt sie die Welt zum Einstürzen. Ihre Abwesenheit bedeutet Traurigkeit und Sorge, und ihre Gegenwart stellt Lebensmut und Freude wieder her. Das ist verständlich, denn seit das Kleinkind denken kann, ist die Mutter diejenige, die es am häufigsten füttert und wickelt, hält und mit ihm schmust, es lobt und ermahnt, versorgt und bestraft. Sie ist unauflöslich mit dem Gefühl des Kindes, wer es ist, verbunden. Wer außer ihr könnte für all das verantwortlich sein, was in seiner Welt geschieht? Einige vielsagende Beispiele:

Marks Tante, eine altmodische Dame, ist schockiert, als sie ihn nackt am Strand entdeckt, damit beschäftigt, seinen Penis mit Sand zu bedecken und triumphierend wiederzufinden. Wie eine klassische Hexe aus den Annalen der Psychoanalyse zischt sie: «Dein Penis fällt ab, wenn du weiter so damit spielst.» Marks Mutter schreit: «Das stimmt überhaupt nicht, Mark. Tante Helen hat das nur so gesagt.» Aber es ist zu spät. In den nächsten paar Stunden zieht Mark immer wieder an seinem Penis, als wolle er die Prophezeiung seiner Tante überprüfen. Seine Mutter sagt: «Mark, ich glaube, du machst dir immer noch Sorgen wegen dem, was Tante Helen gesagt hat.» «Was hat sie denn gesagt?» fragt Mark. «Daß dein Penis abfällt», stammelt die Mutter. Mit vollster Überzeugung erwidert Mark: «Das war nicht Tante Helen. Das hast *du* gesagt.» Seine gekränkte Mutter kann ihn nicht dazu bringen, sich anders zu besinnen. Für Mark konnten solche dramatischen Neuigkeiten nur von seiner Mutter kommen, und er verdrehte die Tatsachen so, daß sie seiner Vorstellung entsprachen.

Lisa wird von ihrem Vater schwer verletzt, als dieser einen psychotischen Zusammenbruch erleidet. Als sie wieder zu Bewußtsein kommt und ihre Mutter neben sich sieht, schreit sie: «Warum hast du mir so weh getan?»

Mina versucht ungeschickt, auf ein hölzernes Klettergerüst zu klettern und fällt herunter. Als ihre Mutter ihr zu Hilfe eilt, schlägt Mina sie und schreit: «Böse Mami!»

Mütter werden auch als die Schuldigen betrachtet, wenn es um Scheidung geht. Sie sind nicht nur allmächtig, sondern meist sind sie auch diejenigen, die bleiben, und daher ein leichtes Ziel für die Wut und den Kummer des Kindes. Wenn das geschieht, müssen Mütter vorsichtig sein. Da sie selbst Schuldgefühle wegen der Scheidung haben, können sie darauf hereinfallen, die Vorwürfe des Kindes anzunehmen. Sie müssen die ruhige Überzeugung in sich finden zu sagen: «Ich weiß, daß du wütend auf mich bist, aber es ist nicht meine Schuld.»

Die Mutter beschützen

Manchmal geschieht auch das Umgekehrte. Das Kleinkind nimmt den Schmerz und die Niedergeschlagenheit der Mutter nur allzu deutlich wahr und fühlt sich veranlaßt, sie zu beschützen. Ein Kind kann der Mutter die Tränen trocknen oder versuchen, sie aus ihrer Traurigkeit herauszuholen, indem es künstlich lustig oder außergewöhnlich brav ist. Wenn ein Kind auf diese Weise reagiert, findet ein Rollentausch statt. Nun ist es das Kind, das versucht, die Mutter oder den Vater zu beschützen und zu umhegen, und der Elternteil kann die Rolle eines bedürftigen und verletzlichen Kindes annehmen. Wenn dieser Rollentausch die gesamte Beziehung durchzieht, geht das auf Kosten der altersgemäßen Spontaneität, mit der Kinder um Hilfe bitten oder ihre Bedürfnisse äußern. Der häufigste Ausdruck frühreifer Kompetenz ist die Sorge des Kleinkindes um das Wohlergehen der Mutter. Ein Kind kann zur Mutter sagen, sie solle sich keine Sorgen machen, oder sie fragen, ob es ihr gutgeht.

Wenn diese Verhaltensweisen wiederholt auftreten, lohnt es sich, über ihre Bedeutung nachzudenken und einem Kind zu versichern, daß die Mutter selbst für sich sorgen kann und wird und daß es nicht Aufgabe des Kindes ist, sich um sie zu kümmern. Das kann auf einfache Weise geschehen: Man kann ihm erzählen, was man unternommen hat, während es fort war («Als du mit deinem Vati weg warst, habe ich einen schönen Spaziergang gemacht und ein ganz süßes kleines Hündchen gesehen»), man kann Bemerkungen zu schönen Plänen machen oder dem Kind sogar sagen, es solle sich keine

Sorgen machen («Ich bin groß und stark, und es ist meine Sache, die Mama zu sein. Du bist nicht dazu da, dich um mich zu kümmern»).

Wenn ein Elternteil zur Betreuung eines Kindes untauglich ist

Es gibt selbstverständlich Umstände, in denen sich herausstellt, daß ein Elternteil ein Mensch ist, dessen Verhalten zu verurteilen ist und in dessen Obhut für das Kind ein erhebliches Risiko besteht, physisch oder psychisch Schaden zu nehmen.

Solche Situationen sind unweigerlich komplex und erfordern ein wohlüberlegtes Abwägen aller Faktoren, die im Einzelfall eine Rolle spielen, bevor man einen langfristigen Plan aufstellt, der für den angemessenen Schutz des Kindes sorgt. Jede Situation ist anders, und es wäre nicht angebracht, nach einem einzigen Rezept zu suchen, das die Qualen, die Pein, die harte Arbeit und die schmerzhaften Kompromisse, die normalerweise erforderlich sind, wegzaubert.

Die Dienste eines Menschen, der sich professionell mit der geistigen Gesundheit kleiner Kinder beschäftigt (Kinderpsychologen, Psychiater, Kinderärzte, Sozialarbeiter oder andere Fachleute, die sich auf die emotionalen Probleme der ersten drei Lebensjahre spezialisiert haben), können in diesen Situationen äußerst hilfreich sein und sind oft unverzichtbar. Mit erfahrenen und verständnisvollen Fachleuten zu sprechen kann einem Elternteil helfen, die Befürchtungen, daß der geschiedene Partner seinen elterlichen Verpflichtungen nicht nachkommt, von den starken Emotionen zu unterscheiden, die mit dem Scheidungsprozeß selbst verbunden sind.

Auch wenn die Fähigkeit, die Elternrolle zu erfüllen, nicht in Frage gestellt ist, handeln viele Eltern im Laufe des Scheiterns einer Ehe gedankenlos, lieblos und verantwortungslos. Andere Eltern leiden unter chronischen Charakterschwächen, die sich auch schon in glücklicheren Zeiten mit der Familie zeigten. Für gekränkte Ehepartner ist es oft schwer, mit anzusehen, wie ihr Kleinkind eine Mutter oder einen Vater liebt und bewundert, von dem sie wissen, daß sie oder er solche unkritische Liebe nicht verdient. Sie können den Wunsch empfinden, dem Kind das klarzumachen, ihm zu sagen, wie Mutter oder Vater «wirklich» sind. Dieser Impuls wird häufig als Wunsch erlebt, das Kind vor späteren Enttäuschungen zu schützen. Diese Aufgabe sollten Eltern jedoch eigentlich nie übernehmen. Mit zunehmendem Alter und wachsender Bereitschaft, Mutter und Vater mit objektiverem Blick zu betrachten, lernen Kinder, die Schwächen ihrer Eltern zu erkennen. Ein Kleinkind muß seine Eltern idealisieren, denn indem es an ihre Stärke und Güte glaubt, lernt es, diese Eigenschaften in sich selbst zu finden.

Einen neuen Partner einführen

Manchmal ist die Scheidung damit verbunden, daß im Leben der Eltern neue Partner auftreten. Diese Partner können selbst Kinder haben, die im gleichen Alter oder vom gleichen Geschlecht wie das Kleinkind sind oder auch nicht. Die Umstände sind sehr verschieden, und jede Situation birgt ihre eigenen Belohnungen und Herausforderungen für das Kleinkind.

Trotzdem lohnt es sich, einige allgemeine Regeln zu berücksichtigen:

Am besten ist es, wenn man Kleinkinder nicht drängt, eine enge emotionale Verbindung zu einem neuen Partner und dessen Kindern einzugehen. Vor allem wenn die Beziehung der Erwachsenen noch frisch und unverbindlich ist, kann es eine ungute Belastung sein, wenn man Kinder zu schnell einbezieht. Manchmal sehnen sich Eltern nach einer Scheidung danach, wieder eine Familie aufzubauen, und gehen zu schnell eine neue Bindung ein, in die sie das Kind dann mit hineinnehmen. Besser ist es, die Beziehung allmählich zu vertiefen, denn so ist das Kind vor einem erneuten Verlust geschützt, wenn die neue Beziehung nicht hält.

Manchmal möchte ein neuer Partner oder eine neue Partnerin emotional die Vater- oder Mutterrolle für das Kind übernehmen. Wenn der eigene Vater oder die eigene Mutter sich nicht kümmern, ist diese Bereitschaft natürlich eine wunderbare Chance für das Kind. Wenn aber beide Eltern im Leben des Kindes aktiv vertreten sind, sollte man lieber nicht versuchen, sie zu ersetzen. Stiefvater oder Stiefmutter brauchen nicht mit dem gleichgeschlechtlichen Elternteil zu konkurrieren oder umgekehrt. Jeder hat eine wertvolle Rolle im Leben des Kindes zu spielen.

Kleinkinder aus geschiedenen Ehen entwickeln sich am besten, wenn die Erwachsenen die Bedeutung des anderen Elternteils für das Kind respektieren. Kleinkinder verwirrt es nicht, zu mehr als zwei Elternfiguren Beziehungen zu haben, wenn die Erwachsenen selbst ihre Rollen voller Selbstvertrauen spielen. Stiefeltern und ihre Kinder können das Leben eines Kleinkindes bereichern, indirekt auch dadurch, daß sie für die leiblichen Eltern eine Quelle emotionaler Unterstützung und Stabilität sind.

Gibt es eine ideale Sorgerechtsregelung?

Die Suche nach einer perfekten Sorgerechtsregelung ähnelt der Suche nach dem perfekten Partner oder der perfekten Ernährung – sie ist schwierig und letztendlich vergeblich, aber auch höchst verlockend.

Sorgerechtsregelungen sind der Mode unterworfen. Früher galt es als selbstverständlich, daß die Mutter am besten für das Kind sorgte und daß die Kinder bei der Mutter bleiben und der Vater ein Recht auf regelmäßige Besuche haben sollte. Dann wurde das gemeinsame Sorgerecht zur bevorzugten Regelung, bis klar wurde, daß die verschiedenen Zeitpläne oft so große Zusammenarbeit und so flexible Abstimmungen nötig machten, wie die Eltern sie nicht einmal während der Ehe zustande brachten.

Es gibt kein Patentrezept für Sorgerechtsregelungen. Alle erfordern harte Arbeit, Flexibilität, die Bereitschaft zur Anpassung und Verhandlungsfähigkeit. Es ist sogar möglich, daß eine Regelung zu einem bestimmten Zeitpunkt gut funktioniert und daß später eine andere wünschenswert ist, je nachdem, wie sich die Bedürfnisse des Kindes und die Umstände in der Familie verändern.

Im Folgenden finden sich einige Faktoren, die erwägenswert sind, wenn man eine Regelung treffen will, die den Bedürfnissen des Kleinkindes entspricht.

- Was hat das Kind für ein Temperament? Regt es sich über Veränderungen der Lebensgewohnheiten leicht auf, oder paßt es sich relativ unproblematisch an das Kommen und Gehen der Eltern an? Belasten Trennungen und Wiedersehen es emotional so sehr, daß seine Reaktionen auf Wechsel seinen Allgemeinzustand beeinträchtigen?
- Zieht das Kind einen Elternteil dem anderen deutlich vor?
- Wie gut kann das Kind sprechen? Kann es sprachliche Erklärungen, wer es abholen wird und wann, verstehen? Kann es Fragen dazu stellen?
- Ist ein Elternteil wesentlich besser in der Lage, qualitativ gute Zeit zur Verfügung zu stellen als der andere?
- Können die Eltern zusammenarbeiten, wenn sie einen Wechsel vereinbaren, und dem Kind gemeinsam durch die Situation hindurchhelfen?

Im allgemeinen funktionieren gemeinsame Sorgerechtsregelungen am besten bei relativ flexiblen Kleinkindern, die ihren Kummer während des Wechsels mit Hilfe der Eltern in Grenzen halten können, die verbale Erklärungen verstehen und sogar einfache Fragen stellen können, die eindeutig sowohl zur Mutter als auch zum Vater eine emotionale Beziehung haben und deren Eltern kooperieren können, so daß Trennung und Wiedersehen in einem unterstützenden emotionalen Klima stattfinden.

Wenn diese Bedingungen nicht gegeben sind oder wenn Probeläufe trotz guten Willens zeigen, daß das Kind sich bei dieser Art der Regelung nicht gut entwickelt, könnte es am besten sein, eine Regelung in Erwägung zu ziehen, bei der das Kind ein einziges Zuhause hat und der jeweils andere Elternteil reichlich Möglichkeiten bekommt, das Kind zu sehen.

Es ist durchaus möglich, daß die tatsächliche Besuchsregelung für das Kind weniger wichtig ist als der Geist, in dem die Vereinbarungen durchgeführt werden. Sorgerecht kann ein fruchtbarer Boden sein, um die unerledigten Probleme aus der gescheiterten Ehe miteinander auszutragen. Wenn das der Fall ist, wird keine Sorgerechtsregelung dem Wohl des Kindes dienen. Wenn andererseits die Sorgerechtsregelung als das verstanden wird, was sie sein sollte – eine vernünftige Vereinbarung, um die Beziehungen des Kindes zu beiden Eltern zu schützen und zu bewahren –, können viele verschiedene Regelungen grundsätzlich gleich gut funktionieren.

Dem Kleinkind bei Wechseln helfen

Die Wechsel von der Mutter zum Vater und wieder zurück sind eine Verkörperung dessen, was bei einer Scheidung am schwierigsten ist: des Verlustes des Zusammenseins der Familie. Während die früheren Ehegatten sich gegenüberstehen, um das Kind auszutauschen, sind beide sehr deutlich sowohl mit ihrem Groll und den Beschuldigungen als auch mit ihrem Kummer über die nun getrennten Wege konfrontiert. Sie sind mit ihren eigenen Gedanken beschäftigt und kaum in bester

Form, um dem dringenden Bedürfnis des Kleinkindes nach Beistand gerecht zu werden, den es braucht, wenn es sich von dem einen Elternteil verabschieden und sich bereit machen soll, sich auf den anderen einzustellen.

Trennungen und Wiedersehen können selbst unter den besten Umständen schwierig sein für Kleinkinder. Wenn sie aber in emotional gespannter Atmosphäre stattfinden, vergrößert sich die Belastung für das Kind noch, und häufig bricht es zusammen. Die sich daraus ergebenden Szenen können herzzerreißend sein. Das Kleinkind klammert sich erst an den einen Elternteil und dann an den anderen, weint und kann weder bleiben noch gehen.

Der Kummer des Kindes wirkt auf die Eltern oft lähmend. Da sie nicht in der Lage sind zu helfen, retten sie sich vielleicht in gegenseitige Vorwürfe wegen der Schwierigkeiten des Kindes. Der Vater hat vielleicht den Verdacht, daß die Mutter das Kind gegen ihn beeinflußt. Die Mutter kann die Verzweiflung des Kindes als Beweis dafür ansehen, daß der Vater es nachlässig versorgt oder Schlimmeres.

Wechsel von einem Zuhause in ein anderes können für Kinder immer eine schmerzhafte Zeit bleiben. Wenn die Eltern aber überzeugt sind, daß diese Wechsel nötig sind, weil der Kontakt mit dem anderen wertvoll ist, geht diese Überzeugung auf das Kind über, und der Kummer bei der Trennung wird stark reduziert. Einige Vorschläge, die helfen können:

- Finden Sie Zeit, um unter vier Augen mit ihrem früheren Partner über die Wechsel zu sprechen. Erklären Sie, daß Sie der Überzeugung sind, daß das Kind Zeit mit jedem von Ihnen verbringen sollte und davon profitiert, und daß Sie die Wechsel gern für alle Beteiligten so stressfrei wie möglich durchführen möchten. Versuchen Sie, die Wurzeln des Problems zu erkennen, und bieten sie konstruktive Vorschläge an, die für beide von Ihnen gelten. Verlieren Sie nicht die Geduld oder die Bereitschaft, es weiterhin zu versuchen, wenn diese Methode von Ihrem früheren Partner nicht sofort begrüßt wird.

- Bereiten Sie sich selbst vorher auf den Wechsel vor. Versuchen Sie, mit Ihren eigenen Gefühlen zum Fortgehen oder zur Rückkehr des Kindes in Kontakt zu kommen. Sind Sie erleichtert? Ängstlich? Wütend? Überfordert?
- Bereiten Sie Ihr Kind auf den Wechsel vor. Sagen Sie ihm, daß Mama oder Papa es für die gemeinsame Zeit abholen werden. Verbringen Sie, wenn irgend möglich, in Ruhe etwas Zeit mit dem Kind, bevor es fortgeht. Beginnen Sie jedoch keine fesselnde Beschäftigung, die dann durch die Ankunft des anderen Elternteils unterbrochen wird.
- Sprechen Sie in zuversichtlichem und unterstützendem Ton, wenn Sie mit dem Kind darüber reden, daß es mit dem anderen Elternteil fortgehen wird. Seien Sie bereit anzuerkennen, daß Abschiede traurig sind, aber ebenso bereit, das Kind daran zu erinnern, daß es mit dem anderen Elternteil eine schöne Zeit verbringen wird.
- Machen Sie von Übergangsobjekten Gebrauch – wie einem Lieblingsspielzeug oder einer Schmusedecke, die das Kind mitnehmen und wieder mit zurückbringen kann.
- Vereinbaren Sie mit Ihrem früheren Partner, daß Anrufe nicht beschränkt werden. Geben Sie dem Kind die Möglichkeit, den anderen Elternteil anzurufen, wenn es bei Ihnen ist.
- Sprechen Sie mit dem Kind positiv über den anderen Elternteil und seine Beziehung zu ihm.

Getrennt lebende Eltern stellen für das Kind einen Riß in der sicheren Basis eines ungeteilten Zuhauses dar. Das Kind muß die getrennten Hälften zusammenbringen, um eine zusammenhängende sichere Basis zu bilden, die internalisiert und zu einem verläßlichen Teil seiner selbst werden kann. Die Eltern können bei diesem Unternehmen mit Wort und Tat helfen, indem sie in der Erziehung um des Kindes willen Partner bleiben.

Zehntes Kapitel

Das Kleinkind in der Kinderbetreuung

Damian sitzt in seinem Ganztagskindergarten am Tisch und bewegt langsam Kiefer und Mund, während er in die Luft starrt. «Was kaust du da, Damian?» fragt die Erzieherin. «Ich kaue Mami», erwidert Damian träumerisch.[1]

Mit der Prägnanz eines Haikus sagt Damians Antwort uns etwas über einen wichtigen Aspekt der Erfahrung des Kleinkindes, wenn es von Fremden betreut wird: Es vermißt die Mutter, hält aber mit Hilfe einer Kombination aus Erinnerung, Hoffnung und Phantasie an ihr fest. Indem Damian das Bild seiner Mutter kaut, trägt er sie am sichersten aller Orte bei sich – in seinem Inneren.

Damian erinnert uns daran, daß es sich bei der Kinderbetreuung in allererster Linie um Beziehungen handelt. Es geht darum, wie man sich von den Eltern in dem Vertrauen trennt, daß sie wiederkommen werden. Es geht auch darum, neue Beziehungen zur Betreuerin und zu den anderen Kindern aufzubauen, die tagsüber bereichernd sind und länger bestehenbleiben.

Diese beiden Erfahrungsbereiche – lernen, sich zu verabschieden, und sich über die neuen Begrüßungen zu freuen – sind eng miteinander verknüpft. Wenn Kleinkinder sich mit einem Maß an Traurigkeit, das sie bewältigen können, von den Eltern trennen, sind sie eher fähig, Verbindungen zu anderen

Menschen aufzunehmen, als wenn sie von Kummer überwältigt werden. Umgekehrt kann es dem Kleinkind helfen, seine Befürchtungen beim Weggehen der Mutter abzubauen, wenn es gern an dem Ort ist, wo es betreut wird.

Auch für die Eltern, und vor allem für Mütter, hat Kinderbetreuung etwas mit Beziehungen zu tun. Es geht darum, das Kleine in dem Vertrauen loszulassen, daß man ihm nicht weh tut, wenn man nicht den ganzen Tag mit ihm zusammen ist. Es geht darum, den Tag mit der Zuversicht zu durchleben, daß gut für das Kind gesorgt wird und daß es eine schöne Zeit verbringt, damit dieses Wissen für die Wellen von Sehnsucht und Schuldgefühlen, die zum Alltagsleben der arbeitenden Mutter gehören, entschädigen kann. Es geht darum, Methoden der Verständigung mit der Betreuerin des Kindes zu entwickeln, die zu einer starken Partnerschaft zugunsten des Kindes führen.

Wenn die Betreuung für das Kind zu einer guten Erfahrung werden soll, müssen drei Bereiche sorgfältig beachtet werden: die täglichen Übergänge von Abschied und Wiedersehen, die Qualität der emotionalen Erfahrung des Kindes im Laufe des Tages und die Qualität der Beziehung zwischen Eltern und Betreuern. Diese drei Faktoren sind immer wichtig, unabhängig davon, ob das Kind zu Hause, bei der Tagesmutter oder im Kindergarten betreut wird.

Der Übergang: Auf Wiedersehen sagen

Lassen Sie uns zwei gegensätzliche Szenen analysieren, die einige der Belastungen veranschaulichen, die der Abschied für einen ganzen Tag für Mutter und Kind bedeutet.

Am Montag verbringen Charlie und seine Mutter einen schönen frühen Morgen zusammen. Die ganze Familie hat ein erholsames Wochenende miteinander verbracht. Die Hausarbeit wurde ohne Spannungen zwischen Mutter und Vater erledigt, und es war Zeit genug, um in den Park zu gehen, Spiele zu spielen und zusammen einen Familienfilm anzusehen. An diesem Montagmorgen sind alle problemlos aufgewacht, und der Vater hat die älteren Kinder rechtzeitig und ohne daß Ermahnungen zur Eile notwendig gewesen wären in die Schule gebracht. Charlies Mutter hat das Gefühl, daß Harmonie in der Familie doch möglich ist, selbst wenn beide Eltern arbeiten. Sie zieht Charlie an, woraus ein kleines Spiel entsteht, sagt ihm, daß sie ihn während des Tages vermissen wird, und plaudert mit ihm darüber, was sie zum Abendbrot essen werden. Auf dem Weg zu Charlies Tagesmutter singen sie alberne Liedchen. Als sie ankommen, bleibt Charlies Mutter noch eine Weile und erzählt der Tagesmutter, wie schön das Wochenende war. Dann sagt sie Charlie, der schon zu den anderen Kindern gegangen war, daß sie nun fortmüsse. Sie geht zu ihm, umarmt und küßt ihn, sagt ihm, daß sie ihn am Abend wieder abholen wird, und geht fort. Charlie sieht, nachdem sie verschwunden ist, ein paar Sekunden lang auf die Tür. Er seufzt und macht kurz ein trauriges Gesicht, dann spielt er mit den anderen Kindern weiter.

Am Donnerstagmorgen läuft es nicht so glatt. Die ganze Familie ist müde von einer Woche voller Arbeit, Schule, Haushaltsstress und Hausaufgabenbetreuung für die älteren Kinder, und das Wochenende scheint noch weit weg zu sein. Es herrscht eine gereizte Stimmung. Zu allem Überfluß macht Charlie beim Anziehen großes Theater, weil er seine grüne Latzhose anziehen will, die gerade in der Wäsche ist. Später verschüttet er seine Cornflakes auf dem Fußboden. (Zum Glück schleckt der Hund, ein guter Freund, sie auf.) Die Mutter schreit Charlie an, und er will nicht zurückstehen und schreit zurück. Auf dem Weg zum Auto stolpert und fällt er und weint untröstlich, als würde dieser kleine Unfall ihm die Möglichkeit geben, die während des Morgens angesammelte Spannung loszuwerden. Seine Mutter hebt ihn auf und schmust mit ihm, aber ihr ist nur allzu bewußt, wie spät es schon ist. Sie sind bereits 15 Minuten zu spät dran. Auf dem Weg zur Tagesmutter fährt sie schnell, wechselt häufig die Spur und rast bei Gelb über die Kreuzung. Sie konzentriert sich völlig darauf, so schnell wie möglich zur Arbeit zu kommen, und kann nicht auf Charlie achten, der auf dem Rücksitz schmollt. Der Abschied bei der Tagesmutter ist flüchtig und gehetzt. Charlies Mutter verbringt den Tag mit schlechtem Gewissen und Sehnsucht nach ihrem kleinen Jungen. Sie stellt fest, daß es ihr schwerfällt, sich auf ihre Arbeit zu konzentrieren. Immer wieder gehen ihr Bilder von Charlies traurigem Gesicht durch den Kopf, und sie wünscht, sie hätte mit ihm über den Stress gesprochen, den sie heute morgen hatten. Sie wünscht, sie hätte ihm gesagt, daß sie ihn noch liebhat und nicht mehr sauer auf ihn ist. Bei der Tagesmutter zeigt Charlie seine Gefühle auf seine eigene Weise. Als durchsetzungsfähiges Kind mit starkem Willen gerät er heute besonders leicht mit den anderen Kindern in Streit. Er wehrt sich dagegen, daß er mittags schlafen soll, und weint bitterlich, als die Tagesmutter ein anderes Kind und nicht ihn auf ihrem Schoß sitzen läßt. Zum Glück ruft seine Mutter ihn an und sagt ihm, daß sie ihn liebhat. Daraufhin bessert sich die Stimmung der beiden erheblich.

Diese beiden Szenen zeigen, wie die gleiche Mutter und das gleiche Kind zu verschiedenen Zeiten verschiedene Arten von Trennungserlebnissen haben können, je nachdem, wie ihre Stimmungen und die Begleitumstände sind. Die Szenen zeigen auch, daß eine Trennung beginnt, bevor das tatsächliche Ereignis stattfindet, und daß ihre Auswirkungen noch längere Zeit spürbar bleiben. Erfreulicherweise kann es die Situation für Eltern und Kind bedeutend verbessern, wenn man sich dieses Prozesses bewußt ist.

Trennung hat in der Entwicklungsphase des Kleinkindes mindestens zwei Bedeutungen. Vor allem löst sie die Angst aus, die Eltern zu verlieren, die in diesem Alter so vorherrschend ist. Eng mit dieser Angst verknüpft ist die Phantasie des Kleinkindes, daß etwas, was es selbst getan hat, Mutter oder Vater zum Fortgehen veranlaßt, mit anderen Worten, daß das Kind selbst schuld ist an seinem Verlust, weil es sich schlecht benommen hat. Ein langer Tag fern von den Eltern gibt dem Kleinkind viele Möglichkeiten, diese Ängste auszuschmücken und sich Sorgen zu machen, daß Mutter oder Vater es heute nicht wieder abholen werden, weil es das Baby gebissen hat, nicht aufs Töpfchen gegangen ist, sein Müsli ausgespuckt oder sich geweigert hat, das Kleidchen anzuziehen, das die Mutter ausgesucht hatte.

Trennungsgefühle direkt und verständnisvoll anzuerkennen ist die beste Methode, mit ihnen umzugehen. Es ist hilfreich, wenn man dem Kind sagt: «Ich werde dich vermissen», oder «Ich werde tagsüber an dich denken», oder «Es ist schwer, auf Wiedersehen zu sagen», oder «Ich kann es gar nicht erwarten, dich heute abend wiederzusehen.» Diese Botschaften sagen dem Kind, daß es den Eltern wichtig ist, selbst wenn sie nicht bei ihm sind, und daß aus den Augen nicht aus dem Sinn heißen muß. Sich nach einem Streit am frühen Morgen zu versöhnen ist ebenfalls eine wichtige Methode, dem Kind zu versichern, daß die Konflikte des Tages auf die verläßliche emotionale Verbindung zwischen Eltern und Kind keine Auswirkung haben.

Wenn Eltern versuchen, die Gefühle, die durch eine Trennung geweckt werden, nicht zu erleben, neigen sie dazu, die Erfahrung überhaupt zu umgehen. Zum Beispiel schleichen sie sich fort, wenn das Kind gerade nicht aufpaßt, oder sie sagen, sie gingen zur Toilette und kämen gleich wieder, gehen aber in Wirklichkeit für den ganzen Tag fort.

Wenn ein Kleinkind belogen wird, geschieht das normalerweise, um die Gefühle des Erwachsenen zu schützen, nicht die des Kindes. Es gibt nichts, was ein Kleinkind nicht hören und aufnehmen kann, wenn es altersgemäß ist und auf ruhige, unterstützende Art erklärt wird, so daß viel Raum für die Reaktion des Kindes bleibt und für die Fragen, die es vielleicht hat, wenn es die Neuigkeiten mit der Zeit verarbeitet.

Kleinkinder, denen im Hinblick auf Trennung etwas vorgelogen wird, können dem, was die Eltern ihnen sagen, nicht mehr trauen. Manche werden übermäßig wachsam und anhänglich, weil sie nie wissen, wann sie verlassen werden. Sie müssen ihre Umgebung auf Zeichen des Verlassenwerdens hin überprüfen, da sie nicht darauf vertrauen können, daß die Erwachsenen aufrichtig sagen, was geschehen kann und wann. Andere Kleinkinder beginnen, Beziehungen als unbedeutend abzutun. Sie vermeiden enge emotionale Bindungen und nehmen eine gleichgültige «Was-soll's»-Haltung ein, um mit dem unsicheren Kommen und Gehen der Eltern fertig zu werden.

Statt sich fortzuschleichen, tun manche Eltern, die Probleme beim Fortgehen haben, das Gegenteil. Es kann sein, daß sie überhaupt nicht in der Lage sind fortzugehen, und so bleiben sie in der Nähe des Kindes und verschieben den Augenblick des Abschieds immer wieder. Sie lassen sich von den Bitten des Kindes, noch «ein bißchen» zu bleiben, überreden, sagen ihm aber ständig, daß sie jetzt wirklich gehen müssen. Der Gegensatz zwischen dem, was sie sagen, und dem, was sie tun, kann für das Kind ziemlich verwirrend sein, und so bettelt es darum, daß sie bleiben, denn diese Strategie verschafft ihm eindeutig das, was es möchte.

Ein bißchen länger zu bleiben kann natürlich eine sensible Reaktion auf ein Bedürfnis des Kindes sein, wenn Mutter oder Vater diese Zeit darauf verwenden, über die Trennung zu sprechen und dem Kind zu helfen, den Übergang zu der Betreuerin, einem Spielgefährten oder einer Lieblingsbeschäftigung zu bewältigen. Wenn Eltern andererseits in einer Folge von ergebnislosen Bemühungen fortzugehen steckenbleiben, bewirken sie das Gegenteil, denn damit vermitteln sie dem Kind, daß Trennungen emotional so wenig zu bewältigen sind, wie es befürchtet.

Den Tag unter fremder Betreuung verbringen

Der Abschied ist der dramatischste Aspekt am Fortgehen der Eltern, aber er ist nur der Beginn der Trennungsphase. Das Kind ist jetzt mit einem langen Tag fern von den Eltern konfrontiert. Getrennt zu sein macht angst und beansprucht die Kräfte des Kindes, mit dieser Angst zurechtzukommen, aber es gibt Möglichkeiten, das beruhigende Bild der Eltern in Herz und Verstand des Kleinkindes lebendig zu halten.

Die Abwesenheit der Eltern überbrücken

Im Alter zwischen eins und drei gibt es verschiedene Phasen, innerhalb deren das Kind sich unterschiedlich leicht darauf einstellt, daß es von seiner wichtigsten Bezugsperson – meistens der Mutter – getrennt ist. Zwischen dem 12. und 18. Monat wächst der Kummer über die Trennung. Vom 24. Monat an fällt es den meisten Kleinkindern leichter, die Abwesenheit der Mutter zu verkraften, und von der Mitte des dritten Lebensjahres an verstärkt sich diese Tendenz noch. Die ständigen Fortschritte in den Bereichen Gedächtnis, Sprache und symbolisches Spiel bringen es mit sich, daß das Kleinkind bei der Aufgabe, mit dem Fehlen der Mutter umzugehen, differenziertere kognitive und emotionale Fertigkeiten einsetzen kann.

Diese Entwicklungskurve kann bei den Überlegungen, wann man mit der Betreuung außer Haus beginnen sollte, eine Hilfe sein. Je später man damit anfängt, desto wahrscheinlicher ist es, daß das Kind sich ohne Zwischenfälle darauf einstellt.

Unabhängig vom Zeitpunkt ist eine Ganztagsbetreuung für das Kind anstrengender als kürzere tägliche Trennungen. Es gibt gesicherte Erkenntnisse, daß eine Halbtagsbetreuung die Anpassungskräfte des Kindes weniger beansprucht als ein ganzer Acht- oder Zehnstundentag. Für die meisten Kleinkinder sind die Eltern die erste und größte Liebe, und sie sind erleichtert (selbst wenn sie das nicht zeigen), wenn sie am Ende des Tages wieder mit ihnen zusammen sind.

Daher ist es besonders wichtig, zwischen der Betreuungssituation und dem Zuhause Brücken zu schlagen. Wenn das Kind zu Hause betreut wird, ist es von vertrauten und beruhigenden Erinnerungen an die Gegenwart der Eltern und das gemeinsame Leben umgeben. Wenn es seinen Tag anderswo verbringt, müssen bewußt und gewissenhaft Brücken gebaut und instandgehalten werden.

Sally Provence und ihre Mitarbeiter untersuchten in einer Kindertagesstätte namens Children's House, die sie 1967 in New Haven mit einem Zuschuß des U. S. Children's Bureau eröffneten, den Einsatz einfacher, aber wirkungsvoller Mittel, die einem kleinen Kind bei der Trennung helfen.[2] Bis heute ist ihre Arbeit ein Vorbild dafür, was entwicklungsorientierte, familienzentrierte Kinderbetreuung für Babys, Kleinkinder und ihre Familien leisten kann. Kliniker, Erzieherinnen und Forscher haben auf ihrem Modell aufgebaut, um die Techniken anzuwenden, zu erweitern und auf eine Vielfalt von Kinderbetreuungsstätten abzustimmen.[3] Wie viele dieser Maßnahmen jeweils durchführbar sind, ist von der Situation der jeweiligen Familien abhängig, aber im Folgenden wird skizziert, wie man dem Kind den Übergang zwischen seinem Zuhause und der Betreuungsstätte optimal erleichtern kann.

1. Machen Sie sich mit der Betreuungssituation und dem Tagesablauf vertraut. Das ermöglicht es Ihnen, mit Ihrem Kind über seinen Tag zu sprechen. Es wird Ihnen außerdem helfen, Ihr Kind besser zu verstehen, wenn es erzählt, was während des Tages geschehen ist.
2. Versuchen Sie, Ihr Kind mit den Betreuerinnen und der neuen Umgebung bekannt zu machen, bevor die Betreuung beginnt. Wie intensiv und ausführlich diese Phase des Vertrautmachens sein muß, hängt zum Teil vom Temperament des Kindes ab, von seinen bisherigen Erfahrungen und davon, wie leicht es sich an neue Situationen anpaßt. Die Reaktionen Ihres Kindes sind dafür das beste Barometer.
3. Sprechen Sie mit der Betreuerin über die individuellen Vorlieben Ihres Kindes, über seine Stärken und Schwächen und über Ihre eigenen Werte bei der Kindererziehung, auch über Ihre Einstellung zu Disziplin. Auf diese Weise ermöglichen Sie es der Betreuerin, mit Ihrem Kind so umzugehen, wie Sie es möchten. Erzählen Sie ihr auch von besonderen Ereignissen, damit sie im Laufe des Tages mit Ihrem Kind darüber sprechen kann. (Sind Oma und Opa zu Besuch? Ist der Hund weggelaufen? Haben Sie gestern abend mit dem Kind zusammen einen besonderen Film angesehen?)
4. Beginnen Sie, wenn irgend möglich, mit kürzeren Trennungen, die dann zunehmend länger werden, wenn sich

das Kind den neuen Gegebenheiten angepaßt hat. Wie kurz die ersten Trennungen sein müssen, hängt von vielen Faktoren ab, darunter auch von den bisherigen Trennungserlebnissen Ihres Kindes und davon, wie leicht es sich der neuen Umgebung anpaßt.

5. Vermeiden Sie es, das Kind abzusetzen und gleich wieder zu gehen. Versuchen Sie, eine Weile zu bleiben, bis das Kind sich eingewöhnt hat.
6. Versuchen Sie, während des Tages Kontakt mit Ihrem Kind aufzunehmen. Das kann bedeuten, daß Sie in der Mittagszeit vorbeischauen oder daß Sie anrufen. Telefonkontakt ist besonders für Kleinkinder, die älter als zwei Jahre sind, nützlich, aber er kann auch schon mit 18 Monaten helfen, ein Gefühl der Kontinuität zu schaffen. Selbst wenn Ihr Kind nicht viel spricht, so kann es doch Ihre Stimme erkennen und sich über die Verbindung zu Ihnen freuen.
7. Ermutigen Sie die Betreuerin, dem Kind zu erlauben, daß es Sie in schwierigen Situationen anruft. Viele Betreuerinnen haben das Gefühl, ihre Rolle als Ersatzmutter werde dadurch geschmälert oder der Betreuungsalltag werde gestört. Das läßt sich in einem Gespräch regeln, in dem Sie die Bedeutung der Betreuerin im Leben des Kindes anerkennen, ohne Ihre eigene aufzugeben.
8. Geben Sie Ihrem Kind etwas von zu Hause mit. Das kann ein Spielzeug sein, eine Schmusedecke oder etwas, das den Eltern gehört. Ein derartiges Übergangsobjekt dient als konkrete Repräsentation von Mutter oder Vater und hilft dem Kind, sich daran zu erinnern, daß sein Zuhause nicht aus seinem Leben verschwunden ist.
9. Geben Sie Ihrem Kind ein Foto von sich. Dieses Foto kann es in seinem Schrank oder Fach aufbewahren, so daß es freien Zugang dazu hat. Kleinkinder wissen genau, wie dieser kostbare Schatz zu nutzen ist. Wenn sie unter Stress stehen, holen sie sich bei ihm Hilfe, und wenn alles gut läuft, sehen sie es vielleicht wochenlang nicht an.

10. Reden Sie mit Ihrem Kind darüber, wie es ist, getrennt zu sein, und wie schön das Zusammensein danach ist. Das wird ihm helfen, Trennungsgefühle mit Ihnen zu besprechen.
11. Spielen Sie Spiele, die auf der Meisterung der Trennungsangst aufbauen, wie Verstecken oder Verstecken und Wiederfinden von Gegenständen, und sprechen Sie im Spiel mit Puppen Fragen des Fortgehens und Wiederkehrens an. Diese Spiele stärken das kindliche Gefühl für Objektpermanenz – das Wissen, daß Menschen und Dinge weiterexistieren, auch wenn man sie nicht mehr sehen kann.

Als Eltern werden Sie feststellen, daß manche dieser Vorschläge sich mit Ihrem persönlichen Stil besser vertragen als andere. Ähnlich werden Betreuer unterschiedlich bereitwillig auf die verschiedenen Bemühungen eingehen, Verbindungen zum Zuhause des Kindes herzustellen, und auch die Betreuungssituationen werden sich unterschiedlich gut dazu eignen. Was jeweils im einzelnen getan wird, ist weniger wichtig als die partnerschaftliche Zusammenarbeit zwischen Eltern und Betreuern mit dem Ziel, gangbare Wege zu finden, die dem Kind helfen, sich auch fern von zu Hause wohl zu fühlen.

Die Beziehung zwischen Kind und Betreuerin

Der Kindergarten oder die Wohnung der Tagesmutter sind für einen großen Teil des Tages ein zweites Zuhause für das Kind. Hier werden die meisten großen Schritte in der kindlichen Entwicklung vollbracht werden: neue motorische Fähigkeiten wie Springen und Rennen, Fortschritte in der Sauberkeitserziehung, spielendes Kennenlernen von Gegenständen und Erkundung der weiteren Umgebung.

Alle diese Entwicklungsschritte finden im Kontext menschlicher Beziehungen statt. Ebenso wie ein Kind, das ganztags von einem Elternteil aufgezogen wird, braucht auch das von einer fremden Pflegeperson betreute Kleinkind eine sichere Basis, von der aus es die Umgebung erforschen kann. Zu Hause sind Mutter oder Vater diese sichere Basis; im Kindergarten oder bei der Tagesmutter sollte es die Betreuerin sein.

Die Beziehung des Kleinkindes zu seiner Betreuerin ist die wichtigste Komponente in seiner Betreuungserfahrung. Kleine Kinder internalisieren nicht nur die Qualität ihrer Interaktionen mit den Eltern, sondern auch die der Interaktionen mit anderen Menschen. Die Beziehung zur Betreuerin wird zu einem wichtigen Vorbild dafür, was menschliche Verbindungen außerhalb der Familie zu bieten haben.

Wenn das Verhältnis zwischen Betreuerin und Kleinkind nährend, verläßlich und, wie es oft der Fall ist, sogar glücklich ist, wird das Vertrauen des Kindes in menschliche Beziehungen als Quelle des Trostes und der Wechselseitigkeit gestärkt und erweitert, obwohl die Eltern abwesend sind. Das Kind lernt, daß es sich nicht nur auf die Eltern, sondern auch auf andere Menschen verlassen kann.

Wenn es sich aber in der Betreuungssituation emotional verloren fühlt, wenn kein zuverlässiger Erwachsener da ist, an den es sich wenden kann, falls es Hilfe braucht oder von einer Entdeckung berichten möchte, wird diese Erfahrung seine emotionale Offenheit für andere und für die Welt überhaupt beeinträchtigen und sein Selbstbewußtsein schwächen.

Kinder reagieren auf unzulängliche Bedingungen auf verschiedene Weise. Widerstandsfähigere Kleinkinder greifen auf die eigenen, eben erwachenden Kräfte, mit einer Situation fertig zu werden, zurück, und machen das Beste aus dem, was die Umgebung zu bieten hat. Sie werden vielleicht frühzeitig selbständig oder bauen eine intensive Freundschaft zu einem anderen Kind in der Gruppe auf, um Herausforderung und Interesse am Tagesgeschehen zu finden. Sie können auch beginnen, sich zielstrebig mit etwas zu beschäftigen, was sie

allein können, zum Beispiel Phantasiespiele spielen oder Häuser bauen. Diese Aktivitäten sind an sich konstruktiv und fördern das Wachstum, aber wenn das Kind sie als Abwehr gegen Angst einsetzt, können sie emotionale Isolation zur Folge haben.

Es gibt allerdings auch Kinder, die mit der Abwesenheit einer engagierten und verfügbaren Pflegeperson weniger kreativ umgehen. Sie können lustlos umherstreifen und sich flüchtig für dies oder jenes in ihrer Umgebung interessieren, sind dann aber nicht fähig, dieses Interesse aufrechtzuerhalten. Solche Kinder verbringen den Tag damit, die Stunden und Minuten zu zählen, bis die Eltern wiederkommen. Es ist, als würden sie Herz, Seele und Verstand wegpacken, bis das «echte» Leben wieder beginnt. Manche Kleinkinder können am Ende eines langen und emotional erschöpfenden Tages unter fremder Obhut ein relativ intaktes Gefühl von sich selbst wiedergewinnen. Andere nehmen die Verluste auch in andere Umgebungen mit hinein, in Gestalt von Mißtrauen, Aggression oder emotionalem Rückzug.

Das sollte Eltern zuwenig sein. Jeree Pawl sagt es kurz und bündig: «Als Eltern können wir zulassen, daß unser Kind uns während der Zeit, in der es anderswo betreut wird, vermißt, aber es sollte sich nicht selbst vermissen.»[4] Das Kind braucht fortwährenden Zugang zu dem Gefühl, emotional lebendig zu sein, um als Mensch zu gedeihen.

Eltern tun gut daran, Kinderbetreuung danach zu beurteilen, ob ihr Kind dort sinnvolle menschliche Beziehungen knüpfen kann. Das heißt vor allem, daß Betreuer gefunden werden müssen, die geeignet sind, einen großen Teil des Tages mit Kleinkindern auszukommen.

Das ist leichter gesagt als getan. Provence und ihre Mitarbeiter räumen ein, daß sie es schwerer fanden, ein Programm aufzustellen, das auf die entwicklungsbedingten Bedürfnisse von Kleinkindern zwischen 15 und 30 Monaten zugeschnitten war, als ein Programm für jüngere bis ältere Kinder zu entwickeln.

> Ausschließlich mit einer Gruppe von Kleinkindern zusammenzuleben ist nicht leicht. Sie neigen dazu, heftig und mehr oder weniger ununterbrochen auf Erwachsene und aufeinander einzuwirken. Der schnelle Wechsel von Hilflosigkeit zu unabhängigem Verhalten, von Trotz zu engelhafter Fügsamkeit, von unnachgiebigem Festhalten zu explosivem Fortstoßen, von dem Wunsch, mit dem Erwachsenen eins zu sein, zu dem Beharren auf Getrenntheit und Selbständigkeit, von Zärtlichkeit und Feindseligkeit, von Eigeninitiative zu Passivität – diese sich radikal verändernden Verhaltensweisen sind für Erwachsene physisch und psychisch anstrengend.[2]

Alle Eltern werden diesen Katalog von inneren Zuständen und äußeren Verhaltensweisen des Kleinkindes wiedererkennen. Wenn schon Eltern (die ihr Kind von ganzem Herzen lieben) Schwierigkeiten haben, mit diesen schnell wechselnden und häufig widersprüchlichen Stimmungen fertig zu werden, was können wir dann von einer Betreuerin erwarten, die unter optimalen Bedingungen das Kind zwar vielleicht sehr gern hat, der es aber nicht so zutiefst am Herzen liegt wie den Eltern?

Es ist schwer, Erwachsene zu finden (Eltern eingeschlossen!), denen es außerdem auch noch Spaß macht, den ganzen Tag mit Kleinkindern zusammenzusein, und die mit den entwicklungsbedingten Herausforderungen der neuentdeckten Mobilität des Kleinkindes, seiner genitalen Neugier, den Anforderungen der Sauberkeitserziehung, seiner Trennungsangst und seinen Experimenten mit seinem Durchsetzungsvermögen umgehen können. Doch es gibt solche Erwachsene.[5] Auf der Suche nach ihnen ist es gut, im Sinn zu behalten, daß Betreuerinnen oder Betreuer (wie Eltern auch) weder allmächtig noch allwissend zu sein brauchen. Doch sie müssen die Bedürfnisse von Kleinkindern kennen, sich in die Kinder einfühlen können und fähig und bereit sein, in der Beziehung zu den Kindern, die sie in ihrer Obhut haben, etwas von sich selbst zu geben.

Was man tun kann

Beziehungen entfalten sich nicht in einem Vakuum. Am besten sind sie, wenn sie zu einem Instrument werden, mit dessen Hilfe man etwas über sich selbst, den anderen und die Welt lernen kann. Für Kleinkinder ist eine Grundvoraussetzung für all diese Arten des Lernens, daß sie etwas zu tun haben.

Betreuungsregelungen sind von der Struktur her sehr unterschiedlich. Manche Kindertagesstätten in den USA bieten einen hochstrukturierten Tagesablauf mit dem Schwerpunkt auf theoretischen Themen wie z. B. Zahlen und Buchstaben zu erkennen und zu gebrauchen. Andere haben kein festes Programm und verlassen sich weitgehend auf freies Spielen und spontane Aktivitäten.

Ähnlich unterscheiden auch Tagesmütter sich sehr in ihrer Fähigkeit, ein Kind anzuregen und zu unterhalten, wenn sie es bei sich zu Hause betreuen. Manche haben herrlich viele Ideen für interessante Projekte; andere sind so desinteressiert, daß es dem Kind im Laufe der Stunden recht langweilig werden kann.

Die spezifische Planung des Tages ist weniger bedeutsam als der Geist, in dem sie ausgeführt wird. Die Konzentration auf theoretische Gegenstände kann den Verstand eines Kleinkindes herausfordern, birgt aber das Risiko, daß in einem Alter, in dem Spontaneität ein Schlüsselfaktor für die Entwicklung der Liebe zum Lernen ist, allzu stark strukturiert wird. Umgekehrt kann eine völlig unstrukturierte Atmosphäre, die den Schwerpunkt auf Spontaneität legt, zu Chaos und Anarchie verkommen, wenn die Betreuerinnen den Kontakt zu dem verlieren, was um sie herum geschieht.

Wahrscheinlich entwickeln sich verschiedene Kinder in unterschiedlichen Umgebungen am besten. Manche Kleinkinder verlangen nach der Sicherheit eines festen Stundenplans; andere bersten vor Drang, zu jeder Zeit das zu tun, was sie gerade am meisten fasziniert.

Die optimalen Umgebungen für die Betreuung eines Kleinkindes verbinden strukturierte Aktivitäten mit reichlich Aufmerksamkeit für die individuellen Bedürfnisse des Kindes.[6] Kleinkinder verbringen kaum übermäßig lange Zeit mit einer bestimmten Aktivität, ganz gleich, wie gefesselt sie zuerst auch davon sein mögen. Ein Programm, das auf dem Gedanken aufbaut, daß Kleinkinder sich etwa 15 Minuten lang mit einer Sache beschäftigen, ist realistisch auf die Aufmerksamkeitsspanne dieses Alters zugeschnitten. Natürlich sollte selbst innerhalb dieses Rahmens genügend Flexibilität bestehen, daß ein Kleinkind «das Baby ins Bett bringen» zu Ende spielen kann oder daß ein anderes genug Zeit hat, seinem Bauklotzgebäude den letzten Schliff zu geben.

Das heißt, daß der Rahmen, in dem das Kind betreut wird, sowohl Möglichkeiten für freies Spiel als auch für die Meisterung der Umwelt durch die Entwicklung neuer Fertigkeiten bieten sollte. Die folgenden Materialien und Aktivitäten helfen Kleinkindern, sich mit verschiedenen Arten von Entdeckungen und Leistungen zu befassen.

- Konstruktionsspielzeug und Puzzles für feinmotorische Fähigkeiten und visuell-motorische Koordination.
- Haushaltsgeräte, die zu einem Nachspielen des täglichen Arbeitsablaufes zu Hause und zu phantasievollen Varianten der Hausarbeit ermuntern.
- Puppen und Spielzeugmöbel, um Spiele zu Themen des Betreuens und Versorgens anzuregen.
- Knetmasse, Malgeräte und andere «schmutzige» Materialien und Wasserspielzeug, die die körperlichen Prozesse repräsentieren, um deren Beherrschung das Kleinkind sich gerade bemüht.
- Musikinstrumente, um Singen und Tanzen als Form des ästhetischen Körperausdrucks zu fördern.
- Kleidung zum Verkleiden, um dem Kind symbolisches Experimentieren mit anderen Lebensformen zu gestatten.
- Geräte für das Spielen im Freien, um dem Kind zu ermöglichen, Energie freizusetzen und motorische Fertigkeiten zu erwerben, zu erweitern und zu verfeinern.

Wenn im Rahmen einer Betreuung zumindest ein ansehnlicher Teil dieser Möglichkeiten für Spiel und Erkundung bereitgestellt wird, kann man davon ausgehen, daß die Kenntnisse über die entwicklungsbedingten Bedürfnisse des Kleinkindes recht gut sind. Wenn die Betreuung zu Hause stattfindet, können Ausflüge auf den Spielplatz, zu öffentlichen Einrichtungen oder zu Kindergruppen Abwechslung in den Alltag bringen.

Die physische Sicherheit ist bei der Kinderbetreuung unabdingbare Voraussetzung. Ohne sie kann nichts anderes richtig funktionieren. Physische Sicherheit an sich ist wichtig, aber sie zeigt auch an, welche Qualität die Betreuung hat. Carollee

Howes, deren Forschungen zur Kinderbetreuung Maßstäbe auf diesem Gebiet gesetzt haben, hat festgestellt, daß physische Sicherheit mit der Haltung der Betreuerin Kindern gegenüber zusammenhängt. Sicherere Umgebungen erlauben der Betreuerin, die Aktivitäten der Kleinkinder weniger stark einzuschränken und ihnen größere Freiheit zum Erkunden zu geben. Wenn die unmittelbare Umgebung sicher ist, sind Betreuerinnen zu den ihnen anvertrauten Kleinkindern physisch zärtlicher, vielleicht, weil sie weniger stark das Gefühl haben, aufpassen zu müssen, und infolgedessen entspannter und spontaner sein können.[7]

Beziehungen zu Gleichaltrigen

Kleinkinder bauen im Kindergarten oder bei der Tagesmutter stabile, wechselseitige und bedeutungsvolle Beziehungen zu anderen Kindern auf. Freundschaften dieser Art lindern den Kummer, der durch die ganztägige Trennung von den Eltern verursacht wird.

Außerdem interagieren Kleinkinder, die von Fremden betreut werden, mehr und lernen die Namen anderer Kinder früher als Kleinkinder, die ausschließlich von ihren Müttern betreut werden. Zudem beschäftigen sie sich mit anspruchsvolleren Nachahmungsspielen.[8, 9] Diese größere kognitive und soziale Komplexität des Spiels mit Gleichaltrigen bei Kleinkindern, die außer Haus betreut werden, läßt vermuten, daß Freundschaften mit anderen Kindern es dem Kleinkind ermöglichen, effektiver mit dem täglichen Stress der Trennung von den Eltern umzugehen.

Die Stabilität dieser Freundschaften ist hilfreich. Kleinkinder, die langfristige Beziehungen mit einer stabilen Gruppe Gleichaltriger haben, sind in der Betreuungsumgebung meistens beliebter und sozial aktiver als andere.[10] Wie Erwachsene fühlen auch Kleinkinder sich wohler mit Freunden, die sie schon lange kennen. Entsprechend hat es deutliche Auswirkungen auf das gesellige Verhalten des Kindes, wenn es im Kleinkindalter eine Freundin oder einen Freund verliert. Kleinkinder, deren Freunde die Gruppe verließen, neigten dazu, ein Jahr später sozial weniger beteiligt zu sein.[10]

Diese Ergebnisse werfen ein Licht darauf, wie wichtig es ist, sich zu bemühen, eine dauerhafte Betreuungsregelung für das Kind zu finden. Eltern haben es zwar nicht in der Hand, ob die Freunde ihres Kindes fortgehen, aber sie können versuchen, die Anzahl der Veränderungen, die sie selbst verursachen, möglichst gering zu halten. Ein Kleinkind vermißt seine Freunde genauso wie ein Erwachsener, und wenn es eine Beziehung verloren hat, an der ihm viel lag, wird es sich vielleicht in Zukunft stärker schützen.

Die Beziehungen des Kindes zur Mutter und zur Betreuerin haben eine nicht zu unterschätzende Wirkung auf seine Fähigkeit, Freundschaften zu anderen Kindern aufzubauen. Kleinkinder, die sowohl zur Mutter als auch zur Betreuerin sichere, nährende, wechselseitig befriedigende Beziehungen haben, sind im Umgang mit Gleichaltrigen geselliger als Kinder, die sich in ihren Beziehungen zu diesen beiden Frauen unsicher fühlen.[11] Diese Ergebnisse heben sowohl die weiterbestehende Bedeutung der Mutter als auch die zentrale Rolle der Betreuerin hervor, wenn es darum geht, Kleinkindern zu ermöglichen, ihren sozialen Horizont zu erweitern. Die sichere Basis, die von emotional verfügbaren Eltern und deren Ersatz repräsentiert wird, hält das Selbstvertrauen des Kindes bei der Erkundung von Beziehungen zu anderen Kindern aufrecht.

Das Wiedersehen: Freude und Stress

Nach einem langen Tag der Trennung wieder zusammenzukommen ist eine Erfahrung, bei der Freude, Erleichterung, Wut und Müdigkeit sowohl für den Elternteil als auch für das Kind in verschiedenem Maß alle vorhanden sein können. Da das Wiedersehen die Wiederaufnahme des direkten Kontakts bedeutet, verdient es ebensoviel Beachtung und Sorgfalt wie die Trennung, wenn man die Beziehung zwischen Elternteil und Kind fördern möchte.

Das Wiedersehen kann ungeduldig erwartet und doch zu einer Enttäuschung werden, wenn es dann endlich stattfindet. Mutter und Kind können verschieden gelaunt sein. Die eine kann überschwenglich aktiv, das andere müde und gedämpft sein, oder, noch schlimmer, sie können beide grantig und bedürftig sein und für den anderen wenig emotionale Kraft übrig haben.

Kleinkinder zeigen oft keine Freude, wenn sie am Ende des Tages abgeholt werden. Sie sind vielleicht gerade mit Spielen beschäftigt und finden, daß die Mutter jetzt zur Abwechslung einmal auf sie warten kann. Sie sind vielleicht wütend über die Trennung und zeigen das durch eine «kalte Schulter» oder durch offene Aggression. Heftige positive und negative Gefühle können in ihnen wüten, und möglicherweise versuchen sie, diese Gefühle zu bewältigen, indem sie Distanz zu den Eltern halten, bis sie sie mit echter Wärme begrüßen können.

Eine Mutter, die sich auf ein liebevolles Wiedersehen gefreut hat, kann solche Reaktionen als wirklich trostlose Begrüßung empfinden. Da sie das Gefühl hat, nicht gebraucht und nicht gewürdigt zu werden, kann sie sich im Gegenzug emotional zurückziehen. Diese Abfolge von Reaktion des Kindes und elterlicher Gegenreaktion kann für einen ganzen Abend tonangebend sein und zu einer Distanz zwischen Mutter und Kind führen.

Ein Wiedersehen ist von der Last des Trennungserlebnisses gefärbt, und eine gewisse Ambivalenz ist unvermeidlich damit verbunden. Daher ist es eine gute Idee, das Wiedersehen nicht zu sehr mit der Hoffnung auf eine sofortige und vollständige emotionale Wiedervereinigung zu befrachten. Es braucht etwas Zeit, um die Realität der Trennung zu verarbeiten, die Bewältigungsmechanismen loszulassen, die man eingesetzt hat, um damit umzugehen, und sich so weit zu entspannen, daß man wieder zusammensein kann.

Eltern können sich und ihren Kleinkindern bei diesem Prozeß helfen, indem sie sich der Bandbreite der Gefühle bewußt werden, die während des Wiedersehens hochkommen, und sie ohne Schuldgefühle und Vorwürfe akzeptieren. Noch eine Weile im Kindergarten oder bei der Tagesmutter zu bleiben, das Kind herzlich zu begrüßen, aber ihm Raum zu geben, eine Aktivität abzuschließen, während man in der Nähe bleibt, oder mit der Betreuerin und den anderen Kindern plaudert – diese kleinen, aber bedeutungsvollen Gesten können viel dazu beitragen, eine Atmosphäre zu schaffen, in der Eltern und Kind spüren, daß sie sich ruhig Zeit nehmen dürfen, um wieder zusammenzufinden und sich aneinander zu freuen.

Die Beziehung zwischen Eltern und Betreuerin

Erzieherinnen berichten, daß ihre Beziehungen zu Kindern und Kolleginnen der befriedigendste Teil ihrer Arbeit sind.[23] Diese Reaktion erinnert noch einmal daran, daß es bei der Kinderbetreuung vor allem um Beziehungen geht.

Eltern sind potentiell wertvolle Partner der Betreuerinnen, doch ihre Beziehung zu ihnen erhält nicht die Beachtung, die sie verdiente. Zum Beispiel verbringen Eltern im Durchschnitt

sieben Minuten pro Tag in der Betreuungsumgebung, und 10 Prozent der Eltern gehen nicht einmal hinein. Wenn Eltern sich mit der Betreuerin ihres Kindes so wenig beschäftigen, verschenken sie eine Gelegenheit, eine Partnerschaft zum Wohle des Kindes aufzubauen.

Einerseits gibt es objektive Gründe, die diesen oberflächlichen Kontakt erklären. Morgens sind die Eltern in Eile, und abends sind alle müde und wollen nach Hause. Andererseits treten jedoch auch Spannungen zwischen Eltern und Betreuerinnen auf, die subjektiv sind und aus psychologischen Gründen zu dem Mangel an Kommunikation beitragen.

Der offensichtlichste Grund für Spannungen ist wohl ein gewisses Unbehagen, wenn es um die Frage geht, wem das Kind eigentlich «gehört». Wenn das Kind zu Hause ist, stehen ein deutig die Wertvorstellungen und Betreuungsgewohnheiten der Eltern auf der Tagesordnung. In der Betreuungsumgebung gelten die Richtlinien der Betreuerin. Es gibt vielfältige Möglichkeiten für gegensätzliche Einstellungen und Praktiken, zum Beispiel die Frage, in welchem Alter die Flasche aufgegeben werden soll, wie man auf die Neugier des Kindes auf alles, was mit dem Körper zusammenhängt, reagieren soll, wie Konflikte zwischen den Kindern zu schlichten sind – die Liste könnte beliebig verlängert werden.

Bereiche, in denen keine Übereinstimmung herrscht, können leicht zum Grund für Spannung und sogar für Feindschaft zwischen Eltern und Betreuerin werden, wobei beide Seiten das Gefühl haben, das Tun des anderen mißbilligen und das eigene Tun verteidigen zu müssen. Wenn diese Gefühle nicht von einem gewissen Maß an gutem Willen gedämpft werden, kann jede Partei zu dem Glauben gelangen, daß das Kind auf ganz bestimmte Art erzogen werden muß (nämlich auf die Art, die sie selbst bevorzugt) und daß es bei ihr am besten aufgehoben ist.

Betreuerinnen können sich leicht von den Eltern ausgenutzt fühlen, weil diese oft besser verdienen und einen gehobeneren Lebensstil haben. Die Betreuerin kann das Gefühl haben, man erwarte von ihr zwar, daß sie sich um das Kind kümmere, erweise ihr aber nicht die Achtung, die man ihr für die Erfüllung dieser verantwortungsvollen Aufgabe eigentlich schuldig sei. Dieser Eindruck wird noch vertieft, wenn die Eltern mit dem Bezahlen im Rückstand sind oder das Kind abends zu spät abholen.

Eltern andererseits können sich leicht von der Betreuerin kritisiert fühlen, vor allem, wenn sie bereits ein schlechtes Gewissen haben oder sich unsicher fühlen. Wechselseitige Unzufriedenheit führt oft dazu, daß man sich aus dem Weg geht, um einen Streit zu vermeiden, der die Betreuung beenden könnte.

Mit der Verbesserung der Beziehungen zwischen Eltern und Betreuerin erhöht sich die Lebensqualität für alle Beteiligten:

für die Eltern, die Betreuerin und, vor allem, für das Kind. Die folgenden Vorschläge können helfen, diesen Prozeß zu erleichtern.

- Organisieren Sie ein Gespräch mit der Betreuerin, bevor Sie sich für eine bestimmte Betreuungsform entscheiden. Fragen Sie sie nach ihren Ansichten in den Bereichen der Entwicklung und Erziehung des Kindes, die Ihnen wichtig sind. Fragen Sie, wie sie mit bestimmten Situationen umgeht, die wahrscheinlich auftreten werden, zum Beispiel, wenn das Kind sich weigert zu gehorchen oder wenn es nach Ihnen ruft. Fragen Sie auch, welche Erwartungen die Betreuerin bezüglich des Kontaktes zu Ihnen hat. Werden Sie zum Beispiel unangemeldet vorbeischauen können, während das Kind bei ihr ist? Wenn die Antworten und der affektive Stil der Betreuerin während dieses Gespräches Sie zufriedengestellt und beruhigt haben, ist das ein gutes Zeichen dafür, daß Sie eine effektive Arbeitspartnerschaft miteinander aufbauen können.
- Versuchen Sie, regelmäßige Termine einzurichten, um mit der Betreuerin zu sprechen und Ansichten über das Kind auszutauschen. Häufigkeit und Länge dieser Gespräche können je nachdem, wie die Umstände sind und wie glatt es läuft, verschieden sein. Es ist jedoch unbedingt nötig, daß Sie beide immer das Gefühl haben, miteinander sprechen zu können, wenn ein Problem auftaucht.
- Bedenken Sie, daß die Betreuerin dauerhaft im Leben Ihrer Familie anwesend ist. Beschränken Sie Ihre Interaktionen mit ihr nicht auf Ereignisse, die mit der Betreuung des Kindes zu tun haben. Seien Sie freundlich und offen zu ihr. Plaudern Sie mit ihr. Machen Sie, wenn sie müde aussieht, eine freundliche Bemerkung dazu. Wenn sie krank war, fragen Sie sie, wie es ihr jetzt geht. Erkundigen Sie sich nach ihren Kindern. Erforschen Sie unbefangen, was zwischen Ihnen beiden möglich und angemessen ist. Je herzlicher Ihre

Beziehung ist, desto größer ist die Kontinuität, die Ihr Kleinkind zwischen der Betreuung und dem Zuhause erleben wird.

- Wenn Ihr Kind Ihnen etwas über das Verhalten der Betreuerin erzählt, das Ihnen ungewöhnlich oder besorgniserregend erscheint, tun Sie es nicht als Hirngespinst eines Kleinkindes ab. Kleinkinder können erstaunlich genaue Beobachter und Berichterstatter sein. Andererseits sollten Sie daran denken, daß kleine Kinder Ereignisse falsch deuten können: Eine Betreuerin, die versucht, ein Stückchen Essen, das einem Kind in der Kehle steckengeblieben ist, herauszuklopfen, kann einem kleinen Beobachter so erscheinen, als würde sie das Kind schlagen. Versuchen Sie, einen Eindruck von dem Zusammenhang zu gewinnen, in dem das Ereignis stattgefunden hat. Sprechen Sie die Betreuerin dann ruhig, ohne Vorwürfe zu machen, darauf an.
- Überlegen Sie sich, wenn ein Konflikt entsteht, zuerst eine Strategie, bevor Sie versuchen, ihn anzugehen. Wenn Sie etwas Zeit erübrigen können, lassen Sie Dampf ab, indem Sie mit Menschen Ihres Vertrauens sprechen und in Ruhe Ihre Gefühle klären. Wenn Sie das Problem dann mit der Betreuerin besprechen, sollten Sie versuchen, es in einen positiven Zusammenhang zu stellen. Beginnen Sie, wenn irgend möglich, mit den Dingen, die Sie an der Art ihrer Betreuung schätzen, und arbeiten Sie sich langsam zu dem Problembereich vor. Menschen (Betreuerinnen und Eltern eingeschlossen) reagieren viel besser, wenn sie die Gewißheit haben, daß ihre starken Seiten beachtet und geschätzt werden.

Anzeichen für Probleme

Es kann vorkommen, daß es einem Kleinkind bei der Tagesmutter oder im Kinderhort nicht gutgeht. Woran können wir das erkennen? Die Anzeichen dafür können genauso verschieden sein wie die Persönlichkeiten der Kinder, aber einige immer wiederkehrende Warnsignale sind unten aufgeführt.

- Plötzliche Verschlechterungen im Verhalten des Kindes, die länger als ein paar Tage andauern und nicht vermehrten Belastungen zu Hause zugeschrieben werden können. Das Kleinkind kann zum Beispiel ungewöhnlich aggressiv, anhänglich, ängstlich, trotzig oder aufsässig werden. Eine Zunahme der Angstsymptome, die im sechsten Kapitel beschrieben werden, sollte die Eltern ebenfalls alarmieren und sie veranlassen, sich genauer anzusehen, was während der Betreuung geschieht.
- Meiden von oder Angst vor einer bestimmten Betreuerin.
- Hartnäckige und anhaltende Weigerung, zur Tagesmutter oder in die Kindertagesstätte zu gehen, vor allem, wenn diese Weigerung plötzlich einsetzt und auftritt, nachdem das Kind sich bereits eingewöhnt hatte.
- Verlust der Begeisterung am Lernen und Erkunden, Traurigkeit und emotionaler Rückzug.
- Wiederholte Bemerkungen des Kindes, daß es eine Betreuerin oder ein anderes Kind nicht mag, oder Berichte, daß jemand etwas Beängstigendes getan hat, zum Beispiel geschrien oder geschlagen hat.

Kinder können das Verhalten Erwachsener falsch deuten, häufiger aber berichten sie genau, was sie sehen. Es ist immer wichtig, die verbalen Berichte und die Verhaltensänderungen des Kindes ernst zu nehmen. Die beiden folgenden Beispiele unterstreichen das noch:

Kerri, 36 Monate, sagt zu ihrer Mutter: «Die Tante legt sich auf uns drauf, wenn wir schlafen sollen.» Die Mutter glaubt, Kerri übertreibe. Zwei Wochen später kommt sie, als gerade Zeit zum Mittagsschlaf ist, und sieht, wie die Helferin ein strampelndes Kind «festhält», indem sie sich mit dem ganzen Körper darauflegt.

Trim, 2 Jahre alt, wehrt sich jeden Morgen dagegen, daß er zu seiner Großmutter gebracht wird. «Nicht hauen, nicht hauen», weint er. Als seine Mutter einen blauen Fleck an seinem Bein entdeckt, wird ihr klar, daß die Großmutter ihn geschlagen hat.

Wenn ein Kind sich in der Betreuung nicht wohl fühlt, müssen nicht unbedingt Mißhandlungen der Grund sein. Ein Kind weigerte sich eine Woche lang, in den Kindergarten zu gehen, nachdem es eine Geschichte gehört hatte, die ihm Angst einjagte. Ein anderes bekam Alpträume, weil es täglich mit einem älteren, stärkeren und aggressiveren Kind konfrontiert war, das es tyrannisierte. Ein drittes Kind fiel in der Sauberkeitserziehung zurück, klammerte und weinte bitterlich, nachdem seine Lieblingserzieherin plötzlich ohne Vorankündigung gegangen war.

Anzeichen für Kummer sollten für die Eltern ein Signal sein, sich die Erfahrungen, die das Kind in der Betreuungssituation macht, genauer anzusehen. In solchen Fällen zahlen sich die Bemühungen, eine Beziehung zur Betreuerin aufzubauen, aus. Je besser Eltern und Betreuerinnen zusammenarbeiten können, wenn sie den Gründen für die Probleme des Kindes nachgehen und eine Lösung entwickeln, desto effektiver werden sie die Betreuungssituation zu einer sicheren Basis machen können, die das emotionale Wachstum des Kindes unterstützt.

Die emotionalen Auswirkungen der Betreuung

Wirkt sich eine regelmäßige Betreuung auf die Bindung des Kleinkindes an die Mutter aus? Unter Fachleuten für Kindesentwicklung findet eine lebhafte Debatte über die Auswirkungen der Betreuung auf die Entwicklung des kleinen Kindes statt. Manche Experten sind besorgt, daß lange tägliche Trennungen bei Baby und Kleinkind Angst hervorrufen könnten, daß die Mutter nicht mehr zur Verfügung steht. Andere wenden ein, daß kleine Kinder im erweiterten sozialen Umfeld der Betreuung wichtige soziale Fertigkeiten erwerben.[12, 13]

In der Diskussion geht es um Meinungsverschiedenheiten zu theoretischen und methodologischen Fragen, doch zwei Jahrzehnte der Forschung konnten keine zuverlässigen Beweise erbringen, daß frühe Kinderbetreuung erhebliche negative Auswirkungen auf die Beziehung zwischen Mutter und Kind hat. Die Mehrheit der Babys und Kleinkinder mit früher Betreuungserfahrung haben eine sichere Bindung an ihre Mütter.[14]

Diese Ergebnisse erscheinen von vielen theoretischen Standpunkten, einschließlich der Bindungstheorie, her gesehen vernünftig. Wie Alan Sroufe bemerkte, nimmt man an, daß Kinder sich gut entwickeln, wenn sie mit der Zeit lernen können, daß Trennungen berechenbar sind und zu ebenso berechenbaren Wiedersehen führen, daß Betreuerinnen emotional verfügbar sind und daß Eltern und Betreuerinnen die Ambivalenz des Kindes bezüglich der Trennungen akzeptieren.[15]

Unter normalen Bedingungen ist die emotionale Verbindung zwischen Eltern und Kind so stark, daß sie weder durch das Bedürfnis der Familie nach zwei Einkommen noch durch den Wunsch der Mutter, zusätzlich zum Muttersein andere Interessen zu verfolgen, geschwächt wird. Selbst wenn Eltern nicht ständig verfügbar sein können, unterscheidet ihre tiefe, einzigartige Liebe zum Kind sie in Herz und Sinn des Kindes von allen anderen Betreuern. Trotz eines langen Arbeitstages behält die leidenschaftliche Liebe von Mutter oder Vater zum Kind ihre vielen Nuancen emotionaler Intensität, die von Entzücken und Freude bis zu Ungeduld und sogar Zorn reichen. Keine andere Beziehung im Leben des Kindes kann sich damit messen. Selbst ganz kleine Babys sind so aufgeweckt, daß sie diese leidenschaftliche Hingabe erkennen und auf die gleiche Art erwidern. Forscher können sich streiten, aber kleine Kinder wissen es am besten.

Die Frage: «Ist frühe Betreuung durch Fremde der Beziehung des Kindes zu den Eltern abträglich?» sollte umgedreht werden. Sie sollte lauten: «Welchen emotionalen Preis zahlt das Kind, wenn beide Eltern außerhalb des Zuhauses arbeiten und nicht für adäquate Ersatzbetreuung sorgen können?»

Fünfzig Prozent aller amerikanischen Mütter fangen innerhalb des ersten Lebensjahres ihres Babys wieder an zu arbeiten.[16] In diesem Zusammenhang ist es höchste Zeit, die Diskussion über die Auswirkungen früher Kinderbetreuung auf die Mutterbindung in eine Diskussion über den Preis umzuwandeln, der gezahlt wird, wenn beide Eltern arbeiten müssen oder wollen und nicht für gute Ersatzbetreuung für ein kleines Kind gesorgt wird. Das führt zu der Frage, was eine gute Ersatzbetreuung ausmacht.

Die Wahl einer guten Betreuung

Es ist schwer, genau zu bestimmen, wodurch sich gute Kinderbetreuung auszeichnet, weil es so verschiedene Arten der Betreuung gibt. Die Betreuerin kann eine geliebte Verwandte sein (eine Tante, eine Großmutter) oder eine Frau, die extra zu diesem Zweck angestellt wurde. Das Kind kann einzeln oder in der Gruppe betreut werden. Die Umgebung kann das Zuhause des Kindes sein, das Zuhause der Betreuerin, eine Kindertagesstätte oder ein Kindergarten. Es kann eine oder mehrere Betreuerinnen geben. Eine Tagesmutter kann eine Lizenz haben oder nicht, und ein Kindergarten oder eine Kindertagesstätte können privat geführt werden und profitorientiert arbeiten oder von gemeinnützigen Organisationen wie der Kirche oder von der Gemeinde unterstützt werden.

Innerhalb dieser Vielfalt gelten Qualitätskriterien, die sich auf eine Betreuungsstätte anwenden lassen, nicht unbedingt auch für die anderen. Am offensichtlichsten ist hier das Beispiel der Gruppengröße, die kein Thema ist, wenn ein Kind allein von einer Betreuungsperson versorgt wird, die aber bei der Beurteilung der Qualität von Gruppenbetreuung zu einem wichtigen Faktor wird.

Manche Betreuungssituationen lassen sich leichter untersuchen als andere. Kindertagesstätten sind systematischer Forschung gegenüber aufgeschlossener, weil sie zumindest formal den staatlich gesetzten Maßstäben genügen müssen. Private Kindergärten und Tagesmütter sind nicht unbedingt lizensiert und argumentieren eher, daß sie eine Fürsorge wie zu Hause bieten, die für eine systematisch bewertende Forschung nicht geeignet ist. Aus diesen Gründen wurde die Forschung zu Indikatoren für die Qualität der Betreuung in den USA hauptsächlich in Kindertagesstätten durchgeführt und auf ihre Gültigkeit überprüft, obwohl nur 18 Prozent der Kinder, die nicht von ihren Müttern betreut werden, in Kindertagesstätten gehen.[17] Kürzlich hat es auch eine Untersuchung zur Qualität der Betreuung durch Tagesmütter gegeben.[7]

Es hat sich herausgestellt, daß folgende Faktoren zuverlässige Indikatoren für gute Gruppenbetreuung sind:[18, 19]

1. *Die Stabilität der Betreuung.* Die fortdauernde Verfügbarkeit derselben Betreuerin oder einer kleinen Zahl von Betreuerinnen ist eine Voraussetzung für den Aufbau vertrauensvoller emotionaler Beziehungen, die nicht durch

einen ständigen Prozeß von Verlust und Ersatz beeinträchtigt werden. Außerdem gehen Betreuerinnen, die sich langfristig zu ihrer Arbeit verpflichten, auf anregendere und der Entwicklungsphase gemäßere Art mit den Kindern um als solche, die Kinderbetreuung als vorübergehenden Job ansehen.[20]

Aus diesen beiden wichtigen Gründen ist die Stabilität der Betreuung ein zentraler Faktor für die Qualität der Betreuung. Bei optimaler Gruppenbetreuung wird einer kleinen Gruppe von Kleinkindern eine Hauptbetreuerin zugeordnet, damit das Kind eine bestimmte Betreuerin möglichst gut als sichere Basis benutzen kann. Natürlich ist die Stabilität der Betreuung in der Einzelbetreuung genauso wichtig wie in Gruppensituationen.

2. *Die Ausbildung der Betreuer.* Betreuerinnen können Kindern eine bessere Betreuung zukommen lassen, wenn sie speziell dafür ausgebildet sind. Die Kenntnis der altersspezifischen Probleme ermöglicht es der Betreuerin, das Verhalten des Kindes aus übergeordneter Perspektive zu betrachten. Eine Betreuerin, die um die Autonomiebestrebungen und die intensiven Emotionen des Kleinkindalters weiß, kann zum Beispiel mit dem Trotz und den Wutanfällen eines Kleinkindes sensibler umgehen.

   Besonders wichtig ist eine Ausbildung, wenn die Betreuerin sich um mehrere Kleinkinder mit unterschiedlichen individuellen Bedürfnissen und Ansprüchen kümmern muß. Wenn sie kein spezifisches Wissen über die kindliche Entwicklung besitzt, kann sie nur auf ihre persönliche Erfahrung zurückgreifen, die für die Herausforderungen ihrer Aufgabe vielleicht nicht ausreicht. Eine gut ausgebildete Betreuerin hat außerdem eher die Qualifikation, frühe Anzeichen für Verhaltensprobleme zu erkennen und ihre Wahrnehmungen konstruktiv mit den Eltern zu besprechen.

3. *Das Verhältnis von Kindern zu Erwachsenen.* Eine Betreuerin kann nur mit einer kleinen Zahl von Kleinkindern

häufig und harmonisch interagieren. Nach ihrer Arbeit befragt, berichten Betreuerinnen, daß die Verantwortung für zu viele Kinder ein Hauptgrund für Stress in ihrer Arbeit sei. Sie gehen mit dieser Situation um, indem sie mehr Gewicht auf Routine legen und spontanen Austausch mit einzelnen Kindern einschränken. Ein Verhältnis von drei bis fünf Kleinkindern pro Erwachsenen läßt sowohl spielerischen Umgang als auch sofortige Aufmerksamkeit zu, wenn ein Kind in Not ist, bevor das Problem zu groß wird. Je mehr Kinder auf eine Betreuerin kommen, desto schwerer ist es für sie, eine individuelle Betreuung aufrechtzuerhalten.

4. *Gruppengröße.* Selbst wenn die Zahl der Kinder unter der Obhut einer einzelnen Betreuerin angemessen ist, kann eine große Gruppe von Kleinkindern leicht an den Kräften zehren und unkontrollierbar werden. Es gibt zuviel Lärm, zu viele gleichzeitige Forderungen, zuviel Ablenkung. Eine Gruppengröße von nicht mehr als acht oder zehn Kleinkindern erlaubt es den Betreuerinnen, den Schwerpunkt auf spielerischen Umgang und emotionale Verfügbarkeit zu legen, und verringert die Notwendigkeit einer rigiden Gruppenleitung.
5. *Die Gegenwart eines anderen Erwachsenen.* Einzelne Betreuerinnen werden sowohl praktisch als auch emotional durch einen anderen Erwachsenen unterstützt, der mit anfassen, aushelfen und Gesellschaft leisten kann. Die Anwesenheit einer zweiten Betreuerin kann außerdem die Wahrscheinlichkeit von Kindesmißhandlung verringern, weil es eine potentielle Zeugin gibt und weil beide weniger leicht die Beherrschung verlieren, wenn sie die Verantwortung abgeben können, bevor sie an ihre Grenzen kommen und die Ereignisse außer Kontrolle geraten.

Spielt die Qualität der Kinderbetreuung eine Rolle?

Die kürzeste und exakteste Antwort lautet: Ja, die Qualität spielt eine große Rolle. Eine gute Betreuung fördert das Wohlergehen des Kindes, und schlechte Kinderbetreuung beeinträchtigt es. Mindestens ein Dutzend neuerer Untersuchungen belegen diesen Schluß. Babys, Kleinkinder und Vorschulkinder sind in ihren sozialen und kognitiven Fähigkeiten weiter fortgeschritten, wenn sie eine gute Betreuung bekommen.[19]

Eine Untersuchung ist besonders interessant, weil sie Berichten nachging, daß ein früher Beginn der Betreuung mit Aggression und Ungehorsam verbunden sei. Die Autoren stellten fest, daß das tatsächlich der Fall war, wenn die Kinder sich in schlechter Betreuung befanden. Bei diesen Kleinkindern gab es häufiger Wutanfälle und Weigerungen, sich den Aufforderungen Erwachsener zu fügen. Im Gegensatz dazu waren Kleinkinder, die in Kindertagesstätten von guter Qualität betreut wurden, besser in der Lage, ihr Verhalten zu beherrschen, wenn man sie mit Kindern verglich, die ausschließlich von der Mutter betreut wurden, und mit Kindern in schlechter Ganztagsbetreuung.[24]

Die Qualität der Kinderbetreuung spielt eine sehr große Rolle, und das gilt auch für die Bemühungen der Familie bei der Auswahl der Betreuungsstätte. Eltern, die ein stressreiches Leben führen, melden ihre Kinder eher in Kindertagesheimen von minderer Qualität an, unabhängig von ihrem Einkommen und den Kosten für die Unterbringung.[23] Das ist nicht schwer zu erklären. Überlastete Eltern neigen stärker dazu, nicht so ausgiebige Nachforschungen anzustellen, bevor sie eine Betreuungsstätte wählen.

Das ist zwar verständlich, aber schade, denn Kinder, die in Familien mit hohem Stress aufwachsen, haben eine gute Betreuung noch nötiger als andere Kleinkinder, da die Betreuung sie für die Schwierigkeiten, mit denen sie zu Hause konfrontiert sind, entschädigen kann. Da mittelmäßige Betreuung reichlicher angeboten wird als Betreuung von hoher Qualität, brauchen Eltern beim Klären der verschiedenen Faktoren, die sie berücksichtigen sollten, Hilfe. Zusätzlich zu den Informationen in diesem Kapitel gibt es einige sehr lesenswerte Publikationen, die Eltern bei dieser Aufgabe helfen.[5, 22]

Die soziale Realität derzeitiger Kinderbetreuung

Unsere Gesellschaft weiß, was gute Kinderbetreuung ausmacht, aber wir haben noch nicht gelernt, sie für alle unsere Kinder bereitzustellen. Die Kriterien für gute Kinderbetreuung, die durch umfangreiche und teure Forschung gewissenhaft zusammengetragen wurden, werden ständig übergangen, weil es keine nationale Verfügung gibt, den Forschungsgeldern Geld für die Bereitstellung der Dienstleistung folgen zu lassen.

Das Ergebnis ist, daß wir immer mehr theoretische Informationen erwerben, die aber ungenutzt bleiben, weil es uns darum geht, sie zu sammeln, und nicht darum, sie anzuwenden. Das Wissen bleibt in Büchern und Zeitschriften liegen, ohne daß sein potentieller Wert genutzt würde, das Leben von Millionen von Kindern und ihren Familien zu verbessern.

Die Effektivität der verschiedenen Bundesstaaten der USA beim Aufstellen und Durchsetzen von Qualitätsmaßstäben ist ein typischer Fall. Die Lizenzierung unterliegt staatlicher Kontrolle, und sie ist das wichtigste Mittel, um die Qualität der Betreuung zu regulieren. Jene Staaten, die Richtlinien dafür haben, formulieren darin so minimale Anforderungen, daß das Ziel der Betreuung einfach darin besteht, physischen Schaden vom Kind abzuwenden, nicht aber darin, für eine der Entwicklungsphase gemäße Umgebung zu sorgen. Von daher gesehen sind die Forschungsergebnisse, die sich auf die Qualität der Kinderbetreuung beziehen, nicht systematisch in die staatlichen Vorschriften eingefügt worden. Zum Beispiel ist es in 27 Staaten der USA nicht Vorschrift, daß Betreuerinnen eine Ausbildung haben müssen, um eingestellt werden zu können.[23]

Diese Situation hat direkte Auswirkungen auf die Qualität der Betreuung. Ein wichtiges Kennzeichen für die Qualität, nämlich die Stabilität der Betreuung, zeigt das deutlich. Obwohl häufiger Wechsel der Betreuerinnen schädlich für das Kind ist, nähert sich der Personalwechsel bei der Kinderbetreuung in einigen Gebieten der USA 50 Prozent oder geht sogar darüber hinaus. Das heißt, daß die Fluktuation ungefähr doppelt so hoch ist wie üblich, denn für alle Berufe zusammengenommen liegt die Fluktuationsrate in den USA bei etwa 20 Prozent.[23]

Diese überraschend hohe Fluktuationsrate spiegelt die niedrige Bezahlung, die mangelhaften Sozialleistungen und die anstrengenden Arbeitsbedingungen auf dem Gebiet der Kinderbetreuung wider. Das National Committee for Pay Equity [Nationales Komitee für Lohngleichheit] berichtete, daß Frauen, die in der Kinderbetreuung arbeiteten, was Unterbezahlung anbelangt, an zweiter Stelle liegen. Nur der Klerus verdient weniger.[24] In Dollars und Cents übersetzt bedeutet das, daß das mittlere Jahreseinkommen in der Kinderbetreuung unter der offiziellen Armutsgrenze für eine vierköpfige Familie liegt, die 1986 bei 11200 Dollar lag. Das niedrige Gehalt wird nicht durch den Anreiz guter Sozialleistungen ausgeglichen. Bezahlter Urlaub liegt im Schnitt bei neun Tagen pro Jahr, und etwa die Hälfte des Personals in Kindertagesstätten der USA ist nicht krankenversichert.

Diese düstere Situation kann nicht damit entschuldigt werden, daß sie die natürliche Konsequenz fehlender Ausbildung sei. Die Ausbildung von Erzieherinnen entspricht dem landesüblichen Durchschnitt für alle Berufe. Doch Erzieherinnen, die anderswo mehr Geld verdienen können, verlassen häufig den Beruf, mit dem Ergebnis, daß unter dem Strich möglicherweise ein Rückgang in der Verfügbarkeit von gut ausgebildeten Betreuerinnen zu verzeichnen ist.

Wie läßt sich dieser Zustand erklären? Höchstwahrscheinlich ist eine Kombination von Faktoren dafür verantwortlich, darunter auch die tiefverwurzelte soziale Einstellung «Frauenarbeit» gegenüber. Traditionell wurde Kinderbetreuung von Müttern kostenlos übernommen, bevor diese infolge von sich wandelnden ökonomischen und sozialen Bedingungen gezwungen waren, sich in Scharen dem Arbeitsmarkt zur Verfügung zu stellen. Wir haben lange dazu gebraucht, unsere idealistische Vorstellung aufzugeben, daß Kinderbetreuung eine nichtgewerbliche Tätigkeit sei, die tief im mütterlichen Instinkt verwurzelt sei und nichts mit ökonomischen Belangen zu tun habe.

Dieses Vorurteil wird durch die Tatsache untermauert, daß Frauen, vor allem Minderheiten zugehörige Frauen, im Bereich der Kinderbetreuung überrepräsentiert sind. Die jüngsten verfügbaren Daten zeigen, daß zwischen 95 und 98 Prozent aller Personen, die in den USA in diesem Bereich arbeiten, Frauen sind. Davon gehören etwa 35 Prozent der Erzieherinnen und 60 Prozent der Tagesmütter ethnischen Minderheiten an.[23] Frauen und Minderheiten sind traditionell unterbezahlt, ein Faktor, der die Tendenz, Kinderbetreuung automatisch als Beschäftigung anzusehen, die von den Arbeitsmarktgesetzen von Angebot und Nachfrage nicht berührt wird, noch verstärkt.

Diese Überlegungen bilden den Hintergrund, vor dem die tägliche Erfahrung der Betreuerinnen gesehen werden muß. Betreuerinnen, die unterbezahlt und überarbeitet sind, sind weniger in der Lage, gute Betreuung zu leisten, weil diese Belastungen an ihrer Energie und emotionalen Verfügbarkeit zehren. Umgekehrt bieten Betreuerinnen, die mit ihren Arbeitsbedingungen zufrieden sind, eher eine angemessene Betreuung.

Zusammenfassend ist zu sagen, daß gute Kinderbetreuung das Ergebnis einer erfolgreichen, dem Wohl des Kindes dienenden Partnerschaft zwischen der Gesellschaft als ganzer, den Betreuerinnen und den Eltern ist. Ein landesweites Engagement, eine Kinderbetreuung zu finanzieren und aufrechtzuerhalten, die hohen Maßstäben gerecht wird, ist ein notwendiger Rahmen für die Stabilität und Kontinuität, die alle Kinder brauchen, um gut funktionierende Erwachsene zu werden. Ein derartiger Rahmen wiederum fördert und unterstützt die täglichen und ständigen Bemühungen von Eltern und Betreuerinnen, physisch zur Verfügung zu stehen und emotional auf die Bedürfnisse der Kinder einzugehen.

Schluß:

Nah bleiben und loslassen

Wenn Babys zu Kleinkindern werden und anfangen, ihr Bedürfnis nach einem autonomen Aktionsbereich durchzusetzen, lernen Eltern, sich mit ihren eigenen Grenzen beim Versorgen und Beschützen ihres Kindes auseinanderzusetzen. Die Phantasie, daß die physische und emotionale Gegenwart eines Elternteils ausreiche, um Sicherheit und Zufriedenheit des Kindes zu gewährleisten, weicht der Erkenntnis, daß es Enttäuschungen, Herausforderungen und sogar Gefahren gibt, die wir nicht durch Wünschen aus der Welt schaffen können.

Der Wunsch, unserem Kind gerecht zu werden, geht Hand in Hand mit der Tatsache, daß es unvermeidlich, ja sogar wünschenswert ist, daß wir unserem Kind manchmal unrecht tun.

Viele kenntnisreiche und wohlmeinende Eltern haben versucht, jeden Kummer vorauszusehen und jede Nuance dessen, was das Kind dachte und fühlte, in Worte zu fassen in dem Glauben, es dadurch vor Einsamkeit und Angst schützen zu können. Doch mit diesem Vorgehen können Eltern ihre Kinder der Erfahrung berauben, mit inneren Unsicherheiten zu kämpfen und triumphierend zu ganz individuellen Einsichten und Lösungen zu kommen. Indem Eltern sich übermäßig in das Innenleben ihrer Kinder hineindrängen, können sie ihnen die Möglichkeit nehmen, ein eigenes Ich zu entwickeln.

Erst in der Adoleszenz werden die Eltern bei der Erziehung ihrer Kinder wieder so vielen Problemen gegenüberstehen wie im Kleinkindalter. Das zweite und dritte Lebensjahr ist eine ausgezeichnete Übung für die Herausforderungen, vor die ein Teenager die Eltern stellt. Das Kleinkindalter ähnelt der Adoleszenz wegen der Geschwindigkeit des körperlichen Wachstums und wegen des Impulses, aus den von den Eltern gesetzten Grenzen auszubrechen. In beiden Lebensphasen steht der Kampf um Unabhängigkeit neben dem oft verborgenen Wunsch, während dieses Vorwärtsstrebens in die Welt hinein zurückgehalten und beschützt zu werden. Die Art, wie Eltern und Kleinkinder ihre Differenzen bewältigen, schafft die Grundlage für die Fähigkeit, während der Kindheit und der Rebellion der Teenagerjahre Partner zu bleiben.

Kleinkinder müssen, genauso wie Jugendliche, eine Identität schmieden, die ein stabiles Gefühl von persönlicher Initiative mit einem verläßlichen Gefühl der Zugehörigkeit zu einer Gemeinschaft verbindet. Eltern sind in beiden Phasen mit der Aufgabe konfrontiert zu entscheiden, wann sie Alleinsein respektieren, wann sie Gesellschaft anbieten und wann sie bestimmt Autorität ausüben sollen. Wenn die Eltern bei dieser Entscheidung auf die Bedürfnisse des Kindes eingehen, wird aus dem Trotz des Kleinkindes das selbstsichere Durchsetzungsvermögen der Vorschuljahre, ebenso wie sich die emotionalen Stürme der Adoleszenz legen und das Selbstwertgefühl des jungen Erwachsenen daraus erwächst.

Kommunikation ist für das Erwachsenwerden wichtig, ebenso aber auch die Möglichkeit, für sich allein zu denken und zu fühlen. Ein Kind einfach sein zu lassen ist manchmal genauso wichtig wie bei dem Kind zu sein. Die Lektion für das Leben, die im Kleinkindalter gelernt wird, besagt, daß Loslassen – in bestimmten Grenzen – manchmal die sicherste Methode ist, einander nah zu bleiben.

Quellen

Zweites Kapitel: Das Kleinkind – wer ist das?

1 Kierkegaard, S., in: *Purity of heart is to will one thing.* (New York: Harper & Row, 1983), S. 85.

2 Ainsworth, M. D. S., Blehar, M. C., Waters, E., & Wall, S., *Patterns of attachment: A psychological study of the strange situation.* (Hillsdale, NJ: Erlbaum, 1978).

3 Bowlby, J., *Bindung* (München: Kindler, 1975).

4 Bowlby, J., *Trennung. Psychische Schäden als Folge der Trennung von Mutter und Kind.* (München: Kindler 1976 [1973]).

5 Smart, M. S., & Smart, M. C., *Children: Development and relationships.* (New York: Macmillan, 1967), S. 146.

6 Anderson, J. W., «Attachment behavior out of doors», in N. Blurton Jones (Hg.), *Ethnological studies of child behavior.* (Cambridge, England: Cambridge University Press, S. 199–217).

7 Erikson, E. H., *Kindheit und Gesellschaft.* (Stuttgart: Klett-Cotta, 10. Aufl. 1991 [1950]), vgl. z. B. S. 246.

8 Mahler, M. S., Pine, F. & Bergmann, A., *Die psychische Geburt des Menschen. Die Entwicklung des Kindes aus neuer Sicht* (Frankfurt/M.: Fischer (TB), 1980).

9 Marvin, R. S., «An ethological-cognitive model for the attenuation of mother-child attachment behavior», in T. Alloway, L. Kramer & P. Pliner (Hg.), *Advances in the study of communication and affect: Vol. 3, Attachment behavior* (New York: Plenum, 1977), S. 25–60.

10 Brazelton, T. B., *Toddlers and parents: A declaration of independence* (New York: Delta/Seymour Lawrence, 1989).

11 Lewis, M., & Brooks-Gunn, J., *Social cognition and the acquisition of self* (New York: Plenum, 1979).

Drittes Kapitel: Die Herausforderung, ein Kleinkind zu sein (und eins großzuziehen)

1 Patterson, G. R., «Mothers: the unacknowledged victims», in *Monographs of the society for Research in Child Development*, 45, (5), 1980.
2 Fawl, C. L., «Disturbances experienced by children in their natural habitat», in R. Barker (Hg.), *The stream of behavior.* (New York: Appleton-Century-Crofts, 1963).
3 Minton, C., Kagan, J., & Levine, J., «Maternal control and obedience in the two-year-old». *Child Development*, 42 (1971), S. 1873–1894.
4 Forehand, R., King, H. E., Peed, S., & Yoder, P., «Mother-child interactions: comparison of a noncompliant clinic group and a nonclinic group. *Behavior Research and Therapy*, 13 (1975), S. 79–84.
5 Rexroat, C., & Shehan, C., «The family life cycle and spouses' time in housework. *Journal of Marriage and the Family*, 49 (1987, S. 737–750.
6 Lamb, M. E. (Hg.), *The role of the father in child development* (New York: Wiley, 1976).
7 Fraiberg, S., Die magischen Jahre..., Rowohlt 1972.
8 Bowlby, J., Bindung, a. a. O.
9 Greenspan, S., *The essential partnership* (New York: Viking Books, 1989).
10 Stern, D., *Die Lebenserfahrung des Säuglings* (Stuttgart: Klett-Cotta, 2. Aufl. 1992 [1985]).
11 Brief von Kevin Frank, zitiert von Murphy, L. B., «When a child is inconsolable: Staying near. *Zero to three. Bulletin of the National Center for Clinical Infant Programs*, 9 (2), (1988), S. 15.

Viertes Kapitel: Das Temperament

1 Brazelton, T. B., *Infants and mothers: Differences in development* (New York: Delacorte Press/Seymour Lawrence, 1969).
2 Brazelton, T. B., «The neonatal behavioral assessment scale». *Clinics in Developmental Medicine*, 50 (1973).
3 Thomas, A., Chess, S., & Birch, H., *Temperament and behavior disorders in children* (New York: New York Universities Press, 1968).
4 Stern, D., a. a. O.
5 Goldsmith, H., Buss, A., Plomin, R., Rothbart, M., Thomas, A.,

Chess, S., Hinde, R., & McCall, R., «Roundtable: What is temperament?» *Child Development* 58 (1987), S. 505–529.
6 Twain, Mark, «Briefe von der Erde», in *Gesammelte Werke, Bd. 9* (München: Hanser, 1977), S. 566.
7 Chess, S., & Thomas, A., *Temperament und Entwicklung. Über die Entstehung des Individuellen* (Stuttgart: Enke, 1980).
8 Thomas, A., & Chess, S., *The dynamics of psychological development* (New York: Brunner/Mazel, 1980).
9 Chess, S., & Thomas, A., *Origins and evolution of behavior disorders: From infancy to early adult life* (New York: Brunner/Mazel, 1984).
10 Escalona, S., *The roots of individuality* (Chicago: Aldine, 1968).
11 Greenspan, S., *The essential partnership* (New York: Viking, 1989).
12 Erikson, E. H., *Kindheit und Gesellschaft* (Stuttgart: Klett-Cotta, 10. Aufl. 1991 [1950]), S. 63.
13 Crockenberg, S. B., «Infant irritability, mother responsiveness and social support influences on the security of infant-mother attachment». *Child Development*, 52 (1981), S. 857–869.
14 Gandour, M. J., «Activity level as a dimension of temperament in toddlers: Its relevance for the organismic specificity hypothesis». *Child Development*, 60 (1989), S. 1092–1098.

Fünftes Kapitel: Das aktive Kleinkind

1 Provence, S., & Lipton, R. C., *Infants in institutions* (New York: International Universities Press, 1962).
2 Lieberman, A. F., & Pawl, J. H., «Clinical applications of attachment», in J. Belsky & T. Nezworski (Hg.), *Clinical implications of attachment* (New York: Lawrence Erlbaum, 1988), S. 327–351.
3 Fraiberg, S., a. a. O.
4 «Flexible, fearful, or feisty: The different temperaments of infants and toddlers» (Video) (Sausalito, CA: Far West Laboratories Center for Child and Family Studies for California State Department of Education, 1979).
5 Parens, H., *The development of aggression in early childhood* (New York: Aronson, 1979).

Sechstes Kapitel: Das schüchterne Kleinkind

1 Kagan, J., & Snidman, N., «Temperamental factors in human development», *American Psychologist*, 46 (8), (1991), S. 856–862.
1a Ebd.
2 Kagan, J., Reznick, J. S., & Snidman, N., «The physiology and psychology of behavioral inhibition in children». *Child Development*, 58 (1987), S. 1459–1473.
3 Kagan, J., & Moss, H. A., *Birth to maturity* (New York: Wiley, 1962).
4 Kagan, J., Reznick, J. S., Snidman, N., Gibbons, J., & Johnson, M. D., «Childhood derivatives of inhibition and lack of inhibition to the unfamiliar». *Child Development*, 59 (1988), S. 1580–1589.
5 Kagan, J., & Snidman, N., «Infant predictors of inhibited and uninhibited profiles». *Psychological Science*, 2 (1991), S. 40–44.
6 Kagan, J., «The shy and the sociable». *Harvard Alumni Magazine*, Winter (1991).
7 «Flexible, fearful, or feisty: The different temperaments of infants and toddlers» (Video) (Sausalito, CA: Far West Laboratories Center for Child and Family Studies for California State Department of Education, 1979).

Siebtes Kapitel: Frühe Ängste

1 Bowlby, J., a. a. O.
2 Humphrey, T., «The development of human fetal activity and its relation to postnatal behavior», in Reese, H. W., & Lippsitt, L. P. (Hg.), *Advances in child development and behavior* (New York: Academic Press, 1970), Bd. 2, S. 1–57.
3 Field, T., *Infancy* (Cambridge, Mass.: Harvard University Press, 1990).
4 Stern, D. N., «A micro-analysis of mother-infant interaction: Behavior regulating social contact between a mother and her 3½-month-old twins». *Journal of the American Academy of Child Psychiatry*, 10 (1971), S. 501–516.
5 Ainsworth, M. D. S., Blehar, M. C., Waters, E., & Wall, S., *Patterns of attachment: A psychological study of the strange situation* (Hillsdale, NJ: Erlbaum, 1978).
6 Graves, P., «The functioning fetus», in S. I. Greenspan and G. H. Pollock (Hg.), *The course of life: Psychoanalytic contributions toward*

understanding personality development: Vol. Infancy and early childhood (Washington, D. C.: U. S. Government Printing Office, 1980), S. 235–256.

7 DeCasper, A. J., & Fifer, W. P., «Of human bonding: Newborns prefer their mothers' voices». *Science*, 208 (1980), S. 1174–1176.

8 McFarlane, J., «Olfaction in the development of social preferences in the human neonate», in H. Hofer (Hg.), *Parent-infant interaction* (Amsterdam: Elsevier 1975).

9 Sander, L., «Issues in early mother-child interaction». *Journal of the American Academy of Child Psychiatry*, 1 (1962), S. 141–166.

10 Greenspan, S. I., & Greenspan, N. T., *First feelings: Milestones in the emotional development of your baby and child* (New York: Penguin, 1989).

11 Bell, S. M., & Ainsworth, M. D. S., «Infant crying and maternal responsiveness». *Child Development*, 43 (1972), S. 1171–1190.

12 Winnicott, D. W., *The maturational process and the facilitating environment* (New York: International Universities Press, 1965).

13 Pruett, K. D., *The nurturing father: Journey toward the complete man* (New York: Warner Books, 1987).

14 Dixon, S., Yogman, M. W., Tronick, E., Als, H., Adamson, L., & Brazelton, T. B. «Early social interaction of infants with parents and strangers». *Journal of the American Academy of Child Psychiatry*, 20 (1981), 32.

15 Main, M., & Weston, D. R., «The quality of the toddler's relationship to mother and to father: Related to conflict behavior and the readiness to establish new relationships». *Child Development*, 52 (1981), S. 932–940.

16 Main, M., Kaplan, N., & Cassidy, J., «Security in infancy, childhood, and adulthood: A move to the level of representation», in I. Bretherton & E. Waters (Hg.), Growing points of attachment theory and research. *Monographs of the Society for Research in Child Development*, 50 (1985) (Nos. 1–2, Serial No. 209), S. 66–104.

17 Roiphe, H., & Galensau, E., *Infantile origins of sexual identity* (New York: International Universities Press, 1981).

18 Lozoff, B., Brittenham, G., Trause, M., Kennel, J., & Klaus, M., «The mother-newborn relationship: Limits of adaptability», *Journal of Pediatrics*, 91 (1) (1977), S. 1–12.

19 Erikson, E. H. *Kindheit und Gesellschaft* (Stuttgart: Klett-Cotta, 10. Aufl. 1991 [1950]) 9.

20 Fraiberg, S., «Pathological defenses in infancy. *Psychoanalytic Quarterly*, 51 (1982), S. 612–635.

21 Lieberman, A. F., «Infant mental health: A model for service de-

livery». *Journal of Clinical Child Psychology* 14 (3) (1985), S. 196 bis 201.

22 Lieberman, A. F., Weston, D. R., & Pawl, J. H., «Preventive intervention and outcome with anxiously attached dyads». *Child Development*, 62 (1991), S. 199–209.

23 Matas, L., Arend, R., & Sroufe, L. A., «Continuity of adaptation in the second year: The relationship between quality of attachment and later competence». *Child Development*, 49 (1978), S. 547–556.

24 Sroufe, L. A., «Infant-caregiver attachment and patterns of adaptation in preschool: The roots of maladaptation and competence», in M. Perlmutter (Hg.), *Minnesota Symposium in Child Psychology* (Bd. 16) (Hillsdale, NJ: Erlbaum, 1983).

25 Arend, R., Grove, F., & Sroufe, L. A., «Continuity of individual adaptation from infancy to kindergarten: A predictive study of ego-resiliency». *Child Development*, 50 (1979), S. 950–959.

26 Lewis, M., Feiring, C., McGoffog, C., & Jaskir, J., «Predicting psychopathology in six-year-olds from early social relations». *Child Development*, 55 (1984), S. 123–126.

Achtes Kapitel: Der Umgang mit speziellen Problemen

1 Bowlby, J. *Trennung. Psychische Schäden als Folge der Trennung von Mutter und Kind* (München: Kindler, 1976).

2 Fraiberg, S., a. a. O.

3 Brazelton, T. B., *Toddlers and parents: A declaration of independence* (New York: Bantam/Doubleday, 1977).

4 Kagan, J., *The second year* (Cambridge: Harvard University Press, 1981).

5 Richman, N., «A community survey of the characteristics of the 1–2 year olds with sleep disruptions». *Journal of the American Academy of Child & Adolescent Psychiatry*, 20 (1981), S. 281–291.

6 Keener, M., Zeanah, C., & Anders, T., «Infant temperament, sleep organization, and nighttime parental interventions». *Pediatrics*, 81 (1988), S. 762–771.

7 Minde, K., Popiel, K., Leos, N., Falkner, S., Parker, K., & Handley-Derry, M., «The evaluation and treatment of sleep disturbances in young children». *Journal of Child Psychology & Psychiatry* 34 (1993).

8 Guilleminault, C., «Disorders of arousal in children: somnambulism and night terrors», in: C. Guilleminault (Hg.), *Sleep and its disorders in children* (New York: Raven Press, 1987), S. 243–252.

Neuntes Kapitel: Wenn Eltern sich trennen

1 Hetherington, E. M., «Coping with family transitions: Winners, losers and survivors». *Child development*, 60 (1989), S. 1–14.
2 Wallerstein, J., *Second chances: Men, women and children a decade after divorce* (New York: Ticknor & Fields, 1989).
3 Piaget, J., *Sprechen und Denken des Kindes* (Düsseldorf: Schwann, 1972 [1923]).
4 MacFarlane, J., «Olfaction in the development of social preferences in the human neonate», in: H. Hofer (Hg.), *Parent-infant interaction* (Amsterdam: Elsevier, 1975).
5 DeCasper, A. J., and Fifer, W. P., «Of human bonding: Newborns prefer their mothers' voices». *Science*, 208 (1980), S. 1174–1176.
6 Fagan, J. F., «Infant's delayed recognition necessary and forgetting». *Journal of Experimental Child Psychology*, 16 (1973), S. 424–450.
7 Nachman, P., & Stern, C., «Recall memory for emotional experience in pre-linguistic infants». Referat auf der National Clinical Infancy Fellows Conference, Yale University, New Haven, CT.
8 Duncan, G. J., & Hoffman, S. D., «A reconsideration of the economic consequences of marital dissolution». *Demography*, 22 (5) (1985), S. 480–485.
9 Arendell, T., *Mothers and divorce: Legal, economic and social dilemmas* (Berkeley: University of California Press [1986]).
10 Weitzman, L., *The divorce revolution: The unexpected social and economic consequences for women and children in America* (New York: Free Press, 1985).
11 National Center for Health Statistics, *Monthly Vital Statistics Report*, Supplement, 32 (3) (1984). Washington, D. C.: U. S. Department of Health and Human Services.
12 U. S. Bureau of the Census. Statistical abstract of the United States. *National Data Board and Guide to Sources*. (Washington, D. C.: U. S. Government Printing Office, 1985).
13 Gatley, R., & Koulack, D., *Single father's handbook: A guide for separated and divorced fathers* (New York: Anchor Books, 1979).
14 Thompson, R., Lamp, M. E., & Estes, D., «Stability of infant-mother attachment and its relationship to changing life circumstances in an unselected middle class sample». *Child Development*, 53 (1982), S. 144–148.
15 Lieberman, A. F., Weston, D., & Pawl, J. H., «Preventive intervention and outcome with anxiously attached dyads». *Child Development*, 62 (1991), S. 199–209.

16 Herzog, J., «Sleep disturbance and father hunger in 19- to 28-month-old boys: The Erlkönig syndrome». *The Psychoanalytic Study of the Child*, 35 (1980), S. 219–236.

Zehntes Kapitel: Das Kleinkind in der Kinderbetreuung

1 Provence, S., Präsentation auf dem Symposium on Early Infant and Toddler Care, San Francisco Psychoanalytic Institute Extension Division, San Francisco, CA.
2 Provence, S., Naylor, A., & Patterson, J., *The challenge of daycare* (New Haven: Yale University Press, 1977), S. 104.
3 Kalmanson, B., «Understanding's responses to separation», in: S. Chehrazi (Hg.), *Psychological issues in day care* (Washington, D. C.: American Psychiatric Press, 1990).
4 Pawl, J. H., «Infants in daycare: Reflections on experiences, expectations and relationships», *Zero to Three: Bulletin of the National Center for Clinical Infant Programs*, February (1990), S. 1–6.
5 Roemer, J., *Two to four from 9–5: The adventures of a daycare provider* (New York: Harper & Row, 1989).
6 Lally, R., *A guide to social-emotional growth and socialization* (Sacramento: California Department of Education, 1990).
7 Howes, C., «Caregiver behavior in center and family day care». *Journal of Applied Developmental Psychology*, 4 (1983), S. 99–107.
8 Howes, C., «Sharing fantasy: Social pretend play in toddlers». *Child Development*, 56 (1985), S. 1253–1258.
9 Nachman, P. A., «A companion study of toddlers cared for by mother or by substitute caregivers», in: S. Chehrazi (Hg.), *Psychological issues in day care* (Washington, D. C.: American Psychiatric Press, 1990), S. 147–158.
10 Howes, C., Social competence with peers in young children: development sequences. *Developmental Review*, 7 (1987), S. 252–272.
11 Howes, C., Rodning, C., Galluzzo, D. C., & Myers, L., «Attachment and child care: Relationships with mother and caregiver», in: N. Fox & G. G. Fein (Hg.), *Infant day care: The current debate* (New Jersey: Ablex, 1990), S. 169–182.
12 Belsky, J., «The ‹effects› of infant day care reconsidered», in: N. Fox & G. G. Fein (Hg.), *Infant day care: The current debate* (New Jersey: Ablex, 1990), S. 3–40.
13 Clarke-Steward, K. A. «‹The effects of infant day care reconsidered›: Risks for parents, children and researchers», in: N. Fox & G. G. Fein

(Hg.), *Infant day care: The current debate* (New Jersey: Ablex, 1990), S. 61–86.

14 Thompson, R. A., «The effects of infant day care through the prism of attachment theory: A critical appraisal» in: N. Fox & G. G. Fein (Hg.), *Infant day care: The current debate* (New Jersey: Ablex 1990), S. 41–50.

15 Sroufe, A., «A developmental perspective on day care», in: N. Fox & G. G. Fein (Hg.), *Infant day care: The current debate* (New Jersey, Ablex, 1990), S. 51–59.

16 House Select Committee on Children, U. S. Congress, «Youth and Families: Families and child care: Improving the options» (Washington, D. C.: U. S. Government Printing Office, 1984).

17 Zigler, E., & Hall, N., «Day care and its effects on children: an overview for pediatric health professionals», *Journal of Developmental and Behavioral Pediatrics*, 9 (1988), S. 38–46.

18 Ruopp, R., Travers, J., Cornell, D., & Goodrich, R., *Children at the Center*. Zusammenfassung, Ergebnisse und Implikationen der National Day Care Study (Cambridge, MA: Abt Books, 1979).

19 Howes, C., «Current research on early day care», in: S. Chehrazi (Hg.), *Psychological issues in day care* (Washington, D. C.: American Psychiatric Press, 1990), S. 21–36.

20 Berk, L., «Relationships of educational attainments, child oriented attitudes, job satisfaction, and career commitment to caregiver behavior toward children». *Child Care Quarterly*, 14 (1985), S. 103–129.

21 Howes, C., & Olenick, M., «Family and child care influences on toddler compliance». *Child Development*, 57 (1986), S. 206–216.

22 Katzner, A. R., & Bragdon, N. H., *Childcare solutions: A parents' guide to finding childcare you can trust* (New York: Avon Books, 1990).

23 Phillips, D., & Whitebook, M., «The child care provider: pivotal player in the child's world», in: S. Chehrazi (Hg.), *Psychological issues in day care* (Washington, D. C.: American Psychiatric Press, 1990), S. 129–146.

24 National Committee on Pay Equity, *Pay equity: An issue of race, ethnicity and sex* (Washington, D. C.: NCPE, 1987).

Quellennachweis der Abbildungen

Die Fotos im Buch stammen, soweit hier nicht anders vermerkt, von Eytan Avital

Seite 32: John Arms
Seite 37: Jack Gallagher
Seite 66: Florence Sharp
Seite 85: 207: Nancy P. Alexander
Seite 176: Robert Maust
Seite 231: Janet Brown McCracken
Seite 251: Barbara Young